DE LA MÊME AUTEURE

Romans

POUR LE PIRE, Plon, 2000 *(Pocket, 2002)*.
INTERDIT, Plon, 2001 *(Pocket, 2003)*, rééd. Grasset, 2010 *(Le Livre de Poche, 2012)*.
DU SEXE FÉMININ, Plon, 2002 *(Pocket, 2004)*.
TOUT SUR MON FRÈRE, Grasset, 2003 *(Le Livre de Poche, 2005)*.
QUAND J'ÉTAIS DRÔLE, Grasset, 2005 *(Le Livre de Poche, 2008)*.
DOUCE FRANCE, Grasset, 2007 *(Le Livre de Poche, 2008)*.
LA DOMINATION, Grasset, 2008 *(Le Livre de Poche, 2010)*.
SIX MOIS, SIX JOURS, Grasset, 2010 *(Le Livre de Poche, 2011)*.
L'INVENTION DE NOS VIES, Grasset, 2013 *(Le Livre de Poche, 2014)*.
L'INSOUCIANCE, Gallimard, 2016 *(Folio, 2018)*.
LES CHOSES HUMAINES, Gallimard, 2019 *(Folio, 2021)*. Prix Interallié 2019, prix Goncourt des lycéens 2019.
LA DÉCISION, Gallimard, 2022 *(Folio, 2023)*.

Poésie

KADDISH POUR UN AMOUR, Gallimard, 2023.

LA GUERRE PAR D'AUTRES MOYENS

KARINE TUIL

LA GUERRE
PAR
D'AUTRES MOYENS

roman

GALLIMARD

p. 11 : Barack Obama, *L'audace d'espérer* © Éditions Presses de la cité, 2007, pour l'édition française. Traduit par Jacques Martinache.

p. 11 : Marguerite Duras, *L'amant* © Éditions de Minuit, 1984.

p. 13 : Brian de Palma, *Scarface* © Universal Pictures, 1983. Adaptation en français de Georges Dutter.

p. 86 : Roland Barthes, *Fragments d'un discours amoureux* © Éditions Le Seuil, 1977.

p. 214 : Pierre Mendès France, émission *Radioscopie*, de Jacques Chancel © France Inter, 1973.

p. 217 : Erving Goffman, *La mise en scène de la vie quotidienne I, La présentation de soi* © Éditions de Minuit, 1973, pour l'édition française. Traduit par Alain Accardo.

p. 320 : Charles Bukowski, *Sur l'alcool* © Au diable Vauvert, 2020. Traduit par Romain Monnery.

© *Karine Tuil et Éditions Gallimard, 2025.*

À la mémoire de
ROBERT BADINTER

Vous avez l'air d'un gars plutôt gentil. Pourquoi vous voulez vous embarquer dans un truc sale et méchant comme la politique ?

BARACK OBAMA,
L'audace d'espérer

Je sais une chose que personne ne sait. Vous avez besoin de l'alcool pour vivre.

MARGUERITE DURAS,
L'amant

I

LE CAPITAL

Tu connais le capitalisme ? C'est se faire baiser.

BRIAN DE PALMA,
Scarface

1.

Le premier réflexe de Lehman au réveil, c'était de vérifier le classement de son dernier livre dans la liste des meilleures ventes ; après seulement, il avalait un anxiolytique, généralement un Xanax mais il tolérait bien aussi le Lexomil. Quand, pris d'une insomnie, il se levait pour boire, il ne résistait pas à la tentation de faire défiler sous ses yeux encore ensommeillés les titres les plus vendeurs. Les premiers, c'était toujours de la merde. Des livres pour bonnes femmes aux titres débiles, des coups marketing orchestrés par des éditeurs aux abois : *Le bonheur ferme à 14 h*, *Vieillir c'est dans la tête*, *Ta deuxième vie commence à cinquante ans*. Le record de ventes avait été atteint avec *Ma vie sans sexe*, manifeste écrit par une jolie journaliste de trente ans, qui était resté six mois entre la première et la deuxième place – à l'ère du libéralisme sexuel, l'abstinence était devenue à la mode. Lehman l'avait lu avec dégoût. Une vie sans sexe, il ne croyait pas cela possible. Ce n'était pas seulement atroce mais dangereux. Toute vie humaine se déployait entre deux espaces : la naissance et la mort ; entre les deux, seul le sexe offrait une alternative crédible au suicide.

Lehman constatait parfois avec une joie rageuse qu'il avait gagné quelques places ; il lui était même arrivé de dépasser Marc Levy. Mais la plupart du temps, il en perdait : -5, -16, -56 – chaque matin, le suspense était insoutenable –, l'objectif étant de ne pas dépasser la barre des 100 car alors, socialement, vous étiez mort.

Ce matin-là, son livre – une biographie intime et romancée de Karl Marx – oscillait entre la 95e et la 99e place. Il s'intitulait *L'amour et la lutte !* – c'était un mauvais choix, un titre médiocre, hystérisé par ce point d'exclamation ; lui aurait voulu l'appeler *Les eaux glacées du calcul égoïste*, mais son éditeur avait dit qu'il fallait un titre grand public si on voulait viser large. Son précédent livre – *L'élan* – avait figuré pendant quinze semaines parmi les cinq premières places dans la catégorie essais ; mais c'était juste avant son élection à la présidence de la République, il y avait alors des milliers de militants venus des quatre coins de la France pour scander son nom dans des salles de meeting surchauffées, des supporters prêts à débourser vingt euros pour lire cet ambitieux récit national dont il n'avait pas écrit une ligne.

Depuis qu'il avait échoué à être réélu un an plus tôt, après cinq années d'un mandat chaotique, « le président Dan Lehman », comme il aimait être appelé – bien que tout le monde le surnommât « Lehman » –, se consacrait à l'éducation de sa fille, Anna, trois ans, qu'il avait eue, à soixante et un ans, avec sa seconde épouse, l'actrice allemande Hilda Müller, et à la promotion de ce livre, pour lequel il se targuait d'avoir négocié des droits d'auteur à 30 % au lieu des 10 % ou 12 % classiquement lâchés par les éditeurs – sur la chaîne du livre, regrettait-il, les derniers à vivre de leur travail, c'étaient les auteurs. Lehman détestait les éditeurs parisiens, ces commerçants qui se vantaient d'être de gauche mais baisaient les auteurs à coups d'à-valoir minables et de pourcentages dérisoires, qui exigeaient d'eux la moitié de leurs droits audiovisuels et les envoyaient sur les plateaux télévisés et les salons littéraires faire les putes sans autre dédommagement qu'un taxi prépayé aller-retour. Cette racaille, il ne la fréquentait que par obligation : la morgue de cette caste, la condescendance avec laquelle les éditeurs s'adressaient à lui comme s'il était inculte, le rapport hypocrite qu'ils entretenaient avec l'argent lui donnaient envie d'agiter sous leur nez toutes les daubes qu'ils publiaient pour engranger ce fric qu'ils méprisaient, par ailleurs, quand il était réclamé par les auteurs, son précédent éditeur surtout, qui avait osé exiger quelques jours à peine après sa défaite le remboursement de l'à-valoir que Lehman avait perçu pour un texte provisoirement intitulé *L'avenir nous appartient* – le livre n'était plus d'actualité puisqu'il n'en avait aucun. Que percevaient-ils de la réalité de la France, eux dont le périmètre d'action ne dépassait pas le VIe arrondissement ?

Ce matin-là, son livre avait rejoint la 97e place du classement, il glissait progressivement vers l'abîme. Lehman avait néanmoins toutes les raisons d'être confiant : il enregistrait l'émission télévisée *Le moment de vérité* sur une chaîne du service public, un talk-show politique dont il serait l'invité principal. Après la diffusion, son livre serait premier des ventes ou, au pire, deuxième, si Marc Levy était invité à *C à vous*. Certes, cet état de grâce commercial ne serait que de courte durée – vingt-quatre ou quarante-huit heures tout au plus –, mais ce serait suffisant pour lui éviter de coupler un anxiolytique à l'alcool. Avec cette émission, Lehman espérait, à défaut de se refaire, du moins, comme le lui avait assuré le directeur commercial, vendre dix mille livres de plus. Il serait interviewé par le journaliste vedette Bernard Breguettes, soixante-cinq ans au compteur, quarante ans qu'il naviguait entre la politique et le divertissement au gré des changements de direction, il s'accrochait, un vieux beau un peu veule – cheveux teints et bronzage suranné – pour lequel Lehman n'avait aucune estime intellectuelle mais qui faisait là où on lui demandait de faire, c'était propre. Il y aurait aussi la journaliste Rachel Pilote, cinquante-sept ans, un bloc d'hostilité, moche comme une carpe, il était impossible de ne pas la détester tant elle imposait sa rigidité comme une norme internationale, ancienne plume redoutée du *Monde* qui avait eu son heure de gloire – ça n'avait pas duré –, elle faisait peine à voir depuis qu'elle avait été vidée de la rédaction du grand quotidien national, il saurait la contourner sans l'irriter, il suffisait de ne pas répondre à ses questions les yeux dans les yeux, elle montrerait un peu les dents pour donner l'impression qu'elle lui tenait tête, qu'elle était une femme qui s'affirmait face aux hommes, une qui se revendiquait féministe mais qui aimait qu'on lui dise qu'elle avait des couilles, de toute façon elle n'en avait plus pour longtemps sur le service public, à moins de sucer les derniers administrateurs mais depuis MeToo, hélas, ça n'était plus possible. Il préférait de loin Najat Assaoui, une jeune beauté de vingt-neuf ans, solide et souple, dure en interview sans jamais être agressive, elle irait loin, elle avait compris qu'il valait mieux avoir Lehman dans sa poche, et qui n'avait pas peur de porter des décolletés à l'antenne, laissant apparaître une poitrine opulente – naturelle ou silicone, telle était la question –, une fille qui ne cherchait pas à ressembler à un sac ou à un homme pour obéir aux nouveaux diktats féministes et qui ne vous menaçait pas d'une plainte pour harcèlement sexuel quand vous lui disiez qu'elle était belle, rien que pour cela, il la respectait. Pas comme Pilote qui le méprisait depuis qu'il lui avait fermé l'accès à son équipe de campagne : quitte à se coltiner une journaliste du *Monde*, autant qu'elle soit baisable.

Finalement, ça avait été une journée *horrible*, cette émission qu'il avait obtenue grâce à ses bonnes relations avec la direction de France Télévisions ne s'était pas déroulée comme prévu. Si Breguettes, avec sa lâcheté habituelle, n'avait pas osé se montrer offensif, Pilote, elle, avait lâché les chiens. Lehman avait répondu avec calme aux questions les plus incisives sur son bilan politique – il fallait bien laisser Pilote prouver à sa direction et aux téléspectateurs avachis devant leurs écrans qu'elle était indépendante, incorruptible et libre –, mais il n'avait pas supporté qu'elle évoque sa possible mise en examen pour une affaire de trafic d'influence et de corruption alors même qu'il avait posé comme condition à sa venue de ne pas être interrogé là-dessus, question qu'il avait esquivée par l'attaque : « Vous n'avez pas honte, sur le service public, d'accorder du crédit à des rumeurs ? Je n'ai, à ce jour, reçu aucune convocation d'un juge. » Le coup de grâce lui avait été asséné au moment de conclure l'émission : un invité issu de la société civile, un certain « Richard », soixante-douze ans, qui affirmait vivre du RSA, l'avait accusé d'avoir trahi les espoirs des classes populaires : « La réalité, c'est que vous n'êtes plus un homme de gauche ! Vous êtes comme Tony Blair qui a tourné le dos aux ouvriers du vieux Labour pour s'allier avec les patrons et faire que la gauche devienne la droite ! Vous êtes Schröder acheté par Poutine ! Vous avez offert des cadeaux aux entreprises, balayé la question sociale, ignoré les immigrés et toutes les victimes du racisme, vous avez piétiné les valeurs de la gauche ! Vous n'avez été que la marionnette des élites parisiennes au service du grand capital. » Oh, oh, avait pensé Lehman, c'est reparti pour la grande complainte du complot juif mondial, le lobby aux manettes, mais il n'avait pas vacillé, il était habitué à ces charges un peu grossières, il avait le cuir épais : « Moi j'incarne la gauche qui n'a pas peur de l'entreprise. Être de gauche, c'est vouloir une égalité de tous à l'emploi, aux études, c'est donner à chacun les moyens de changer sa vie... » Mais rien ne pouvait plus arrêter Richard : « Vous avez abîmé la France. Vous êtes haï, monsieur Lehman, vous êtes haï », avait-il scandé, ce à quoi Lehman avait répondu en reprenant à son compte une phrase lâchée par Mitterrand en 1968 : « Je suis l'homme le plus haï de France. Cela me donne une petite chance d'être un jour le plus aimé. » Il aurait pu l'insulter – quand il était en manque d'alcool, il devenait impulsif –, et pourtant, sorti du plateau, la peau du visage rendue pâteuse par le mélange de sueur et de fond de teint mâtiné de poudre Armani, trempé sous sa chemise blanche trop épaisse, quand il avait retrouvé toute la direction de la chaîne regroupée dans une loge de 9 m², gavée de vin bon marché et de petits-fours caoutchouteux parce qu'il n'y avait plus de fric sur le service public – dix professionnels aux yeux décavés par le visionnage sur un petit écran de contrôle de ces deux heures d'émission consacrées à un homme qui n'avait plus aucun avenir en politique et qui auraient clairement préféré rentrer chez eux finir les restes de la veille en regardant la dernière série Netflix –, il n'avait rien montré de sa colère : il arrivait encore à se tenir. Les membres de la direction aussi, qui lui avaient répété que l'émission était formidable et qu'il avait été combatif, façon polie de dire qu'ils l'avaient trouvé agressif et qu'ils s'étaient fait chier. Même mis hors course, Lehman restait un ancien président ; il avait conservé l'aura liée à la fonction, s'il n'était plus un homme de pouvoir, il gardait un rôle sur l'échiquier des influences, il avait encore l'oreille des décideurs de ce monde, de ceux qui rachetaient des médias, télé et presse écrite, comme autant d'enseignes de fringues au bord du dépôt de bilan – officiellement pour sauver/aider/soutenir, l'idée étant d'asseoir leur pouvoir « en jetant les journalistes dans l'arène de la précarité, les laisser s'entre-dévorer et ainsi repérer les plus serviles » ; les journalistes, ironisait Lehman, étaient des produits comme les autres, on les sortait du rayon lorsqu'ils atteignaient leur date de péremption. Oui, comme un vieux couteau suisse qu'on hésite à jeter, Lehman pouvait encore servir. Il avait survécu à toutes les crises politiques, toutes les défaites, et même à la dépression. Il était encore là, debout, agité, traversant les couloirs de France Télévisions d'un pas assuré, le torse bombé, le dos droit, offensif, alors qu'il en était sûr, sa tête était toujours mise à prix. Les journalistes le pourrissaient encore à sortir des affaires, des rédactions d'aigris, des gros cons qui le traînaient dans la boue pour montrer qu'ils en avaient dans les dîners en ville et affirmer qu'ils s'étaient tapé un président ; la politique, qui avait été toute sa vie, n'était devenue qu'un concours de bites.

Boire. Il était près de vingt et une heures et
Lehman n'avait rien bu, l'anxiété le dévorait,
   déréglait sa mécanique interne ; il sentait ses mains
      trembler, une vague de chaleur éruptive le submerger,
   la sueur perler dans son dos. Il fallait qu'il prenne
         quelque chose, ça devenait obsessionnel, **boire**,
   l'enregistrement de l'émission avait commencé plus tard
que prévu, et après dix-neuf heures l'alcool imposait
      sa loi tyrannique, le temps comptait double,
le trajet en ascenseur semblait durer une éternité,
   toutes ses pensées étaient désormais orientées vers sa soif.
Dans le miroir de l'ascenseur, il croisa son regard :
   en vieillissant, il ressemblait de plus en plus au réalisateur
   italien Nanni Moretti : il avait la même silhouette mince
      et droite, un visage un peu allongé,
de beaux cheveux châtains, fins et négligemment décoiffés,
une barbe noire bien taillée, piquée de poils blancs et gris,
des yeux noirs et perçants, toujours cernés.
            Devant l'entrée de France Télévisions,
   deux femmes d'une soixantaine d'années l'attendaient
pour lui faire signer un autographe, en temps normal il
aurait pris le temps de leur parler, de les écouter ;
   pour chacune, il aurait eu un petit mot,

il était naturellement chaleureux, accessible, il aimait
les gens, cette connivence affective qui pouvait se former
avec d'authentiques militants, mais là, c'était impossible ;
                              il accéléra sa marche
sans les regarder, un sourire crispé furtivement esquissé
et déjà il percevait leur déception –
il n'est pas sympa en fait ; il ne s'est même pas arrêté ;
il a le melon alors qu'il n'est plus rien –, ça glissait sur lui,
la soif occupait tout son espace mental

BOIRE

Escorté de ses deux gardes du corps, il rejoignit son
véhicule de fonction qui stationnait devant l'immeuble en
verre, il avait imposé à l'attachée de presse
de sa maison d'édition de rentrer en taxi, il ne pouvait pas la
raccompagner, il n'avait pas la force de lui parler, d'écouter
ses commentaires sur l'émission.

BOIRE

Au loin, il aperçut Jun, son chauffeur depuis vingt-cinq ans,
qui tenait en laisse Nabucco, un patou des Pyrénées,
calme et placide, que Lehman avait reçu en présent
comme ses prédécesseurs, un cadeau empoisonné
qu'il avait gardé par peur de la réprobation publique,
alors qu'il détestait les animaux, mais auquel il avait fini
par s'attacher – qui était même devenu, pensait-il
non sans effroi, l'être qui lui manifestait l'amour
le plus authentique, le seul en qui il pouvait avoir réellement
confiance. Dès qu'il vit son maître, Nabucco se mit
à tournoyer autour de lui en jappant,
       puis lui sauta au torse, laissant éclater une joie pure.

Une fois à bord, avant même de rallumer son téléphone, Lehman sortit une flasque de son sac et en avala le contenu d'un coup.

En quelques secondes, l'angoisse se dissipa, l'alcool colmatait chaque brèche intérieure. Il ouvrit légèrement la fenêtre, passa sa main dans le pelage soyeux de l'animal.

Paris se déployait sous ses yeux jamais lassés du spectacle d'une ville qui exhibait à la tombée de la nuit une beauté magnétique, crépusculaire. À quelques mètres des parois vitrées qui avaient été aménagées autour de la tour Eiffel en prévention d'éventuels actes terroristes, des migrants et des sans-abri tentaient de trouver le sommeil à même le sol jonché de détritus, enroulés dans des sacs de couchage de fortune, aux couleurs neutres qui disaient le devoir d'être invisibles, leurs chiens aimants collés contre eux, faisant à la fois office de chauffage d'appoint et de pare-suicide. Sur les quais, des dizaines de campements précaires s'entassaient autour desquels erraient des silhouettes sombres et indifférenciées. Lehman les observait à travers la vitre – « Si je suis président, plus personne ne dormira dans la rue ; si je suis président, je ferai de l'accès au logement une priorité nationale » – quand son portable sonna : c'était sa femme, Hilda. Elle lui dit qu'elle ne pouvait pas l'attendre pour dîner, elle avait pris un somnifère et tombait de sommeil, elle était épuisée, ajouta-t-elle sur un ton où l'on sentait poindre la culpabilité et la peur d'être prise en faute. Il eut envie de lui répondre : « Épuisée par quoi ? Tu es actrice, tu ne pointes pas à l'usine », pourtant il ne fit aucun commentaire, il avait la désagréable impression d'être devenu son père, et au fond ça l'arrangeait bien, elle dormirait, il pourrait boire sans subir ses reproches et ses regards pleins de cette pitié comminatoire.

Le véhicule s'immobilisa à un feu rouge. Soudain une silhouette spectrale surgit, d'une maigreur à faire peur, la moitié du visage arrachée, les pupilles dilatées, le blanc de l'œil injecté de sang, une femme (il n'en était pas certain, disons un être hybride) qui se balançait d'avant en arrière dans un mouvement mécanique inquiétant. Quand « elle » entrouvrit les lèvres pour parler, Lehman eut le temps de voir que sa bouche était presque entièrement édentée. Aussitôt Jun éloigna le véhicule – avec un président, tout pouvait constituer une menace. « On dirait une de ces poupées tueuses en série dans les films d'horreur de fin de soirée sur M6 », nota-t-il tandis que la silhouette cadavérique se mettait à courir derrière la voiture en criant d'une voix caverneuse qui trahissait l'excès de cigarettes ou de crack ; Lehman ne comprenait pas ce qu'elle voulait. « De l'argent, expliqua Jun alors qu'on ne lui demandait rien, tout le monde en manque, on ne peut plus sortir dans la rue sans que quelqu'un nous en réclame. » Nabucco se mit à aboyer avec rage. « Ils prennent une nouvelle drogue, la *tranq* ou xylazine, un sédatif pour animaux, dit doctement Jun, avec ça vous planez dix fois plus fort qu'avec l'héro ou le crack mais ça mange la tête et les chairs comme une gangrène. » Lehman frissonna, avala une grande rasade d'alcool. Le monde était devenu froid, individualiste, brutal : comment pouvait-on y survivre sans être défoncé ?

2.

Lehman avait découvert par hasard que Richard Nixon, le 37ᵉ président des États-Unis – celui dont les conseillers les plus proches reconnaissaient qu'il était froid et insondable –, enregistrait ses pensées les plus secrètes, utilisant son dictaphone comme un outil thérapeutique. Lui qui, dans la sphère publique, n'offrait que des émotions calculées s'y dévoilait tel qu'en lui-même, révélant ses doutes et ses angoisses. Après avoir quitté le pouvoir, Lehman avait commencé à tenir son propre journal audio, il y parlait de politique mais aussi de choses plus intimes et, notamment, de l'échec de son mariage avec Hilda, de vingt ans sa cadette. En rentrant chez lui, Lehman constata que sa femme s'était enfermée dans la chambre d'amis ; depuis un an, ils faisaient chambre à part et n'avaient plus le moindre rapport. Il était clair qu'elle voyait quelqu'un d'autre – et cela ne lui faisait *rien*. Cette indifférence qu'ils ne cherchaient même plus à masquer actait la fin de leur histoire sans qu'aucun d'eux trouvât le courage de prononcer le mot « divorce », la présence de leur petite fille justifiant cette passivité. Assis à la table de la cuisine plongée dans une semi-obscurité, une bouteille de vin à moitié vide à portée de main, le dictaphone enclenché, il se refaisait seul le film de leur défaite.

> Quand je rentre Hilda dort. Notre vie commune consiste à nous éviter.

Longtemps, « les Lehman » avaient formé un couple de pouvoir – l'addition de deux influences renforçait la visibilité médiatique ; on réussissait mieux en couple. Ils faisaient la une des magazines, un livre-enquête avait même été écrit sur eux[1], un règlement de comptes rédigé par deux journalistes hostiles dont ils avaient vainement tenté d'empêcher la parution : ils fascinaient moins par leur pouvoir, désormais, que par leur façon décomplexée d'en gérer la chute.

Hilda Müller et Dan Lehman s'étaient rencontrés huit ans plus tôt au cours de la projection au ministère de la Culture d'un film librement adapté de la vie de Helke Sanders, féministe allemande. Issue de la grande bourgeoisie intellectuelle allemande, égérie du cinéma d'auteur, Hilda venait d'avoir trente-cinq ans et avait reçu le prix de la meilleure actrice au Deutscher Filmpreis, l'équivalent allemand des César. C'était une belle femme blonde aux yeux marron, au caractère affirmé, qui ressemblait aux héroïnes des films de Bergman ou de Cassavetes. À l'époque, Lehman était ministre de l'Économie et des Finances, et marié à une écrivaine d'origine italienne, Marianne Bassani. Ils avaient eu une vie de famille

---

1. *Les Lehman, un couple au pouvoir*, de Jacqueline Pouchet et Nathan Weill, Albin Michel, 106 362e au classement Amazon.

stable et équilibrée pendant vingt-cinq ans – ils avaient même maintenu assez longtemps une vie sexuelle –, ce qui ne l'avait pas empêché d'inviter Hilda à déjeuner quelques jours plus tard et de lui déclarer, à la fin d'une discussion sur la profondeur de son interprétation, qu'un jour elle serait sa femme et la mère de son enfant – les banalités habituelles qu'un mâle dominant assène dans le but de mettre une femme dans son lit – mais ce n'est que quelques semaines plus tard, après avoir couché avec elle, qu'il avait eu des *sentiments*, l'amour n'est souvent qu'une affaire d'érection. Il avait vécu une double vie jusqu'à ce qu'il décide de se présenter à la présidentielle sous l'impulsion des cadres et des militants de son parti ; une photo de lui avec Hilda avait été diffusée dans la presse, prise à leur insu dans un parc de Nantes, au cours d'un meeting auquel Marianne n'avait pas voulu participer. Il n'avait pas eu d'autre choix, aussitôt le divorce civil prononcé, que d'épouser Hilda dans la plus stricte intimité, à la mairie du XIIIe arrondissement. Hilda, qui était alors à l'acmé de sa carrière et avait tourné avec les plus grands cinéastes internationaux, avait mené toute la campagne présidentielle à ses côtés, grisée par l'adrénaline que généraient le combat politique et la sensation de briller comme un astre. Les Français l'avaient aimée : sa beauté fascinait, elle incarnait un mélange d'aristocratie et de fantaisie ; elle avait beaucoup donné d'elle-même, multipliant les apparitions publiques, soutenant des œuvres caritatives, le couple avait, un temps, fait rêver. On racontait qu'elle était à l'origine de la transformation physique de Lehman. Lui qui jusque-là ne s'était jamais préoccupé de son corps s'était mis au sport intensif, avait changé sa garde-robe, sa coupe de cheveux. Il avait toujours été séducteur, charismatique, il était devenu franchement beau. Et il avait été élu. Ça avait été une période de rayonnement intense, ils incarnaient alors l'espoir d'une gauche sociale, unie, multiculturelle, une certaine idée de l'Europe et un couple passionné – le grand amour faisait encore vendre.

Ça ne dura pas.

Il comprit assez vite qu'il avait commis une erreur irréversible. À une femme constante et stable, il avait préféré une femme trophée sur laquelle il n'avait jamais pu compter, une femme enfant dont il devait gérer les oscillations de l'ego et les états d'âme. De tout ce qu'il avait aimé en elle – c'était une actrice hypersensible, vénéneuse, intense – il avait perçu, au quotidien, le versant négatif : elle pouvait être autocentrée, capricieuse, fragile, obnubilée par ses rôles, trop dépendante aussi, de lui, de son agent, de l'approbation d'un milieu qui vous rejetait aussi vite qu'il vous avait encensée. Car une fois passées la passion et l'instabilité qu'elle générait, une fois installés dans une nouvelle routine conjugale, ils s'étaient retrouvés, comme n'importe quel couple de longue durée, à tenir leur comptabilité sexuelle : combien de fois avaient-ils fait l'amour au cours de ces deux dernières années ? Combien de fois avaient-ils eu un *vrai* rapport ? Et, quand cela arrivait, combien de temps durait-il ? Avaient-ils du plaisir ? Combien de fois par jour pensaient-ils au sexe ? Penser au sexe était-il compatible avec l'exercice du pouvoir ? Avec la perte de pouvoir ? Avait-on encore du désir après quelques années de vie commune ? Et si ce n'était pas le cas, fallait-il en parler à un thérapeute, divorcer, revoir à la baisse ses besoins sexuels pour préserver son *foyer* ? Pouvait-on se confier à un thérapeute quand on avait été président de la République ? Combien de temps leur couple survivrait-il sans sexe ? Lehman ne se souvenait même plus de la dernière fois qu'il avait fait l'amour avec Hilda. Est-ce que ça lui manquait ? Non – c'était sans doute le constat le plus tragique.

Il s'était senti rapidement écrasé par la charge présidentielle, il n'avait plus réussi qu'à dégager de rares moments d'intimité avec sa femme. Contrairement à d'autres présidents qui avaient connu à la tête de l'État un regain d'activité sexuelle, Lehman avait vu son désir décliner. Hilda ne faisait jamais aucun commentaire direct mais il percevait sa déception quand elle se laissait tomber de l'autre côté du lit en soufflant, les rares fois où ils partageaient le lit conjugal, et il lui en voulait alors de lui imposer cette obligation de performance par sa seule juvénilité, sa façon de déployer son corps nu à travers la pièce comme s'il était fait pour ça et que le sien, caché sous les draps, sans désir ni énergie après une journée à enchaîner les réunions, n'était plus apte à faire jouir sur demande. Il ne pouvait en parler à personne, pas même à son médecin, il se savait condamné à cette solitude intérieure qu'il attribuait à l'exercice du pouvoir et qui n'était pourtant que l'expression de son incapacité soudaine à désirer un corps qui l'avait rendu fou au point de détruire ce qu'il avait mis une vie à bâtir – une complicité et une confiance réciproques qui lui avaient semblé, quand il s'était retrouvé dans un lit avec Hilda, sans valeur et sans intérêt. L'attraction sexuelle, cette utopie mystificatrice, cette illusion dangereuse : quelques années plus tard, de cette attirance irrépressible, il ne gardait même pas un vague souvenir. Il avait voulu l'épouser pour lui prouver son amour alors que le mariage était avant tout une aventure domestique, voire affective quand on avait de la chance. Quand on mourait à cinquante ans, la cohabitation limitée à une trentaine d'années de vie commune était supportable. Avec l'augmentation de l'espérance de vie, ce n'était pas seulement devenu impensable mais contre nature. Lehman ne rencontrait que des couples malheureux et frustrés, déchirés entre amour de leur famille et besoin de solitude, sécurité et désir de liberté – seule la polygamie offrait un mode de vie supportable.

André Maurois disait : qu'importe qu'un bonheur soit faux du moment qu'on croit qu'il est vrai. Hilda et moi ne nous voyons quasiment pas, sauf pour de rares sorties publiques imposées et des séances photos censées prouver à des lecteurs crédules à quel point nous sommes heureux.

Ils pouvaient l'être, entre les gouttes, notamment quand ils étaient avec Anna. Ils aimaient évoquer ses progrès, ses exploits sportifs, sa manière gracile d'être au monde : Un enfant suffit parfois à masquer les fêlures d'un couple en ruine. Ils cohabitaient à présent au cœur de leur appartement du VIIe arrondissement, à peine animé par les rires de leur petite fille, dans une indifférence mutuelle ; ils organisaient des dîners qui réunissaient de vagues gloires du cinéma ou de la politique ; ils allaient dans des théâtres subventionnés voir des pièces au cours desquelles Lehman s'endormait une fois sur deux. Parfois ils visionnaient un documentaire ou une série ensemble sur le canapé du salon dans une posture presque affectueuse, il lui grattait la tête ou les avant-bras comme on le ferait à un chien.

Vient un moment, au mitan de la vie commune d'un couple légitime, où l'on se fige dans un confort agréable, une affection sécurisante, c'est doux, calme, rassurant ; on se parle avec une tendresse un peu forcée, on se caresse encore un peu : on n'est plus l'un pour l'autre qu'un animal de compagnie.

3.

Lehman s'était déplacé de la cuisine à son bureau et avait emporté une bouteille de rhum. Il s'assit dans son fauteuil, sortit son dictaphone et commença à parler.

Je crois que l'engagement politique a été pour moi une stratégie de survie. J'avais neuf ans quand ma mère, sculptrice, a quitté mon père pour suivre un artiste en Norvège où elle a refait sa vie, eu d'autres enfants sans plus revenir en France avant mon dix-huitième anniversaire. Mes grands-parents, des juifs communistes originaires d'Europe de l'Est, s'étaient engagés en tant que résistants au sein des FTP-MOI, des militants purs et durs. Mon père, Abraham Lehman, avait voulu échapper à la politique, il ne croyait ni en Dieu ni au communisme : il aimait rire et faire rire mais il n'avait pas réussi à en faire son métier et il avait fini par se résoudre à ouvrir un petit commerce de déguisements et farces et attrapes dans le XXe, à Paris. Il se déguisait, faisait des blagues qu'il mettait en scène pour amuser ses enfants, peut-être aussi échapper à son propre chagrin – il n'en parlait pas, on ne montrait pas ses émotions. Il n'était pas rare que je le découvre avec une perruque rouge sur la tête en rentrant de l'école, ou grimé en superhéros. J'avais dû me construire avec ce père imprévisible et fantasque dont j'avais un peu honte, moi qui, enfant, étais si cérébral, en quête de cadre et de stabilité affective et que mon père surnommait avec une pointe de dérision « la Justice française ».

Après le départ de ma mère, ma grand-mère paternelle s'est installée chez nous pour aider mon père, si bien que j'ai été élevé en grande partie par cette femme très forte, révoltée, militante communiste sans le sou qui m'emmenait partout avec elle, dans les meetings, les réunions, les cafés littéraires – elle écrivait un peu, des poèmes engagés, essentiellement, qu'elle publiait dans des revues confidentielles. Elle était issue d'un milieu juif très religieux – son père était un éminent talmudiste en Pologne – mais elle avait rompu très tôt avec la foi pour s'engager au sein des jeunesses communistes. Elle m'incitait à lire, tout le temps : à vingt ans, j'avais lu l'intégralité des œuvres de Lénine et de Karl Marx.

Lehman avait été successivement membre de la Ligue communiste révolutionnaire (une erreur de jeunesse, concédait-il), militant associatif et antiraciste, conseiller régional, porte-parole du Parti socialiste, député, ministre de l'Économie et des Finances – un politique de terrain, fiévreux, affectif, l'un de ceux que l'on retrouvait chaque semaine sur les marchés de province, ou à la sortie des usines aux côtés des ouvriers. Il ne supportait pas la caricature que ses détracteurs avaient faite de lui : celle d'un homme de coteries, vendu aux élites capitalistes. Comme ceux de Léon Blum en son temps, ses détracteurs lui avaient reproché de ne pas avoir « assez de terre française sous ses semelles » ; il était pourtant un militant de la première heure, il connaissait tous les visages de la France, même les plus laids – et il les aimait tous. Au cours de ses deux campagnes, des caricatures antisémites avaient même circulé : on le voyait, petite marionnette grotesque à nez crochu manipulée tantôt par les Rothschild, tantôt par « l'axe américano-sioniste ». Pour ce spécialiste de l'histoire de la gauche, qui avait fait une thèse de droit sur les rapports juridiques et économiques dans la théorie marxiste et qui s'était fait connaître en politique en écrivant une tribune remarquée en faveur de la justice fiscale, ces visions complotistes auraient pu prêter à rire si elles n'avaient pas été si tragiques : il avait reçu quasi quotidiennement des menaces de mort et des lettres à caractère antisémite.

Quand il avait déclaré sa candidature à la présidentielle, ils avaient été nombreux à remettre en cause sa capacité à fédérer autour de sa personnalité : il venait d'un milieu modeste ; docteur en droit public, il avait échoué deux fois au concours de l'ENA, et il était juif – l'un de ses opposants politiques avait même affirmé publiquement qu'il n'incarnait pas la France rurale, celle des terroirs, à laquelle les Français étaient attachés. Mais les Français lui avaient prouvé qu'il était enfin possible pour un juif d'accéder à la plus haute fonction de l'État. Un juif de gauche avait été choisi pour faire barrage à l'extrême droite et avait été élu avec 51 % des voix : tout un symbole. Il avait créé la surprise, personne ne l'avait vu venir ; attirant par son franc-parler les indécis et les abstentionnistes. Il n'avait pas seulement remporté l'élection par l'effet du front républicain, mais aussi grâce à une campagne de communication bien orchestrée – *Lehman, la confiance*. Il s'était imposé un temps comme l'homme providentiel, un héritier de Pierre Mendès France, de Pierre Bérégovoy – des hommes d'État modernistes qui avaient cherché à transformer l'économie française tout en préservant une équité sociale. Pendant cinq ans j'ai servi l'intérêt général, mais j'ai assez vite découvert, à la tête de l'État, l'archaïsme et le conservatisme des structures sociales, la force de l'inertie, on ne bouscule pas si aisément ce qui est acquis, en politique, on crée toujours à partir de bases existantes, un mandat n'est pas une page blanche sur laquelle le nouvel élu inscrit sa vision sans contestation ni opposition ; c'est au mieux un ajustement, une correction.

Il avait voyagé aux quatre coins du monde pour rencontrer des chefs d'État étrangers, incarner un pays dont il fantasmait la puissance, il avait été à la hauteur de la gravité des événements quand des drames nationaux avaient endeuillé le pays, mais il n'avait pas pu imposer de grandes réformes sociales ni réaliser la modernisation qu'il avait promise.

Comme tout président en exercice, Lehman avait été constamment ciblé. Détesté parfois. Sa cote de popularité s'était effondrée, il avait été lâché par la plupart de ses alliés. Un an auparavant, bien que désigné par le Parti socialiste, il n'avait pas été soutenu par les cadors d'extrême gauche et avait échoué à être réélu. Les Français lui avaient préféré la candidate issue de l'aile dure de la droite républicaine. Cette fille d'agriculteurs français, jeune polytechnicienne, devenait, à seulement quarante-deux ans, la première femme présidente de la République française. Ça avait été une campagne pleine de tensions et de fureur : lynché par l'extrême gauche dans un climat douteux aux relents antisémites, critiqué au sein de son propre parti, qui l'avait accusé d'opportunisme électoral à la suite de son appel à une union républicaine avec le centre, démuni face à la dérive populiste et nationaliste, il s'était retrouvé seul, livré à des vents contraires. Il avait vu arriver sans méfiance de jeunes technocrates qui, aux côtés de celle qui allait lui succéder à la tête du pays, avaient su utiliser de nouveaux outils, les réseaux sociaux, l'intelligence artificielle, pour mener une campagne offensive, moderne, interactive, dont il s'était moqué en privé, la qualifiant de propagande fasciste 2.0 – lui avait opté pour une stratégie à l'ancienne avec tracts et affiches sur lesquels on le voyait sourire (le blanchiment de ses dents ayant donné lieu à de multiples moqueries en ligne), une utilisation minimale des réseaux, allant jusqu'à en dénoncer les effets pervers – des attaques qui s'étaient retournées contre lui. Vieillir en politique, c'était aussi découvrir que des choses qui fonctionnaient à votre époque étaient devenues complètement inefficaces et obsolètes. Lehman ? *Un homme du passé.*

« Les sept minutes les plus longues de ma vie » – c'était ainsi qu'il avait résumé le discours prononcé à la suite de son échec à l'élection présidentielle. Ce discours – son meilleur et le plus émouvant qu'il ait prononcé au cours de sa longue carrière –, Lehman n'en avait pas écrit une ligne ; c'était Éric de Mérieux, son directeur de cabinet, assisté d'un jeune normalien, qui l'avait rédigé. Mais, au pupitre, il l'avait entièrement reformulé. Il s'était élancé sur la scène de son QG de campagne, les traits tirés, le regard vif malgré la déception, il avait évoqué son amour de la France, les valeurs de la gauche et de la République, la nécessité de se placer au-dessus des divergences au nom de l'intérêt supérieur d'un pays qui lui avait tout donné, avant d'affirmer qu'il portait toute la responsabilité de cette défaite. Puis il était rentré chez lui, dans son appartement où il avait passé l'après-midi avec ses plus proches collaborateurs et amis, oscillant entre l'amertume et la colère (il avait même eu, dans l'éclat de quelques secondes, l'envie de se foutre en l'air). Là, il avait appelé sa successeure, celle qui incarnait tout ce contre quoi il avait lutté. Il s'était contenté de lui conseiller avec une ironie sadique de bien profiter de ses derniers instants de tranquillité, prédisant qu'elle sombrerait dans la mélancolie dès sa prise de fonctions. En quelques semaines, elle comprendrait qu'elle n'aurait aucune maîtrise sur les événements qui se produiraient, elle ne pourrait pas transformer le réel, et elle serait seule, tout le temps ; elle ne pourrait compter sur personne : « Si vous voulez un ami à l'Élysée, prenez un chien. »

J'ai décidé de me retirer de la vie politique – la phrase la plus difficile que j'aie été amené à prononcer.
Les semaines, les mois, les années qui suivent un échec en politique sont semblables à ceux qui s'écoulent après un deuil – pourquoi se mentir ? On croit ne jamais s'en remettre. Chaque sortie publique vous rappelle votre mort sociale. N'être plus qu'un acteur secondaire d'un monde où l'on rayonnait, perdre le pouvoir quand on l'a exercé, est une épreuve existentielle.

Certes, il avait conservé quelques avantages : une retraite de 75 000 euros par an, à laquelle s'ajoutaient le salaire de 13 500 euros par mois qu'il percevait en tant que membre du Conseil constitutionnel, la présence à ses côtés 24 h/24 de deux fonctionnaires de la police nationale qui assuraient sa protection rapprochée, une voiture de fonction avec deux chauffeurs, des locaux de 300 m² rue de Ponthieu et plusieurs collaborateurs. Mais cela ne comblait pas la déception rageuse de ne plus prendre les grandes décisions qui engageaient le destin de la nation, de ne pas avoir été choisi pour un second mandat, de ne pas avoir su convaincre.

La vie politique offrait de grands moments mais engendrait aussi des coups, des frustrations, des trahisons et, bien sûr, des déceptions.

Après son départ, il avait vu de nombreux fonctionnaires rallier les cabinets d'un gouvernement issu de la droite dure : opportunisme ou vengeance personnelle ? Il avait si souvent humilié les énarques, à défaut d'en être un. De cette période, il n'avait gardé que trois collaborateurs : son avocat, Mathieu Brassard, cinquante-trois ans, un génie de la procédure pénale qui avait refusé une place dans son gouvernement, son directeur de cabinet, Éric de Mérieux, un ancien préfet de soixante ans, le gardien des secrets, un homme discret et taciturne, et Paul Lebrun, son plus ancien conseiller, redoutable autodidacte de soixante-dix ans, bouffon génial, l'un des meilleurs connaisseurs de la vie politique, porte-flingue de plusieurs anciens présidents.

Depuis, c'était la confrontation quotidienne avec l'ennui, un emploi du temps qui ne devenait plus qu'une succession de rendez-vous interchangeables. Chaque matin, il se connectait à l'agenda de la présidente de la République sur le site de l'Élysée, il faisait défiler tous les entretiens téléphoniques, les déjeuners, les réunions et les voyages à l'étranger. Cette vie-là lui manquait.

J'ai connu ce que la vie offre de plus intense – que puis-je en espérer à présent ?

Il recevait à déjeuner d'anciennes ou de jeunes gloires de la littérature ou de la politique auxquelles il dispensait quelques conseils, donnait des conférences à travers le monde pour lesquelles il était rémunéré plusieurs dizaines de milliers d'euros ; il lisait aussi, des Mémoires politiques essentiellement, qui le renvoyaient à sa solitude. Tous les anciens présidents vantaient les mérites de leur action sous l'apparence faussement modeste du récit d'un dévouement total au service de l'État, racontant avec exaltation leur *nouvelle vie*. La réalité, c'était que, hors du pouvoir, tout devenait insignifiant. Lehman savait que le discours officiel des hommes d'État, dans ces livres qu'ils publiaient après avoir quitté le pouvoir pour avoir l'impression d'exister encore, était vicié par l'orgueil, aucun d'entre eux n'exprimait son réel intime : le vertige du vide et de la solitude, l'amertume et le sentiment d'inutilité. Et pourtant, ils s'y étaient tous préparés : à peine arrivés au pouvoir, ils n'avaient pensé, de manière obsessionnelle, qu'au moment où ils n'y seraient plus.

L'organisation de son départ et la passation de pouvoir avaient été les moments les plus douloureux de son quinquennat. Lehman les avait traversés en planant, le cerveau anesthésié par l'alcool et les calmants – il fallait bien un substitut aux doses d'endorphine pure que l'action et le rayonnement au plus haut niveau hiérarchique lui procuraient naturellement. Dix jours après les résultats de l'élection, il y avait eu une sorte de chaos au sein même de l'Élysée, certains membres du personnel refusant de travailler au service d'une présidente ultralibérale qui affichait un programme sécuritaire répressif. Les intendants étaient déjà prêts à accueillir les nouveaux locataires : la moquette avait été shampouinée, les bureaux rangés, les affaires avaient été empaquetées et mises dans des caisses qui trônaient au milieu des pièces immenses, vous rappelant que, pour les archives, vous n'étiez qu'un hôte de passage. Lehman avait traversé les couloirs comme une ombre, exigeant que toutes les portes des bureaux soient fermées quand il sortait : il ne souhaitait plus être vu. Le jour de son départ, sa successeure ne l'avait pas raccompagné jusqu'à sa voiture puisque lui-même avait évité de lui serrer la main : à quoi bon mimer une courtoisie de façade ? Ils se haïssaient. Une fois à bord de son véhicule, Lehman était entré dans une rage folle : les crises politiques, il savait les gérer – mais pas ses émotions.

Et puis il y avait eu cette petite main tremblante qu'il avait passée par la fenêtre en guise d'adieu – c'était tout ce qu'il resterait de lui, cette petite main qui avait signé des traités internationaux, serré celles de chefs d'État, caressé les corps des femmes les plus ambitieuses, et qui s'agitait dans le vide comme l'expression d'une capitulation. Ceux qui l'avaient élu l'oublieraient.

Y a-t-il plus grande épreuve que de se voir mort alors qu'on est encore vivant ?

4.

Pourtant, un jour, il avait connu la victoire et la flamboyance qui l'accompagne. Des unes de journaux disséminées un peu partout dans la salle d'attente de son bureau le rappelaient. Je me souviens encore de la montée d'adrénaline, de ce mélange d'euphorie, de joie et de gravité.

Il pensait être prêt pour ce moment, il avait vu les images de l'élection de ses prédécesseurs : Chirac qui se rend à l'Hôtel de Ville, Mitterrand qui se réfugie dans le Morvan, Giscard qui reste seul, sous la caméra de Depardon, oui, il avait vu comment les autres étaient entrés dans la fonction au sens religieux du terme : le jour de l'élection, le peuple pose ses mains sur vous et vous donne des pouvoirs thaumaturgiques. Vous étiez candidat, vous voilà président. Vous êtes aimé, acclamé, le peuple vous transforme pour cinq ans mais vous ne ferez pas de miracles, les gens le verront, vous en voudront, vous direz que vous avez fait de votre mieux, mais ils ne chercheront plus qu'à vous chasser du lieu où ils vous ont placé.

Dan Lehman est élu président de la République.

L'euphorie de l'annonce.
Le sentiment de revanche sur le destin.
Le soulagement et le sentiment de vertige intérieur.
L'effervescence tout autour et la paix en lui : j'y suis arrivé.

Il avait eu besoin de s'isoler après les résultats. Il était resté dans son bureau. Seul. Il avait appelé son père qui était gravement malade. Puis, après avoir raccroché, il avait voulu se retrouver avec lui-même pour réfléchir. Dehors, des militants criaient son nom. C'était la liesse, l'espoir. Il avait tout le monde autour de lui, sauf son ex-femme, Marianne, celle qui avait été de tous les combats et qui, par la force des choses, s'était éloignée. Il l'avait appelée avant de rejoindre son équipe pour la remercier de l'avoir soutenu pendant toutes ces années et discuter avec elle de ce que cette victoire changerait pour leur famille en termes de sécurité et d'exposition médiatique. Puis il était monté sur la terrasse de Solférino avec Hilda. Des photographes avaient immortalisé la scène. L'image serait reprise partout. Un couple *de cinéma*.

Il n'avait pas fermé l'œil de la nuit, il était aussi agité que s'il avait avalé une boîte d'euphorisants. Il possédait désormais tous les pouvoirs : constitutionnels, militaires, symboliques. Et le plus grand d'entre eux : le pouvoir de déclencher le feu nucléaire.

5.

Éric et Mathieu avaient essayé de le joindre mais Lehman n'avait envie de parler à personne, il souhaitait rester seul, son dictaphone à la main, en buvant un rhum du Venezuela. Le liquide réchauffait sa gorge, diffusant ses arômes d'agrumes et de café. À quel moment l'alcool était-il devenu un problème dans sa vie ? Il avait toujours aimé boire, il aimait le vin, la fête, l'effet que ça produisait sur lui, la légèreté, l'acuité, la joie, il devenait un autre quand il buvait, plus vif, plus tranchant ; à l'Élysée, il était plus ou moins parvenu à contrôler sa consommation : rien à midi, trois ou quatre verres le soir quand la pression était trop forte, mais quand les médecins avaient annoncé, quelques semaines après sa naissance, qu'Anna avait un handicap, il n'avait plus rien maîtrisé. Elle était atteinte de surdité profonde – séquelle irréversible d'une infection que Hilda avait contractée pendant sa grossesse. Il lui avait fallu plusieurs mois pour encaisser le coup. Lui qui avait élevé sans problème particulier ses trois premiers enfants se trouvait soudain en difficulté. Hilda et lui avaient fait comme ils avaient pu : ils avaient emmené Anna chez les plus grands spécialistes, avaient appris ensemble la langue des signes. Avant son premier anniversaire, Anna parvenait déjà à communiquer avec eux sur ses besoins élémentaires. Lehman avait eu recours à l'alcool pour tenir. Ça avait commencé subrepticement, un verre ou deux à l'apéritif et puis, progressivement, il avait augmenté sa consommation, n'acceptant plus à sa table que des gens qui buvaient autant que lui. Un soir où il s'était retrouvé nez à nez avec sa petite fille qui tapait sa main sur son cœur, visage crispé, pour dire qu'elle avait peur, il avait eu un sursaut de sagesse et il s'était alors imposé une règle temporelle : pas d'alcool en journée mais, le soir venu, il buvait autant qu'il voulait – parfois jusqu'au milieu de la nuit. Il aimait les dîners festifs à dix ou douze où l'on ne comptait pas les verres, et les soirées en solitaire au cours desquelles il pouvait boire sans se refréner ; il appelait parfois ses amis proches ou son ex-femme, Marianne, au bord des larmes, l'alcool le rendait sentimental. Il espérait, sans trop y croire, que personne, à part ceux qui vivaient avec lui, ne remarquait à quel point il était devenu dépendant. Mais son humeur irascible et erratique le trahissait. Il s'absentait, cessait de répondre aux messages au milieu d'un échange, avait des oublis. Il devenait imprévisible, insaisissable : comment avouer que cette instabilité était due à l'alcool ? Le cacher devenait l'une de ses missions principales : il sortait peu, ou seulement dans des lieux de fête pour pouvoir boire sans être remarqué, il pratiquait des sports de manière intensive car son corps, il le savait, le trahirait aussi. Un homme qui n'était pas capable de se contrôler lui-même, comment pouvait-il incarner le pays et le représenter ?

Lehman avait les yeux vitreux et le sourire béat de l'ivresse qui s'ignore. Sophia, sa gouvernante, frappa à la porte de son bureau. Elle lui dit qu'Anna s'était réveillée et qu'elle le réclamait. Lehman se rendit dans la chambre de sa fille pour l'embrasser, suivi par son chien Nabucco. Anna était une petite fille rousse aux yeux marron, à la peau claire, vive et expressive en dépit de son handicap. Elle venait d'avoir trois ans. Dès qu'elle le vit, Anna se précipita hors de son lit pour caresser Nabucco puis se blottir dans les bras de son père. Elle se détacha, plaça ses mains face à face, en forme de becs et les fit se toucher : c'était un baiser en langue des signes. Lehman porta sa main vers son cœur puis fit un mouvement vers elle pour dire « je t'aime », elle sourit et répéta le même geste avant de retourner sous les couvertures et de poser sa tête sur l'oreiller ; alors elle plaça ses mains jointes sous sa joue gauche pour signifier qu'elle avait sommeil. Il était bouleversé quand il la voyait pincer ses doigts au niveau de la moustache pour dire « papa ». La paternité tardive était une joie et un épuisement. Dans les moments où les tensions entre Hilda et lui paraissaient insurmontables, ce qui le confortait dans l'idée que cette enfant avait été une chance et un miracle, c'était cet amour réciproque et si fort entre Anna et lui. Il voulait consacrer à sa fille tout son temps libre. Il l'attendait chaque jour à la sortie de l'école, dans sa voiture de fonction ; il l'emmenait au parc, au restaurant. Puis, ensemble, en rentrant, ils feuilletaient un livre, s'attardant sur chaque image, ou regardaient un dessin animé. Tout ce qu'il n'avait pas fait avec ses aînés parce que la vie politique l'accaparait, il le réalisait avec elle, il réparait ses manquements, il était, avec elle, un père omniprésent, attentif, affectueux. Il se rapprocha d'elle, l'embrassa tendrement sur la tête avant de se diriger vers la sortie ; Nabucco resta dans la chambre, aux pieds d'Anna. Lehman se retourna et vit qu'ils ne le quittaient pas des yeux : c'étaient bien les seuls êtres vivants à le regarder encore avec tendresse.

6.

Quand il avait appris qu'il allait de nouveau être père, à l'âge de soixante ans, Lehman avait ressenti une grande crainte mêlée de joie. Il savait qu'en se mettant en couple avec une femme de trente-cinq ans, qui n'avait pas encore eu d'enfant et manifestait le désir d'en avoir, il serait confronté très vite à la question de la procréation. Hilda le lui avait fait comprendre dès le début de son mandat : elle n'avait pas de temps à perdre, c'était maintenant ou jamais. Il avait éludé le sujet pendant quelques mois, il n'avait aucune envie d'avoir un enfant à l'Élysée mais, le jour où elle lui avait dit qu'elle préférait se séparer que renoncer à la maternité, il avait cédé par peur de la perdre. Peut-être aussi parce qu'il n'avait pas envie de divorcer une nouvelle fois, sitôt arrivé au pouvoir ; et puis, pourquoi se mentir ? Être en couple avec une actrice célèbre lui assurait un certain rayonnement. À l'époque, il se sentait écrasé par la charge présidentielle – cet enfant, cette femme le renverraient à la vie, à la possibilité du recommencement, de la transmission, Hilda lui proposait, à travers cette nouvelle descendance, un avenir en dehors de la politique, et c'était, pour lui, une nouvelle façon de *durer*. Il était terrifié par le déclin, il savait que de nombreux hommes gravitaient autour de sa femme, que l'un d'entre eux pouvait à tout moment la lui prendre ; un bébé lui donnerait l'élan d'un jeune père, pensait-il, mais dès qu'il avait serré sa fille dans ses bras, cet être de deux kilos, né prématurément, il avait admis qu'il s'était condamné à l'inquiétude. Un nouvel être humain dépendait de lui, s'il arrivait quelque chose à Hilda, ou s'ils se séparaient, il devrait assumer l'éducation d'un enfant en très bas âge et c'était, pour un homme aussi dépendant de l'alcool, qui voyait l'horizon se rétrécir, une perspective effrayante. Ses proches amis, dont certains avaient eux aussi refait leur vie sur le tard, l'avaient rassuré en lui disant que ce bébé lui donnerait « un coup de jeune » : l'inverse s'était produit. Il se trouvait un peu éteint quand il croisait son reflet dans le miroir, son enfant dans les bras. Il sentait parfois les regards réprobateurs sur lui et, à l'étranger, où on ne le reconnaissait pas toujours, les questionnements qu'ils révélaient : cet homme avec son bébé, est-il le père ou le grand-père ? Aux côtés de sa jeune épouse, il percevait les jugements : oui, Lehman, ta femme est sexy sans être vulgaire, attirante sans être aguicheuse, les hommes veulent être à ta place et les femmes t'en veulent, mais réfléchis et demande-toi si elle ne s'affiche pas à tes côtés parce que tu as du pouvoir, demande-toi si ce n'est pas ton phallus social qui l'excite – François Mitterrand avait très mal pris que l'avocat et ancien ministre de la Justice, Georges Kiejman, lui fasse une telle remarque –, demande-toi ce qui se passerait si tu le perdais : tu la perdrais, elle aussi. C'est ce que pensaient les gens qui le croisaient en voyant cette sublime comédienne à son bras ; les enfants qu'il avait eus avec Marianne le pensaient aussi. Les trois avaient réagi avec hostilité en apprenant la grossesse de Hilda. Son aîné, Julien, trente-deux ans, un entrepreneur qui avait quasiment l'âge de sa nouvelle belle-mère, et son second fils, Luca, vingt-six ans, ingénieur, n'avaient pas adressé la parole à leur père pendant plusieurs mois, et sa fille Léonie, vingt-quatre ans, diplômée en sciences politiques, très engagée dans les combats féministes, lui avait dit qu'il n'était pas à sa place, osant même lui assener dans un message envoyé en pleine nuit qu'elle le trouvait inconscient et ridicule : « Tu auras quel âge quand ta fille aura dix ans ? Tu veux être une charge pour elle, c'est ça ? » – renonçant toutefois à lui répéter ce qu'elle avait dit à ses frères : « Je trouve cela malsain » –, attitudes dont Lehman attribuait la dureté au ressentiment naturel que ses trois enfants lui manifestaient pour avoir quitté leur mère et lui avoir préféré une femme de vingt ans sa cadette, cédant à un schéma tellement attendu, un *cliché*. Il avait eu beau leur répéter que Hilda et lui étaient très amoureux, croyant un peu naïvement que le caractère fatal de l'argument sentimental pourrait les convaincre, cela n'atténuait pas la vigueur de leurs reproches : c'était « un égoïste » et « un traître ». En avait-il souffert ? Oui, parce qu'il savait qu'ils avaient eu raison de douter de sa capacité à assumer un enfant à un âge où il n'en avait ni la force ni l'envie. Il s'était assez vite rendu compte qu'il n'avait plus les ressources physiques de se lever la nuit quand il était réveillé par les pleurs de son bébé, il n'avait pas la disponibilité mentale que réclamait un jeune enfant. Il n'avait plus le détachement, la légèreté – l'énergie naturelle de la jeunesse – malgré les soins qu'il s'offrait, les heures intensives de sport avec un coach – et il se surprenait souvent à regretter sa vie avec Marianne et leurs enfants, cette stabilité confortable, cette unité familiale, cette complicité exceptionnelle, ces heures passées à discuter de la politique et du quotidien : la tendresse, pourquoi n'avait-il pas pu s'en contenter ? Parce qu'il y avait eu le sexe, la décompensation érotique avant le dernier acte : comment dire non quand le chaos prend le visage de la vie ?

C'était il y a huit ans et il avait le sentiment d'en être toujours au même point de ressassement. En quittant brutalement Marianne, il n'avait pas imaginé à quel point elle finirait par lui manquer, elle mais aussi la famille qu'ils avaient créée. Marianne était celle qui l'avait soutenu à ses débuts, qui l'avait encouragé quand il doutait, avec laquelle il avait traversé les épreuves de la vie. Longtemps elle avait été la seule qu'il désirait et il l'avait fait souffrir en lui imposant la violence d'une trahison publique, il avait repoussé jusqu'au dernier moment l'annonce de la grossesse de Hilda, il n'en avait parlé à ses enfants qu'au cinquième mois, quand il ne pouvait plus le leur cacher, leur faisant promettre de ne rien dire à leur mère, l'enfant était devenu pendant des mois un sujet tabou, on n'en parla plus jusqu'à la naissance, on n'évoqua pas les échographies, la santé du bébé, son évolution intra-utérine, les prénoms possibles – tant qu'il n'était pas nommé, il n'existait pas –, et Julien, Luca et Léonie avaient accepté cet accord secret censé préserver leur mère de la douleur et leur père d'une réalité qu'il n'assumait pas. Mais un matin, la presse people avait publié une photo de Hilda, peut-être avec sa complicité, la main posée sur son ventre rond, avec le titre « Les Lehman : un heureux événement », et quatre mois plus tard, dans la chambre d'une clinique parisienne, Anna Ilse Lehman-Müller était née et à partir de là, loin du rêve idyllique qu'il avait imaginé, en dépit de tout l'amour qu'il avait porté à cette enfant dès qu'il l'avait vue, Lehman avait compris qu'il avait aliéné sa liberté au moment de sa vie où il aurait pu enfin espérer en jouir.

M

« Si l'on aime un homme de pouvoir, il faut savoir qu'on sera tôt ou tard sacrifiée à son ambition » – cette phrase, je l'avais entendue un soir, de la bouche d'une journaliste politique, dans l'un de ces cocktails où j'avais accompagné Dan à ses débuts – j'avais alors pensé que, pour nous, ce serait différent, on croit toujours que pour soi les choses seront différentes mais on se trompe, on finit tous par subir les mêmes revers que ceux qui nous ont précédés.

J'avais rencontré Dan au cours de l'enregistrement d'une émission politique, j'avais vingt-quatre ans et je publiais mon premier roman, lui en avait trente et venait d'être élu porte-parole du Parti socialiste. Avant ma rencontre avec lui, je m'étais toujours tenue à l'écart des hommes politiques. À mes débuts – bien avant l'ère MeToo –, j'avais été la cible de leur intérêt plus ou moins insistant. À l'époque, il était de notoriété publique que certains d'entre eux alimentaient leur soif de conquêtes dans le vivier que représentaient les comédiennes et les jeunes romancières (bien qu'ils ne fussent pas insensibles à leurs charmes, ils évitaient autant que possible les journalistes et les attachées de presse, potentiellement dangereuses pour leur réputation et leur avenir politique), l'écriture autofictionnelle comme arme de destruction les excitait plus qu'elle ne les effrayait, car elle générait un trouble au nom de la littérature, un art qu'ils plaçaient souvent au-dessus de tout. Les cibles recevaient en général un petit mot plein d'admiration aussitôt suivi d'une invitation à déjeuner dans le restaurant d'un palace parisien ou un établissement un peu feutré, souvent près des lieux de pouvoir où se pressait l'élite politique, qui s'y rendait autant pour observer qu'être vue en compagnie de jeunes femmes. La plupart de ces hommes poursuivaient leur entreprise de séduction durant quelques jours, quelques semaines pour les plus patients. Certains écrivaient des lettres noyées d'un lyrisme à peine contenu dans lesquelles ils convoquaient Goethe, le *Cantique des cantiques* ou Saint-John Perse. Tous poursuivaient le même but : baiser. Ceux qui montraient leur jeu dès le premier échange étaient connus ; ils avaient la réputation d'être offensifs, voire agressifs ; les femmes, entre elles, se mettaient mutuellement en garde : « Méfie-toi de X » ou « Ne va pas seule à un rendez-vous avec Y » ; plusieurs générations de femmes s'étaient habituées à se rendre à des invitations avec la peur au ventre. C'était une époque où les écrivaines étaient souvent perçues comme des marionnettes d'agrément auprès desquelles on pouvait espérer rayonner, en particulier si elles étaient très jeunes. Une cour d'habitués les repérait, des hommes de pouvoir, souvent mariés, bons pères de famille, issus de tous les bords politiques, que la nouveauté et la fraîcheur excitaient. Ce qu'ils voulaient, c'étaient des femmes enfants, facilement impressionnables, pour jouer avec ; leurs fonctions laissaient peu de place à la distraction – y en avait-il de plus agréable que la séduction et le sexe ? Dan avait été plus habile, il s'était intéressé à mon travail, il avait commenté mon roman ; il en parlait bien, avec profondeur, sans emphase, et j'avais un peu baissé ma garde – j'avais ma part de narcissisme, comme les autres. Il disait qu'il lisait beaucoup, il citait des auteurs que j'aimais, ça paraissait un peu trop appuyé, ça cachait surtout un complexe social : je crois que, même s'il les revendiquait en public, il n'assumait pas vraiment ses origines modestes, son échec à l'ENA, la tragédie familiale qui l'avait plongé dans une certaine précarité, il s'était mis à écrire pour se prouver quelque chose mais il n'avait jamais reçu, dans le milieu littéraire, qu'une indifférence polie. Moi j'admirais ça, chez lui, ce manque, cette rage, ce désir acharné de faire partie d'un monde qui ne voulait pas de lui et le lui montrait. Je venais d'un milieu intellectuel et désargenté, d'origine italienne – père traducteur, mère libraire. J'étais née à Milan et nous avions emménagé en France, près d'Aix-en-Provence, quand j'avais sept ans, mes parents, tombés amoureux de la région, ayant brutalement décidé de changer de vie et d'y ouvrir une librairie. Un an après ma rencontre avec Dan, je lui disais oui à la mairie d'Aix.

Dan aimait répéter que nous nous étions faits ensemble – c'était surtout lui qui s'était « fait ». Je l'avais soutenu dès les débuts de son engagement politique, élevant quasiment seule nos enfants tandis qu'il voyageait pour participer à des meetings aux quatre coins de la France, il m'avait laissée croire que sa carrière n'éclipserait jamais la mienne, que je pourrais me consacrer à l'écriture mais rien de ce qu'il avait promis ne s'était produit, j'avais sacrifié mon ambition pour lui permettre d'assouvir la sienne sans contrainte, les choses s'étaient imposées naturellement, la question ne s'était même pas posée entre nous. J'emmenais les enfants chez le pédiatre quand ils étaient malades, je m'occupais de la maison, des courses, j'organisais les vacances (que je passais souvent seule avec les enfants car il avait, au dernier moment, des « obligations ») : vivre aux côtés d'un homme politique créait une inégalité de départ, il fallait faire preuve d'abnégation, de discrétion, savoir s'effacer, j'avais renoncé à écrire à temps plein par une sorte de fatalisme social ; j'avais compris – sans qu'il ait besoin de le formuler explicitement – que mon travail était moins important que le sien. J'avais publié une dizaine de livres dans une petite maison d'édition littéraire et, si j'avais reçu une reconnaissance critique, je n'avais jamais connu un grand succès public : l'échec commercial, ça me semblait être la règle, pas l'exception, j'en parlais avec un détachement de façade mais on a beau afficher une distance élégante, une sorte de lucidité sur le statut d'écrivain en affirmant qu'on écrit pour soi, pour questionner et mettre du sens là où il n'y en a pas, rappelant qu'il y a une insatisfaction chronique, à l'origine, que le succès de toute façon ne comblera pas, on n'y croit pas soi-même – jusqu'à la parution d'*À la recherche du désastre*, à l'aube de mon cinquante-cinquième anniversaire, roman pour lequel j'avais obtenu un grand prix littéraire.

Toute notre vie commune s'était organisée autour de Dan. Pourtant, à la naissance de notre fille Léonie, il avait été obligé de bousculer son agenda. Alors même que c'était une enfant que j'avais attendue et pleinement désirée – j'avais trente-quatre ans quand elle est née –, j'avais sombré dans une profonde dépression et j'avais réussi à le cacher à tout le monde. Personne n'avait vu ou n'avait voulu voir à quel point j'allais mal. Être mère. Mensonge depuis la création du monde, mensonge. La maternité, ce n'était pas cette expérience extatique dont tous parlaient. Je me souviens qu'une psychologue était passée dans ma chambre d'hôpital le lendemain de la naissance pour savoir si j'allais bien et j'avais répondu : oui, oui, en souriant, elle n'avait rien décelé, ma tête se brouillait de pensées noires, j'avais laissé la mélancolie s'infiltrer en moi comme un gaz toxique, jusqu'à ce qu'un soir Dan me trouve devant la fenêtre de la chambre grande ouverte, Léonie dans les bras. J'avais vaguement entendu parler du baby blues, mais de cette confusion qui s'était emparée de ma tête nuit et jour, jamais, de cet étau qui m'écrasait jusqu'à l'asphyxie, jamais, de cette peur constante, abrasive, de ne pas être à la hauteur, de mal faire, ce sentiment d'aliénation, de perdition, de TERREUR, jamais. Je devenais folle. J'avais fini par demander de l'aide et j'avais été hospitalisée pendant quelques semaines. C'était finalement Dan lui-même qui s'était consacré aux soins de Léonie, en plus de s'occuper de Julien et Luca, avec l'aide de deux assistantes maternelles qu'il avait engagées, une pour la nuit, une pour le jour, un gouffre financier – avait-il le choix ? À partir de là, je l'avais vu différemment, j'avais pensé que je pouvais me reposer sur lui en cas de détresse, il avait été attentionné, protecteur. Mais quand je suis rentrée à la maison, assommée par les antidépresseurs, j'ai vite compris que, passé les premières semaines de compassion et de partage des tâches, notre vie reprendrait comme avant. La charge mentale, ce serait pour moi.

Quand il m'a quittée, je vivais modestement de mes droits d'auteur, je n'ai pas voulu dépendre de lui financièrement. Ça a été une période très dure : j'avais appris qu'il avait une liaison avec l'actrice Hilda Müller par la presse. Votre vie privée exhibée partout, on n'imagine pas la violence. On juge, on attaque sur le physique, sur la fragilité psychique, sur des contextes personnels, on commente les actes et les paroles de gens sur les réseaux sociaux sans penser à l'effet que cela produit sur leur vie : ça détruit. On dira : quand on est un personnage public, quand on épouse un homme politique, on s'expose. C'est sans doute vrai ; pourtant je n'ai pas signé de contrat pour ça.

C'était un écrasement de tout mon être ; il n'en subsistait que de l'incompréhension : pourquoi ça m'arrivait ? Je m'étais sentie remplaçable, avec une estime de moi-même proche de zéro. Je découvrais que tout finissait par être abîmé, même ce qui semblait sûr, que chacun pouvait à tout moment vous trahir et vous abandonner, je le disais sans ressentiment, avec un détachement lucide, comme s'il s'agissait d'une conclusion scientifique – mieux valait le savoir et l'admettre très tôt, lorsqu'on était encore jeune, la chute serait moins brutale le jour où l'on y serait confronté. Dan m'avait laissée avec les enfants sans se préoccuper des conséquences sur ma vie, de la douleur qu'il allait me causer, sans se demander si j'allais supporter l'humiliation publique, il n'avait pensé qu'à lui, à son avenir, à son plaisir. Il avait voulu être *heureux*, il avait voulu profiter et jouir, aimer et être aimé, c'était son irréfragable liberté, je ne le jugeais pas pour ça, je comprenais qu'on eût envie de vivre avec intensité mais je me demandais si l'on pouvait être heureux sur le malheur de quelqu'un d'autre ?

Déjà, quand il avait été nommé ministre, j'avais compris que j'avais échangé une place sûre contre un strapontin. Je n'avais pas imaginé les angoisses et la jalousie générées par mon nouveau statut de femme de. Avec Dan au gouvernement, je m'étais sentie en difficulté, sur la touche. La fascination que le pouvoir exerçait sur les femmes, cette attraction facile, fatale, ce n'était pas un mythe, je l'avais constatée pendant tout le temps passé avec lui et c'était, à chaque fois que je le voyais répondre à un regard, que je l'entendais rire avec une autre, que j'imaginais ce qui pouvait se passer *après*, la même souffrance stérile, le même sentiment de dévalorisation que je n'osais ni exprimer ni même nommer par peur de montrer mes failles, de paraître faible. Ne plus être aimée et assister au spectacle mortifère du déplacement du désir, la double peine, faire semblant, tout le temps, d'aller bien alors que je me sentais vulnérable, j'avais été presque soulagée quand notre histoire avait pris fin.

Une photo était sortie dans la presse avec ce titre : « L'amour secret du ministre » – ça avait été un choc très violent. Dan avait, dans un premier temps, minimisé les faits en tentant de me convaincre que ce n'était qu'une aventure, *ça n'est arrivé qu'une fois, ça ne compte pas*. Il pensait sans doute que je préférerais ma sécurité à ma liberté, compte tenu de mon âge et de mon statut social – la société imposait aux femmes de plus de cinquante ans de revoir leurs exigences à la baisse, en particulier quand elles étaient dépendantes économiquement de leur conjoint –, il se trompait, je refusais cette relégation. J'en avais trop croisé, de ces couples de façade qui surjouaient la complicité conjugale tout en couchant/aimant ailleurs ; je ne jugeais pas ces petits accommodements, je voyais bien les avantages que représentait l'artifice social : la stabilité affective des enfants ou, pour certains, plus aisés, la préservation d'un patrimoine commun, la peur de s'appauvrir en divorçant, de perdre un confort auquel ils s'étaient habitués, mais je n'avais pas voulu céder à cette facilité-là. C'était moins une question de morale – je n'étais pas certaine de croire en la possibilité de la monogamie à l'échelle d'une vie – que de lassitude : jouer un rôle me semblait plus exigeant qu'assumer d'être soi ; je savais ce que je ne pouvais pas endurer si je voulais conserver une certaine estime de moi-même. J'avais donc quitté Dan brutalement après la parution des photos de Hilda et lui dans la presse en publiant un communiqué (sur les conseils d'Éric, son directeur de cabinet qui s'était pendant un temps rangé de mon côté avant de rejoindre le camp de Dan, c'était lui qui réglait ses honoraires) : « Après plus de vingt-cinq ans passés ensemble, je mets fin à ma vie commune avec Dan Lehman. » Je savais très bien que, si je ne l'avais pas fait, il aurait été acculé à l'écrire lui-même sous la pression de ses conseillers, j'avais préféré anticiper ma répudiation, acter publiquement la rupture, c'était ma façon de me protéger, de me donner le sentiment (illusoire) de maîtriser quelque chose au chaos qu'était devenue ma vie intime. J'étais obsédée par la nécessité de rester droite. De tenir debout. J'avais l'impression de reprendre le pouvoir sur moi-même. La solitude ne m'effrayait pas, elle devenait synonyme de liberté et de créativité. J'avais cet espace immense pour écrire.

Mais je n'avais pas pensé que ce serait si douloureux de s'amputer d'un être qui avait occupé une grande partie de mon existence, que j'avais aimé, que je continuais à aimer, alors que j'atteignais la période la plus difficile de ma vie de femme.

7.

La violence de l'exposition médiatique. Trente-cinq ans de vie politique n'avaient pas mithridatisé Lehman contre la critique facile, l'humiliation publique. Les premiers papiers sur son livre commençaient à sortir, concentrés de railleries et de sous-entendus douteux à propos notamment d'une scène de fellation. On ne parlait plus que de ça. Un an de travail réduit à deux lignes qu'il avait ajoutées à la main, sur les secondes épreuves.

Le Figaro l'avait éreinté : « Un passage érotique du dernier livre de Dan Lehman amuse beaucoup les réseaux sociaux *: Karl entra dans la pièce. Jenny s'agenouilla, prit son sexe dans sa bouche et le suça jusqu'à ce qu'il éjacule en elle.* Marx, c'est sûr, doit se retourner dans sa tombe. » *Libé* l'avait laminé : « Comment un homme qui a joué un rôle politique aussi important a-t-il pu se compromettre en publiant une bluette qui aurait plus sa place chez Harlequin que dans une maison littéraire ? »

Il avait toujours eu des relations compliquées avec la presse. Quand il était président, il n'hésitait pas à se plaindre de mauvais papiers qui étaient publiés sur lui, de livres dans lesquels il était, disait-il, injustement attaqué ou ridiculisé. Ce travail de sape, Paul Lebrun le menait dans l'ombre. C'était lui qui appelait les journalistes. Lehman avait l'impression qu'ils s'acharnaient davantage, maintenant qu'il ne pouvait plus leur nuire directement, il était, d'une certaine façon, devenu inoffensif. En apparence. Paul appela le journaliste du *Figaro* – à cette heure matinale, il ne répondit pas. Lehman était au plus bas. Il aurait dû se protéger mais c'était plus fort que lui : il ne savait pas résister à l'appel des médias. Il continua de lire sa revue de presse : « Une chose est sûre : Dan Lehman n'est pas Albert Cohen. » Il ne voyait pas le rapport entre lui et Albert Cohen mis à part le fait qu'ils étaient juifs.

Il lut aussi les commentaires que quelques lecteurs avaient laissés sur Amazon : « Lehman est un être tellement romanesque, un fauve en politique, qui apparaît si tendre dans l'intimité. C'est l'histoire de la gauche qu'il raconte dans ce livre passionnant. » Un peu plus bas, on pouvait lire le titre ***minable***, assorti d'une note une étoile, et le commentaire suivant : « Livre médiocre, à l'image de celui qui l'a écrit. » Même si les plus cruelles le blessaient, il les lisait toutes. En bien, en mal, l'essentiel était qu'on parle de vous.

Longtemps, Lehman avait préparé ses interventions médiatiques avec Paul et Éric. À présent, il cédait à l'impulsion et à la spontanéité, il n'y avait plus vraiment d'enjeu, la présentation d'un livre n'exposait pas à la même violence qu'une campagne électorale, tout lui semblait lent, mou, factice. Lehman serait en direct sur France Inter dans moins d'une heure.

Il s'était levé épuisé par cette nuit noyée d'alcool,
anxieux, il s'était retenu de prendre un verre de vin
pour calmer cette angoisse diffuse et écrasante,
résister lui imposait un effort supplémentaire.

Arrivé dès l'aube dans les locaux de la station, il évoquait son plan médias avec l'attachée de presse de la maison d'édition, qui avait fait le déplacement alors qu'à cette heure matinale elle aurait préféré rester dans son lit. Médiatiquement, Lehman n'était pas tout à fait mort. « Toujours rien dans *L'Obs* ? » demanda-t-il, mais l'attachée de presse, heureusement, n'eut pas le temps de répondre, le directeur de la station accompagné du programmateur de l'émission s'avançait vers eux, deux cafés à la main. Ils s'assirent à leurs côtés, Lehman ne toucha pas à son café, il en avait déjà bu trois, il paraissait absent. Le directeur évoqua les excellentes audiences de l'émission avant de le remercier pour sa présence, puis il y eut un silence ; le programmateur ne savait pas comment l'occuper ; il osa un « tout va bien se passer ». Entendant ces mots, Lehman le toisa. Il détestait cette familiarité. « Je crois qu'on peut y aller », continua le programmateur, livide, qui craignit tout à coup pour sa place. Dix minutes plus tard, Lehman se trouvait dans le studio et répondait aux questions des deux journalistes vedettes.

— Ce matin nous recevons un ancien président de la République, Dan Lehman, bonjour ! lança l'animatrice.

Lehman répondit d'un faible bonjour, il semblait crispé, un peu tendu. Il se méfiait de ces journalistes, ils étaient professionnels : ils pouvaient être offensifs sous des abords charmants et il savait qu'il était filmé. La journaliste portait un pull avec le slogan *No Future*, elle l'avait fait exprès, elle faisait passer un message subliminal pour le déstabiliser, pensait-il, ce qui eut pour effet de le tendre davantage.

— Monsieur le président, nous allons parler de votre nouveau livre *L'amour et la lutte !* – une biographie romancée de Karl Marx. Après votre échec à la présidentielle, c'était quoi votre ambition avec ce livre ?

— J'ai voulu raconter la façon dont la vie intime façonnait la vie politique.

— Justement, en quoi votre vie intime a-t-elle façonné votre exercice du pouvoir ?

— Être père, par exemple, m'a appris à être plus empathique dans l'exercice de ma fonction.

Entendant cela, la journaliste se crispa, elle n'avait pas l'intention de le laisser imposer sa langue de bois.

— On va maintenant évoquer le contenu de votre livre. On parle beaucoup d'une scène de fellation...

— Oui le deuxième paragraphe du chapitre 12 circule actuellement sur les réseaux, ajouta l'autre animateur qui était resté en retrait jusqu'à présent.

— Vous vouliez quoi, choquer ? continua la journaliste.

— Vous pensez que j'ai besoin de ça pour exister ?

— Mais quand même, vous saviez qu'on allait parler de ça...

— Plus sérieusement, j'avais envie de montrer comment la pensée de Marx pouvait être irriguée par sa vie privée.

— Il y a beaucoup de vous dans ce livre. Page 156, vous écrivez : « Je viens d'un milieu simple, un milieu dans lequel la politique pouvait et devait changer la vie. »

— Oui, je veux dire, on n'avait pas d'autre choix. Être apolitique, c'est un luxe que seuls des privilégiés peuvent se permettre.

— Vous écrivez aussi : « Au pouvoir, il y a chaque jour des décisions à prendre, il ne s'agit pas de prendre la meilleure mais la moins mauvaise possible. »

— Oui, et on est seul à la prendre.

— Vous pensez que le pouvoir isole ? Qu'il endurcit ?

— Si on ne sait pas bien s'entourer, oui.

— Vous êtes resté cinq ans à la tête de l'État. C'est quoi pour vous, le pouvoir ?

— Ah, ça, c'est Michel Foucault qui l'a le mieux défini lors de l'un de ses cours au Collège de France, au milieu des années 70. Il a dit, en paraphrasant Clausewitz : « La politique, c'est la guerre continuée par d'autres moyens. »

La journaliste blêmit. À une heure de très grande audience, il fallait revenir à quelque chose de plus grand public si on ne voulait pas perdre d'auditeurs. Elle lut sa fiche puis releva la tête.

— Est-ce que vous vous laissez influencer par ce qu'on écrit sur vous sur les réseaux sociaux ?

— Jamais. Moi je crois à une éthique de la responsabilité, quand notre époque donne au ressenti un retentissement illimité et une légitimité dangereuse. Je crois au courage intellectuel, à l'esprit de mesure.

Lehman commençait à être fatigué. Et il avait soif. La journaliste annonça la question d'une auditrice, Jacqueline, de Montauban.

— Je voudrais savoir ce qu'a fait M. Lehman depuis qu'il

a échoué du fait de son incompétence, et quand je dis incompétence je suis gentille, parce qu'il s'est fait élire sur un programme de gauche et il a appliqué un programme de droite.

La journaliste fit signe à Lehman de répondre, il sourit, se rappelant qu'il était filmé :

— Je vous remercie, chère madame, pour la nuance de vos propos et le sens de la retenue dont vous faites preuve.

Il défendit tant bien que mal son bilan d'une façon un peu déclamatoire, la journaliste comprit qu'il fallait réagir si elle souhaitait éviter une nouvelle fuite d'auditeurs vers une autre station.

— Vous avez été très critiqué par vos rivaux mais aussi par votre propre camp qui vous accuse d'avoir trahi la gauche. Que vous inspirent ces commentaires ?

— Je n'y attache pas grande importance. J'ai été si longtemps dans l'opposition alors vous savez, on finit par s'habituer à être critiqué.

— Mais que répondez-vous à Jacqueline qui vous a reproché de ne pas être assez à gauche ?

— Qu'est-ce qu'être de gauche ? C'est être du côté de l'égalité et de la justice. À dix-huit ans, je militais à la Ligue communiste révolutionnaire, j'étais un pur marxiste ; plus tard, je suis devenu un social-démocrate modéré, ma pensée a évolué, je l'assume. J'ai voulu rompre avec l'utopie chimérique du communisme pour aller vers l'utopie réaliste du socialisme démocratique, concilier les exigences de l'économie et de la justice. Peut-être que j'ai été incompris... Les électeurs ont préféré une technocrate libérale qui fera des réformes antisociales. Et que voit-on aujourd'hui ? La résurgence de la haine, un climat de guerre civile, un pays fracturé, une précarité accrue.

— Justement, qu'avez-vous ressenti quand vous avez appris que vous alliez être remplacé par une personne issue de cette famille politique ?

Son visage se durcit tout à coup.

— Ça fait quelque chose de voir son pays voter pour sa propre démolition.

Il y eut un silence, cette phrase, assurément, serait reprise sur tous les réseaux sociaux. Il avait rempli, vis-à-vis de la station, sa part du contrat. Sans attendre une nouvelle question, il continua :

— Moi, je n'ai pas à rougir de mon bilan : j'ai mené une politique de grands travaux et de modernisation du pays, j'ai créé une dynamique de réindustrialisation, j'ai relancé la construction de logements pour les personnes précaires...

Lehman dégainait ses éléments de langage, ça patinait, la journaliste demanda à un auditeur, Maurice, de Bastia, de poser une question.

— Monsieur le président, qu'est-ce qui vous fait peur dans la vie ?

— À part la maladie et la perte des gens que j'aime, je n'ai peur de rien.

Lehman sourit, visiblement satisfait de sa réponse.

— Pas même des juges qui vont vous interroger cette semaine ? enchaîna la journaliste.

Le visage de Lehman se figea. La garce avait gardé ce couteau dans la manche.

— Vous savez, quand on agit, on ne suscite que les attaques, jamais la reconnaissance.

Lehman avait chaud, il but quelques gorgées d'eau, fixa la caméra.

— Allez monsieur le président, la question que tout le monde se pose : vous avez affirmé vouloir vous consacrer à la littérature mais comptez-vous revenir un jour en politique ?

Lehman, évidemment, s'attendait à cette question. Il lâcha un petit rictus qui marquait aussi bien la malice que l'agacement.

— Non. La politique, c'est fini pour moi, je m'en porte très bien. Je vis, je profite de mes enfants, de ma dernière fille, de mon petit-fils, je suis heureux.

Lehman regretta aussitôt ces mots : affirmer « je suis heureux » n'était qu'une façon d'avouer qu'on était prêt à se tirer une balle dans la tête.

8.

Quelques semaines en tant que première dame avaient suffi à Hilda pour comprendre qu'elle ne survivrait pas cinq années à l'Élysée sans antidépresseurs. Si, en tant qu'actrice, Hilda avait toujours été médiatisée, elle n'avait pas supporté l'acharnement des réseaux sociaux et des paparazzis, les attaques contre elle, son mari, les rumeurs sur la santé de sa fille, sur la viabilité de leur couple, leur sexualité, les critiques sur son physique, la régression de sa carrière – l'exposition brutale et obscène qu'impose la vie politique. Elle n'avait pas non plus supporté l'opportunisme et la fausseté des relations qui se nouaient dans la sphère politique au plus haut niveau, la présence, dans l'entourage de son mari, d'hommes serviles, de profiteurs, lèche-bottes, de femmes énamourées, séductrices, courtisanes – la jouissance que Lehman en tirait, sa satisfaction puérile, sa façon de jouer avec les autres, de les tester pour le seul plaisir de voir jusqu'à quel point ils étaient prêts à le servir et à s'humilier pour faire partie de sa cour, ça l'avait écœurée. Elle avait imaginé qu'elle serait libérée le jour où son mari quitterait l'Élysée. Ce fut pire : son téléphone ne sonnait plus – ou rarement. C'était en général sa mère ou sa sœur qui lui demandait de ses nouvelles par sms ou WhatsApp, les relations affectives se limitaient à l'envoi de brefs messages accompagnés de gifs « Haha » ou d'émojis sourire/cœur, on évitait la conversation directe au téléphone, trop *engageante*. Même ses « amis » s'étaient détournés d'elle.

Longtemps, Hilda avait été très active sur les réseaux sociaux. Elle passait des heures, son téléphone à la main, à se mettre en scène : images de sa vie avec Lehman, des portraits d'elle passés au filtre de Photoshop, des clichés du temps où, jeune actrice, elle faisait la une des grands magazines, des photos d'actrices qu'elle admirait, des vidéos d'elle en train d'évoquer son dernier coup de cœur cinématographique ou littéraire avant de les poster sur Instagram. Lehman lui avait demandé d'arrêter, elle avait bien essayé mais elle s'ennuyait à mourir ; elle recevait quelques messages, des commentaires enthousiastes essentiellement, des cœurs, des émojis bisou ou sourire, ça lui assurait une dose quotidienne de réconfort, ou de narcissisme. Socialement, elle n'existait plus que pour ses 520 456 abonnés. Elle était plus prudente désormais, l'expérience du pouvoir l'avait transformée. Quand elle était première dame, la presse people s'acharnait régulièrement sur elle, la prenant en photo sur la plage, à proximité de la résidence du fort de Brégançon, allongée dans une position qui ne l'avantageait pas. Bien qu'elle fût une actrice rodée aux impératifs de la représentation et de la notoriété, ça avait été une expérience d'une grande violence. Elle s'était sentie très isolée.

Au pouvoir, Lehman était devenu froid, inatteignable. Il était souvent absent, peu disponible. Quasiment du jour au lendemain, Hilda avait dû passer par Paul pour lui parler. À ses amies, Hilda confiait : « Je ne croise plus Lehman, les seuls endroits où j'aie encore une chance de le voir de temps à autre, c'est à la télévision et dans notre lit entre une heure et quatre heures du matin – et il ne s'y passe plus rien : trente-huit ans, c'était un peu jeune pour renoncer à toute vie sexuelle. Il n'était pas rare qu'il s'endormît dans son bureau, sur le sofa qu'il avait fait venir du Mobilier national et dont il aimait raconter qu'il avait appartenu à François Mitterrand. Et pourtant, elle avait été prévenue – lorsqu'elle avait annoncé qu'elle avait une liaison avec Lehman, alors ministre de l'Économie, son agent avait lâché cette phrase aux accents prémonitoires : « S'il devient président, plus aucun réalisateur ne voudra tourner avec toi, tu ne seras plus que la femme de. » C'est ce qui s'était produit. Les propositions s'étaient raréfiées. Son métier lui avait terriblement manqué. Les impératifs liés à son rôle de première dame avaient accaparé sa vie : la représentation, les visites d'État à l'étranger, les relations avec le personnel de l'Élysée, les obligations caritatives ou associatives. Pendant le quinquennat, elle n'avait tourné que dans deux films dont l'un n'avait pas trouvé de distributeur. Dans l'autre, une superproduction américaine, elle n'apparaissait quasiment pas à l'écran, le réalisateur ayant coupé au montage la plupart des scènes où elle jouait.

Après la défaite, ce fut pire. Elle était persuadée que c'était la faute de Lehman si sa carrière s'était arrêtée net ; elle se disait blacklistée, victime directe des réactions clivantes qu'il suscitait. Plus lucidement, elle savait qu'elle avait atteint la phase climatérique pour une actrice. Les producteurs qualifiaient de « trop vieilles » des filles d'à peine trente-cinq ans et associaient systématiquement à un acteur de plus de quarante ans une femme de vingt ans sa cadette, quand ce n'était pas trente ; il fallait admettre que Hilda aurait de plus en plus de mal à obtenir un rôle ou alors, éventuellement, un second rôle, flic ou médecin – la ménagère de moins de cinquante ans réclamait des femmes fortes, exerçant des fonctions viriles – dans une série pour TF1 ou, avec un peu de réseau, pour France Télévisions – Arte ou Canal, il ne fallait pas y penser, c'était mort. Après ça, elle pouvait espérer obtenir quelques papiers dans la presse féminine ou people, mais pas au-delà : bien qu'il fût un homme de gauche, Lehman n'avait plus la carte dans les milieux culturels. On lui avait reproché son goût pour le luxe, ses liens avec de grands entrepreneurs, son attentisme – une forme de forfaiture pour un homme qui avait construit tout son programme sur l'égalité et la justice sociale.

Jusqu'au milieu de la trentaine, Hilda avait été cette femme irrésistible, magnétique, adorée par les hommes, cette actrice obsédée par son image et son désir de plaire : une femme qui avait fait de son potentiel érotique un capital, dans le déni que l'âge le lui confisquerait du jour au lendemain. Longtemps, elle avait exploré la sexualité comme un outil quasi sociologique, elle avait eu beaucoup d'amants, ce rôle de femme-qui-fait-fantasmer-les-hommes lui avait permis de s'offrir tout ce dont elle avait toujours rêvé : des rôles, une notoriété, l'aisance matérielle, un mariage avec un homme de pouvoir. Et puis un an plus tôt, vers quarante-deux ans, elle avait compris qu'elle était passée *de l'autre côté*. Ce n'était pas qu'elle plaisait moins, mais elle attirait désormais des hommes beaucoup plus âgés qu'elle. Ceux de sa génération ne l'envisageaient plus comme une conquête potentielle. Ils l'avaient subitement reléguée dans le camp de l'amitié, alors qu'elle s'était toujours perçue comme une femme très sexuelle : ça avait été le premier signe d'une disqualification due à l'âge. Elle savait que ça arriverait mais on a beau s'y attendre, on est toujours surpris quand ça survient, en particulier quand on est encore jeune. Cette prise de conscience s'accompagnait d'un sentiment qu'elle ne parvenait pas à maîtriser : elle ne supportait plus de se voir à l'écran. Elle restait focalisée sur ses rides, le relâchement de sa peau, ses kilos en trop, exigeait des retouches dans les cabinets de médecine esthétique les plus cotés de la capitale et, l'instant d'après, affirmait dans une interview donnée à un magazine féminin qu'elle *s'assumait* (le tout illustré par des photos retouchées). C'était faux : personne n'assumait de vieillir ; on l'acceptait parce qu'il n'y avait pas d'autre choix possible, quand on possédait un peu de sagacité on ne s'obstinait pas dans une lutte perdue d'avance, elle pourrait au mieux se maintenir quelque temps, gagner quelques années, elle s'affamait, faisait deux heures de sport par jour – du cross training qui la laissait exsangue – et des injections d'acide hyaluronique, tout ça pour entendre les hommes dire qu'elle était *encore bonne*. Elle avait refusé le botox qui figeait les traits, le scalpel qui défigurait mais quand elle entendait des producteurs se moquer des visages figés comme des masques de cire, des beautés dévastées par le bistouri, elle avait envie de leur rappeler que c'était à cause d'eux que les actrices en arrivaient là, leur obsession de la jeunesse les avait menées à l'abattoir des salles de chirurgie, à trafiquer leurs visages pour devenir ces êtres sans âge qui ressemblaient à des créatures hybrides, mi-femmes mi-félins. Elles s'abîmaient pour eux, pour avoir encore leur regard impitoyable sur elles et peut-être, avec un peu de chance, leur queue dans leur chatte.

Depuis qu'elle avait quitté l'Élysée, les grands couturiers ne se battaient plus pour qu'elle porte leurs créations lors d'événements médiatiques. Elle voyait avec un peu de jalousie arriver de nouvelles actrices sur le grand marché de la putasserie artistique. Elle venait même de parrainer l'une des « Révélations » – c'était le nom de l'événement organisé par l'académie des César, une soirée qui réunissait acteurs confirmés et jeunes espoirs –, mais quand elle s'était retrouvée aux côtés de Jade Messaoudi, une beauté de vingt-deux ans, elle s'était sentie vieille, reléguée à un monde passé, elle avait pleuré toute la nuit suivante. Elle n'avait rien montré de ses désillusions, bien sûr. Elle avait vanté le talent de cette *petite merveille*. Il fallait se montrer ouverte, généreuse, bien dans sa peau. Et elle n'était pas velléitaire. Elle venait de la grande bourgeoisie allemande, elle avait grandi dans un château de famille, à Heidelberg, haut lieu du romantisme allemand : il n'était pas question de se battre pour obtenir quelque chose, d'appeler des réalisateurs, de préempter les droits d'un livre ou de se transformer en productrice, comme le faisaient certaines de ses consœurs, dans l'espoir de s'octroyer un rôle. Elle croyait moins en l'impulsion tactique qu'en son talent. Elle avait joué Strindberg à vingt-deux ans au Berliner Ensemble. Elle attendait qu'on vienne la chercher. Évidemment, ça ne se produisait pas. Il y avait quelque chose d'orgueilleux chez elle, qui n'était pas sans charme. On entrait dans l'époque avec de gros sabots. Elle s'y refusait.

Et soudain, il y avait eu dans sa vie cette proposition inespérée : incarner le rôle d'une ouvrière de cinquante-sept ans, assassinée par son compagnon. C'était le nouveau projet du réalisateur Romain Nizan dont elle avait adoré les premiers films, un scénario adapté d'un roman qui avait connu un grand succès de librairie. Rien d'étonnant au premier abord sauf que ce roman, *À la recherche du désastre,* qui avait été publié trois ans plus tôt, avait été écrit par la première épouse de Dan, Marianne Bassani. Hilda avait reçu le scénario par coursier un vendredi à midi – vraisemblablement, Lehman ne savait rien de ce projet et elle ne lui avait pas demandé son avis de peur qu'il ne la dissuade, c'était quand même une mise en abyme assez perverse de lui proposer d'incarner le personnage principal du livre écrit par l'ex-femme de son mari –, et deux heures plus tard elle avait appelé le réalisateur pour lui dire que ce rôle était pour elle. Elle n'avait pas lu le livre à sa sortie, pour se protéger, elle n'avait jamais supporté la complicité qui liait encore Dan et Marianne, elle ne savait même pas à l'époque que les droits avaient été cédés, elle s'en désintéressait totalement.

À la lecture du scénario, l'histoire l'avait ébranlée – non qu'elle fût particulièrement engagée dans les combats féministes, mais elle était sensible à la question des violences faites aux femmes. Il y avait surtout une extraordinaire palette de jeu à déployer pour une actrice : en tournant les pages, elle avait compris qu'elle apparaîtrait à l'écran de la première à la dernière scène et qu'elle subirait une transformation physique radicale – elle devait prendre cinq kilos, se couper les cheveux et les laisser blanchir. C'était tout ce qui l'intéressait en tant qu'actrice : ce qu'il y avait à jouer. Elle avait demandé à Nizan pourquoi il avait pensé à elle et il lui avait répondu qu'il l'avait adorée dans ses films précédents ; plus tard, elle avait découvert qu'il avait proposé le rôle à deux grandes actrices avant elle, qui l'avaient refusé. Elle lui avait confié ses craintes : est-ce que Marianne ne s'opposerait pas à ce qu'elle joue dans le film ? « Elle me déteste. » Nizan avait ri, façon de minimiser l'influence de l'auteure sur sa manière de mener son film, c'était lui le metteur en scène, il avait obtenu les droits, il ferait ce qu'il voudrait. Après avoir raccroché avec le cinéaste, elle avait aussitôt appelé son agent et affirmé avec détermination : « Ce rôle, j'aurais été prête à aller le chercher avec les dents », ce à quoi il s'était retenu de répondre qu'elle avait plus de chances d'obtenir des rôles si elle allait les chercher avec son cul. Quant à Lehman, s'il avait dans un premier temps tenté de la dissuader, il avait fini par se résigner, comprenant que Hilda avait le droit, elle aussi, de penser à sa carrière après l'avoir mise entre parenthèses pour lui. À Marianne, il expliqua qu'il n'exerçait plus la moindre influence sur Hilda. Que leur couple était mort. Il espérait ainsi éviter un drame et renouer un attachement auquel à présent il tenait plus que tout.

    Hilda avait toutefois eu un moment d'hésitation. Quand elle avait rencontré Lehman, elle était l'une des actrices les plus en vue du cinéma européen : elle avait obtenu jusqu'à cinq cent mille euros de cachet après sa récompense ; or, pour le film de Romain Nizan, il ne lui en avait été proposé « que » cent mille. Quand son agent lui avait annoncé le montant de ce cachet, elle s'était sentie merdique, surtout quand elle avait su que son partenaire, qui jouait le conjoint criminel et était censé beaucoup moins apparaître à l'écran, avait réussi à obtenir un cachet d'un montant supérieur au sien de 30 %. Il l'avait raisonnée et encouragée à dire oui : « Ce qui compte, c'est de remonter sur le manège ; une fois dessus, tu auras la possibilité d'attraper la queue du Mickey », c'est-à-dire un prix d'interprétation – elle n'avait pas reçu la moindre récompense depuis sa nomination aux Golden Globes sept ans auparavant. Hilda le savait sans qu'il eût besoin de le dire : à partir de quarante ans pour une actrice, il ne fallait pas trop faire la difficile, chaque film pouvait être le dernier.

Elle avait cru qu'elle ne pourrait plus jamais travailler. Quand elle avait appris que sa fille serait sourde et muette, elle s'était sentie accablée, isolée dans sa tristesse. Ça avait été pour elle et Lehman une période très dure ; elle lui avait reproché de fuir dans la politique, de la laisser seule : leur couple n'y avait pas survécu. Et puis il y avait eu l'alcool. Elle ne s'en était pas rendu compte tout de suite, elle voyait bien que Lehman buvait beaucoup mais elle s'en était accommodée par refus de la confrontation, peut-être aussi parce qu'elle avait évolué dans un univers où les hommes tiraient leur virilité de leur bonne gestion de l'alcool.

Et soudain, il y avait eu ce rôle. Les acteurs ne vivaient que dans l'attente de ce moment où ils découvraient un script en pensant : c'est pour moi. La précarité de ce métier : tout pouvait s'arrêter du jour au lendemain. Elle avait vu tellement d'actrices tomber dans l'oubli. Elle les observait celles qui à présent, sur les réseaux sociaux, se démenaient dans l'espoir d'attirer l'attention, un peu de lumière. Elle en parlait parfois avec certaines d'entre elles dont elle était restée proche. Avoir été en haut de l'affiche à vingt-cinq ans et se contenter à quarante de rôles secondaires ou de figurations. Supporter sans se plaindre les refus à répétition. Les petites humiliations. Les gens qui ne vous rappelaient plus. Et ceux qui vous faisaient comprendre que vous étiez *finie*.

9.

En sortant de France Inter, Lehman ralluma son portable : il avait reçu une dizaine de messages, dont un de Mathieu, son avocat, un de Paul, son conseiller, un de Hilda, sans un mot sur sa prestation radiophonique, et un de son éditeur qui l'avait trouvé *excellent* – un adjectif qui ne voulait rien dire, des pâtes pouvaient être « excellentes ». Le choix du mot juste, c'était pourtant le minimum à attendre d'un éditeur. Lehman rappela Paul en premier.

— Elle ne t'a pas ménagé, la salope, mais tu ne t'es pas démonté.

— Ça va, je m'attendais à pire...

— La question sur la convocation du juge est passée crème...

— Oui, elle ne s'est pas trop attardée...

— C'était jouissif ! Quand elle te donnait du monsieur-le-président, c'était comme si elle te suçait la bite.

Il rit. Après avoir raccroché, il rappela Mathieu. Ils avaient prévu de se retrouver dans moins d'une heure.

La rue du Bac était animée à cette heure matinale. Le véhicule stationna devant son domicile : un immeuble haussmannien cossu surveillé par deux voitures de police. Lehman rentra chez lui : l'appartement lui semblait, à chaque fois qu'il y pénétrait, bien trop spacieux pour deux adultes et un enfant. Avec Marianne et leurs enfants, Lehman avait vécu aux Lilas puis, avec Hilda, il avait emménagé dans le XIIIᵉ arrondissement de Paris, près de la Butte-aux-Cailles, un quartier métissé qui envoyait un bon signal à son électorat. Après les cinq années à l'Élysée, Hilda avait exigé de vivre dans le VIIᵉ, si possible près du Bon Marché ; au-delà, *ça n'était pas vivable* ; il avait longtemps résisté, il aimait les quartiers plus populaires, et il avait fini par céder, ils avaient alors emménagé dans ce bel appartement qu'ils occupaient toujours et qu'un ami, grand industriel, avait mis à leur disposition le temps qu'ils trouvent autre chose ; évidemment, ils ne cherchaient pas.

Sophia l'accueillit, retenant difficilement Nabucco qui lui faisait, comme on dit, la fête. Puis il se retira dans son bureau et appela Marianne ; elle ne répondit pas. Leurs discussions lui manquaient ; depuis quelque temps, il la trouvait lointaine, évasive. Il espérait secrètement qu'elle ne referait pas sa vie, il n'avait pas osé lui poser la question qui tue, celle dont il redoutait la réponse : est-ce que tu as rencontré quelqu'un ? Elle paraissait anormalement heureuse ces derniers temps, détendue, elle avait prévu de vivre en Italie et avait même annoncé à ses enfants qu'elle avait trouvé un appartement à louer à Milan, elle s'était mise à pratiquer des sports de combat, c'étaient des signaux négatifs.

À midi trente, Sophia annonça l'arrivée de Mathieu. C'était un homme aux cheveux bruns, à l'allure élancée et juvénile – fruit de jeûnes intermittents. Il ne paraissait pas ses cinquante-trois ans. Il portait une veste de costume un peu cintrée qui mettait en valeur son corps sec de marathonien. Mathieu s'assit face à Lehman. Il lui demanda aussitôt comment s'était passée l'émission qu'il n'avait pas eu le temps d'écouter car il assurait une garde à vue.

— Ça va sauf qu'ils m'ont posé une question sur une possible mise en examen.

Lehman paraissait très abattu. Un majordome apporta le repas. Mathieu se contenta d'un café, il ne déjeunait jamais avant quatorze heures. Pendant le repas, Lehman ne but que de l'eau, et, à la fin, quand le café fut servi, fuma cigarette sur cigarette.

— Je ne peux pas supporter l'idée d'être interrogé par cette petite juge, elle a quoi ? Trente-cinq, quarante ans ? Ça doit l'exciter de se payer un président, on va parler d'elle dans la presse.

— C'est leur seul petit pouvoir.

— Je déteste les juges. Elle joue sa pseudo-indépendance alors que c'est clairement une manœuvre politique, on le sait tous... Ils veulent ma peau... les journalistes... les juges...

Mathieu ne cilla pas, il était habitué à ces discours où transparaissait sa paranoïa.

— Et on a évité le pire, elle aurait été capable d'ordonner une perquisition chez vous.

— Il faudrait que je la remercie en plus ?

Lehman allait être interrogé au pôle financier ; il préparait sa défense. La juge d'instruction avait appelé Mᵉ Brassard au lieu d'adresser directement une convocation à Lehman, cinq jours avant, comme l'exige la procédure. Elle se méfiait de la presse, elle ne voulait pas qu'il y ait de fuites. Elle avait proposé une date proche, un horaire, très tôt le matin, et un lieu : un bureau discret du pôle financier. Elle avait fait promettre à Brassard de ne pas soulever de nullité puisqu'elle ne convoquerait pas Lehman dans les délais légaux. Tout cela, Mathieu l'avait expliqué à Lehman. Cette convocation, c'était bien le pire qui pût lui arriver. Il avait le sentiment d'avoir tout donné à son pays, de l'avoir servi, au sens le plus noble, on tentait de le couler, de l'humilier, c'était idéologique, un coup bas politique. Ensemble, ils discutèrent de la stratégie à adopter, Mathieu avait imaginé une cinquantaine de questions qui pourraient lui être posées. Lehman se leva et disparut quelques instants. Quand il revint, sans se justifier sur cette soudaine absence, Mathieu remarqua que ses yeux brillaient comme des billes. Assis face à lui, il tentait à présent de construire sa défense mais Lehman l'interrompait sans cesse, semblait surexcité.

— Vous faites ce que vous voulez : vous la charmez, vous la menacez, vous l'embrouillez, mais je ne dois pas être mis en examen alors que je n'ai rien fait !

— Il y a des antécédents, c'est pas comme si vous étiez le premier... Imaginez dans quel état était Chirac quand la juge lui a annoncé qu'elle le mettait en examen. Ça n'était jamais arrivé...

— C'est censé me rassurer ? Elle va me mettre en examen, je le sens.

— Pourquoi envisagez-vous le pire ? Tout va bien se passer.

Son avocat était confiant. À sept cents euros de l'heure d'honoraires c'était bien le minimum. Mathieu rassembla ses dossiers, regarda sa montre : « Je dois y aller. » Lehman le raccompagna jusqu'à la porte. Il s'enferma dans son bureau, se servit à boire puis appela Paul pour lui raconter son entrevue avec Mathieu. Paul le détendait, c'était un compagnon de politique, de boisson et de rire. « Est-ce qu'elle est mignonne cette juge au moins ? » demanda Paul et, sans laisser à Lehman le temps de répondre, ajouta : « Oh et puis quelle importance ? Tu ne vas pas la baiser. »

Lehman raccrocha dans un rire, alluma une cigarette et appela Marianne plusieurs fois – sans succès. Il s'allongea sur le canapé de son bureau. Son chien le suivit. Il se servit un verre, un whisky cette fois, douze ans d'âge, puis un autre. Sophia, sa gouvernante, frappa à sa porte, entra dans la pièce pour lui demander s'il avait besoin de quelque chose. Elle travaillait chez lui depuis six ans. Elle connaissait ses goûts, ses habitudes. Il lui posait toujours des questions sur elle, ses proches, comment elle allait, si elle n'était pas trop fatiguée. Elle venait de perdre sa mère des suites d'une longue maladie, il sentit qu'elle était triste et il la réconforta. Il savait qu'un grand homme de pouvoir se distinguait par la distance qu'il créait naturellement entre lui et les autres. À la tête de l'État, mieux vaut être glacial si l'on veut être respecté. On lui avait raconté cette anecdote : un vieux camarade de Mitterrand lui avait demandé, le soir de son élection, le 10 mai 1981, s'il pouvait toujours le tutoyer à présent qu'il était président et Mitterrand avait répondu : « Si vous voulez. » Lehman n'avait pas su imposer ce rapport ; sans être familier, il était accessible, chaleureux.

Sophia s'éloigna. Il se leva, Nabucco à sa suite. Il lâcha un cri si fort que Sophia fit demi-tour : « Ça va, monsieur ? » Il avait mal au dos. Il allait être entendu par une juge d'instruction dans le cadre d'une affaire de trafic d'influence et de corruption et cette perspective l'angoissait. Il avait demandé à être interrogé à l'aube – il n'avait pas dit que l'après-midi le manque d'alcool le rendait anxieux et agressif. Le matin, s'il avait résisté à la promesse d'une nuit d'ivresse, il avait encore une certaine fraîcheur, il donnait le change. Il fallait qu'il se détende, il avait besoin d'être massé/touché, c'était une envie impérieuse, ça lui arrivait quand il était soumis à une trop forte pression, son corps se nouait. Il demanda à Sophia de faire venir sa masseuse, Nuun, une Thaïlandaise ultraprofessionnelle. Vingt minutes plus tard, il était allongé sur la table de massage, les bras pendant de chaque côté comme un noyé échoué sur un brancard. Le contact des mains de Nuun et l'huile chaude sur sa peau l'apaisèrent un peu. Il se détendit ; ses muscles, bandés par le stress, se délièrent. Sous l'effet de l'alcool, Lehman finit par s'endormir. Quand il se réveilla, Nuun se tenait debout, les mains jointes en prière, le massage était fini. Avant de la laisser repartir, il la remercia longuement en lui tendant trois billets de cinquante euros. Il la regarda ranger à la hâte ses billets puis s'éloigner. Il devait se résoudre à cette évidence : désormais, ceux qui lui faisaient du bien, c'étaient presque exclusivement des gens qu'il payait.

M

Au début de la cinquantaine, à l'âge où l'existence vous laisse espérer une certaine stabilité, j'ai vu tout mon être basculer et sombrer.

Je ne vais pas proposer ici une lecture revisitée de ce que j'ai traversé pour me plier à ce que l'époque attend de moi : un portrait de femme forte, combative, une version truquée de ce que j'ai vécu. Quand on est quitté, c'est mécanique, on pense qu'on ne vaut plus rien, on n'a plus aucune confiance en soi. Pour évoquer le désamour, Roland Barthes a écrit cette phrase dans ses *Fragments d'un discours amoureux* : « Je ne suis pas détruit mais laissé là comme un déchet », la littérature était un antidote au déni ; elle nommait ce qui ne pouvait pas être dit – et que je ressentais.

Quand on évoquait mon divorce, je répétais que j'avais gagné en liberté, qu'il y avait quelque chose de digne dans la solitude choisie, une forme d'autonomie, de responsabilité pour soi et donc, pour les autres : c'étaient des conneries. Je surjouais la carte de l'indépendance et du détachement mais la réalité, c'était que j'aurais préféré rester avec Dan. La tendresse du quotidien m'avait manqué ; je m'étais retrouvée sur le marché sentimental alors que je n'en avais pas la moindre envie, à un âge où l'on faisait bien sentir aux femmes qu'elles avaient moins de valeur, et donc moins de choix et de liberté de choix. Il m'avait fallu du temps pour m'habituer à cette nouvelle existence : la solitude, que j'avais si souvent recherchée, m'avait, au début, beaucoup pesé, mes aînés avaient quitté la maison et menaient leur vie propre, je n'avais plus fréquenté le petit monde politico-médiatique, moins par choix que par fatalité : du jour où je ne fus plus l'épouse de Dan, je n'intéressais personne. Je n'avais pas trouvé ma place dans cette nouvelle économie du sexe où il fallait confier son désir à des applications de rencontres, ni dans cette reconfiguration des rapports amoureux où l'on revendiquait la liberté sexuelle comme une norme dogmatique alors qu'elle n'était devenue qu'un mode d'expression du capitalisme. J'écoutais parfois ma fille Léonie et ses amies évoquer leurs relations polyamoureuses avec une joie et une légèreté apparentes, mais leur liberté n'évitait pas la souffrance ; elles jonglaient avec tout un vocabulaire anglo-saxon pour identifier les nouveaux comportements amoureux – *love bombing*, *ghosting*, *gaslighting* –, démonstrations d'amour excessives suivies de disparitions brutales, confusion, manipulation, refus de l'attachement. Je n'enviais pas leur jeunesse – il me semblait que ma génération avait été plus insouciante. Je les entendais questionner leur avenir, leurs rapports amoureux, leur place dans le monde, tentant de contrôler chacune de leurs interactions pour ne pas paraître en demande. Ne pas souffrir. Moi aussi j'étais devenue prudente. Je me tenais à distance de l'amour, convaincue que tout attachement menait à la perte. Je comprenais à présent ce que tous les grands romanciers que j'avais lus avaient voulu m'apprendre sur la vie : aimer, c'était provoquer son autodestruction.

Car après le divorce, il y a eu l'élection de Dan à la présidentielle. Sa victoire n'a pas été un cataclysme seulement dans sa vie ; elle l'a été aussi dans la mienne. Quand les résultats ont été annoncés, quand son visage est apparu sur l'écran, je me trouvais chez moi, avec mes enfants qui n'avaient pas voulu me laisser seule : Julien qui avait alors vingt-six ans, Luca, vingt et Léonie, dix-huit. J'avais allumé la télé et nous avions suivi son élection en direct. Le matin même, j'avais voté pour lui. La suite fut, pour moi, une sorte de trou noir.

Je suis partie pour Milan. Pendant près de trois semaines, j'ai fait le vide. Je passais des heures à marcher dans la ville de mon enfance ; là-bas, je souffrais moins, comme si parler italien m'éloignait de ma part française, tuméfiée par le chagrin. Mais à peine rentrée en France, mes crises d'angoisse ont repris. En public, je me montrais détachée mais une fois seule je me retrouvais dans un état de tension tel que je n'en avais jamais connu. Le sentiment d'abandon que j'avais ressenti quand il m'avait quittée se revitalisait avec son succès et la surmédiatisation soudaine. Il était le chef de l'État et moi une écrivaine invisible. Tout lui réussissait quand j'avais l'impression de tout rater. Je ne lui montrais pas que j'allais mal – par fierté. Je sortais tout le temps, sans doute trop, ça a été une période totalement anarchique et dissolue, j'enchaînais les aventures avec des hommes que je ne revoyais jamais ; en soirée, je prenais tout ce qui se présentait à moi : alcool, drogues ; pour la première fois de mon existence, je m'autorisais à être en roue libre et j'y trouvais un certain réconfort. Mais je me demandais si j'étais faite pour ça. Les liaisons éphémères, c'était plaisant mais ça ne remplissait pas ma vie. Ça ne faisait pas disparaître la nostalgie du couple ni l'amour que j'avais pour Dan. En société, je donnais l'image d'une femme indépendante, désentravée, indifférente à ce qu'on pensait d'elle, à ce qu'on disait d'elle, je sentais bien que quelque chose se jouait, au niveau individuel et sociétal, qu'il fallait bousculer les stéréotypes, que seule la représentation pouvait, à terme, changer profondément les codes culturels, les préjugés, les réflexes, ça passait par nos attitudes, par les livres que j'écrivais. En interview, quand j'assurais la promotion de mon travail ou en soirée, je jouais jusqu'à l'outrance l'écrivaine affranchie, affirmant que ma liberté était devenue un choix politique, mais à la psychologue que j'avais consultée à l'époque je m'autorisais à dire que mon divorce m'avait bousillée, que Dan, à plus de soixante ans, s'en tirait mieux que moi, qu'à notre âge les hommes d'une manière générale, pour peu qu'ils soient dotés d'un beau capital social, s'en sortaient mieux que les femmes. À l'approche de la cinquantaine j'avais vu de plus en plus d'hommes de l'âge de Dan refaire leur vie avec des jeunes femmes, n'hésitant pas à concevoir un enfant, le plus souvent ils en avaient déjà d'une précédente union, âgés parfois d'une vingtaine voire d'une trentaine d'années, et quand je les croisais, les mains vissées à la poussette de leur bébé, ou brandissant leur téléphone portable sous vos yeux, sans que vous leur ayez rien demandé, pour y faire défiler les images de leur progéniture avec un contentement démonstratif un peu pathétique, j'hésitais entre envie – ce choix leur offrait des perspectives de renouvellement, une source de vitalité évidente que nous, les femmes, nous perdions quasiment du jour au lendemain, sans préparation – et consternation : je les trouvais irresponsables dans cette affirmation tardive d'un désir de paternité que j'interprétais comme une peur d'affronter l'ordre des choses, je pensais qu'il y avait un temps pour tout dans la vie et j'avais du mal à ne pas voir *parfois* une forme d'arrangement dans ces unions qu'ils appelaient amour. Il fallait être dans un déni forgé par des siècles de domination masculine pour ne pas remarquer que, dans une société menacée par la précarité, nombre de ces filles qui n'avaient pas réussi à se mettre en couple avec des hommes de leur âge au milieu de la trentaine échangeaient leur jeunesse contre une sécurité matérielle et/ou un enfant, souvent un enfant, les hommes de leur génération étant devenus rétifs à l'engagement, repoussant le moment d'en concevoir puisque rien ne les y obligeait, quand les femmes, dès trente-cinq ans, étaient rappelées à leur condition par le tic-tac obsédant de l'horloge biologique ou les remarques blessantes que s'autorisait un entourage rompu pourtant aux mêmes diktats : *alors, toujours pas d'enfant ? Ne tarde pas...* Ce constat, je le nuançais néanmoins : je ne disais pas que ces jeunes femmes n'aimaient pas ces hommes, elles n'étaient pas si cyniques pour la plupart, certaines paraissaient même plus amoureuses que leur conjoint lui-même, comme s'il leur fallait surjouer la passion pour qu'on y croie. Je savais également que l'admiration, la maturité ou la connexion intellectuelle pouvaient constituer des ressorts érotiques – pour les femmes seulement, la plupart des hommes n'éprouvaient pas la moindre attraction sexuelle pour la maturité, la cérébralité, le pouvoir, quand ils étaient incarnés par une femme –, oui, je ne doutais pas absolument du bonheur que ces filles affichaient, mais il suffisait de peu de chose pour qu'elles soient renvoyées à la réalité et à la profondeur du fossé générationnel qui les séparait de ces hommes qui avaient l'âge de leur père ou de leur grand-père : généralement, elles reconnaissaient assez vite qu'elles avaient accéléré leur propre vieillissement, qu'elles étaient confrontées trop jeunes à des problématiques liées au déclin (la maladie des parents de leur compagnon, de leur compagnon lui-même, voire son déclin sexuel), ou finissaient par s'ennuyer, puis par s'éteindre. Pour plaisanter, des amis – des hommes qui n'avaient pas de fric ou venaient de milieux sociaux modestes – ironisaient : « Ces unions se produisent dans les milieux aisés, cultivés, l'ouvrier vieillissant, crois-moi, n'a aucune chance avec ta jeune femme, elle ne le regardera même pas ! » Ils avaient raison, bien sûr, la possibilité d'une renaissance sentimentale, l'élargissement soudain de l'offre sexuelle ne concernaient que des hommes dominants, socialement, économiquement, mais je comprenais qu'on puisse vouloir se mettre à l'abri du besoin, être protégée, privilégier sa propre évolution au sein d'un milieu favorisé, stimulant : tu as vingt-deux ans et tout à coup, tu fréquentes des artistes que tu admires, tu voyages dans de beaux hôtels... Auprès de cet homme plus âgé, tu es respectée, valorisée, ça n'est pas négligeable – et je ne parle même pas du petit coup d'accélérateur social que ces unions permettent, il fallait accepter cet état de fait sans paraître choqué, c'était *de l'amour*, oui mais avec intéressement, placement de produits, une forme de favoritisme comme une autre. C'était bien la confirmation de ce qu'avait écrit Marx : tout ce que les hommes avaient regardé comme inaliénable devenait un jour objet d'échange, tout passait dans le commerce.

Depuis la nuit des temps, la beauté et la jeunesse avaient été des outils d'ascension sociale et c'était une constante qui ne varierait pas ; ça, je pouvais m'y résoudre. Ce qui me dérangeait, ce n'était pas que l'émancipation intellectuelle et citoyenne des femmes n'ait rien pu changer à cela, mais plutôt que la société valorisât autant les hommes qui s'affichaient avec des femmes de l'âge de leurs filles, ou faisaient de l'engendrement le symbole d'une puissance sexuelle qu'ils avaient peur de perdre, ou n'avaient plus pour certains qu'en prenant du Viagra, comme si, en périclitant, elle les condamnait à la mort sociale – j'imaginais à quel point cette injonction à la performance était destructrice pour eux, pourquoi il était plus avantageux d'être dans un déni de réalité, je comprenais aussi qu'ils ressentent de la violence dans ce monde nouveau où les femmes prenaient le pouvoir en rejetant le leur, remettaient en question des attitudes, redéfinissaient les rôles de chacun, aucune révolution n'avait lieu sans dommages, mais j'aurais aimé qu'ils tentent de se mettre honnêtement à la place des femmes, de percevoir la violence qu'elles avaient subie et intériorisée depuis l'enfance, sans tenir un double discours et sans leur prêter des ambitions délirantes qu'elles n'avaient pas ; mais ce changement de paradigme obligeait les femmes à se réinventer et à proposer d'autres modèles dans lesquels parfois elles ne se retrouvaient pas elles-mêmes. Il y avait désormais un contraste entre les personnages féminins de mes livres – des femmes puissantes, indépendantes – et celle que j'étais dans l'intimité, une écrivaine au mitan de sa vie, écrasée par le doute.

Il y a eu la conquête de la présidence puis, deux ans plus tard, l'annonce de la grossesse de Hilda Müller dans la presse, les photos d'elle enceinte, et celles du couple avec le bébé, à sa naissance, à la une des magazines.

Je ne sais pas si l'on peut se figurer la peine que représente le fait de voir l'homme que l'on aime avoir un enfant avec une autre quand soi-même on atteint un âge où l'on ne peut plus enfanter.

10.

Il était 20 h 30, Lehman attendait Paul, son plus proche conseiller, à son domicile, Anna endormie dans ses bras, ils avaient prévu de visionner ensemble l'émission politique *Le moment de vérité* qu'il avait enregistrée la veille. Paul avait été le seul, à l'Élysée, à se voir attribuer un bureau à proximité de celui de Hilda, en plus d'une chaise à la réunion quotidienne de 8 h 30, celle qui rassemblait les douze conseillers les plus influents autour de Lehman – « Les douze apôtres », plaisantait-il. Il fit irruption dans la pièce dix minutes plus tard. Petit homme trapu aux boucles grises, celui dont on disait qu'il savait qui abattre et à quel moment avait été à ses côtés depuis sa première campagne. Lehman aimait sa compagnie, il était cruel et drôle, il racontait les dernières indiscrétions du monde politique, qui fait quoi, qui couche avec qui. Dès son arrivée, Lehman ne put s'empêcher de répéter qu'il allait inévitablement être critiqué. Paul tâtonnait dans le noir : « Allume, je vais me péter la gueule ! — Chut ! Tu vas réveiller la petite ! » Disant cela, Lehman se leva, appuya sur l'interrupteur avant de s'éloigner en direction de la chambre d'Anna. Le salon était baigné d'une douce lumière chaude qui mettait en valeur un mobilier sobre, épuré, dans des tons de gris et de sable, que Hilda avait choisi chez Armani Casa. Lehman posa délicatement Anna dans son lit, son doudou sur son ventre, et sortit sans fermer la porte.

Paul était installé sur le canapé lorsque Lehman le rejoignit, se laissant tomber comme une masse à ses côtés. Une bouteille de vin à portée de main et les verres pleins, ils regardèrent *Le moment de vérité*.

Lehman ne cessait de commenter les images : le réalisateur n'avait pas respecté son souhait d'être filmé de face (« Je parais énorme ») ; le montage était un peu trop spectaculaire (« Regarde ce gros plan sur mes yeux quand Pilote évoque mon échec à la présidentielle, quels salauds ! »). Il conclut : « C'est à chier. » Lehman regretta aussitôt d'avoir accepté, sur l'insistance de son attachée de presse et de son éditeur qui lui avaient assuré que son livre se vendrait « comme des petits pains » et qu'« au vu du déséquilibre entre l'à-valoir qui lui avait été versé et ses ventes actuelles », il n'avait pas d'autre choix que d'y aller.

Lehman continuait : « Cette émission est un désastre. » Paul lui dit ce qu'il avait envie d'entendre : « Tu es apparu sous ton meilleur jour, lucide, déterminé… tu as répondu à toutes les attaques de tes opposants avec un calme olympien. Ton autorité est intacte », alors qu'en réalité il pensait que l'émission donnerait de lui l'image d'un homme dépassé.

— Je hais les journalistes.

— Leur métier, ce n'est pas d'être aimé. Ils font leur job et c'est tout. Tu voudrais quoi ? Qu'ils disent du bien de toi ?

— Pour ça, il faudrait racheter leur média et je n'en ai pas les moyens.

Un sourire se dessina sur les lèvres de Paul. Lehman continuait :

— Pourquoi sont-ils allés chercher ce type-là, ce Richard, dont la seule parole a été de dire qu'il me haïssait ?

— Les gens considèrent qu'à partir du moment où tu t'es engagé en politique, ils ont le droit de te dépecer.

— Je suis fatigué de toute cette violence.

Lehman avait lâché cette phrase sur un ton las, et Paul ne put retenir un rire nerveux. Il ne lui rappela pas que, dans l'exercice de cette violence, il avait été un maître, humiliant ses collaborateurs, les poussant à la démission, menaçant les journalistes – pour cette dernière tâche, il avait même été son bras armé, il n'avait jamais eu d'états d'âme. Il y eut un long silence. Puis, Paul se mit à imiter Breguettes, le journaliste vedette, employant un ton obséquieux.

— Monsieur le président, après une belle carrière politique, vous visez maintenant le prix Goncourt ?

— Tu l'imites bien, ce lèche-cul…

— Tu te souviens de la visite de Merkel ?

Aussitôt, Paul imita la voix de la chancelière allemande. Lehman afficha un faible sourire, prit sa flasque sur la table basse et la porta à ses lèvres.

— Pense au chemin parcouru, à tout ce que tu as fait pour le pays.

Lehman avala une gorgée de whisky ; Paul ne comprenait

donc pas : un politique ne regardait pas ce qu'il avait été mais ce qu'il n'était plus.

Lehman déroula sur son téléphone le fil d'actualités X alors qu'il s'était promis de ne pas le faire. Les commentaires sur sa prestation télévisée se déroulaient, d'une exceptionnelle férocité : « Pathétique Lehman prêt à tout pour vendre sa soupe », « Il a pris cher, Lehman », « Ce soir il est apparu clairement aux yeux des Français que le président Lehman ne laisserait aucune trace dans l'histoire de France ».

Il but encore trop ce soir-là, en proie à des émotions changeantes. Paul ne disait plus rien, il le regardait s'enfoncer sans rien lui reprocher : il lui avait toujours pardonné ses dérapages et ses errances. Il composait avec le déclin d'un homme qu'il avait connu dans toute sa flamboyance et qui, à présent, comptait les heures qui s'écoulaient pour pouvoir se jeter sur l'alcool avec moins de culpabilité. Politiquement, il était en coma dépassé. Cette dernière émission, à une heure de grande audience, allait définitivement le débrancher.

Le téléphone de Lehman sonna : c'était Hilda. Il s'était habitué à ses appels tardifs : Anna était-elle couchée ? Avait-elle bien mangé ? Hilda dit qu'elle rentrerait un peu tard mais qu'elle l'accompagnerait à l'école demain. « Oui, oui », répéta Lehman, il savait qu'elle n'émergerait pas avant dix heures et que Sophia ou lui s'occuperait d'Anna dès son réveil. Avant de raccrocher, il lui rappela le déjeuner qu'il avait organisé avec Romain Nizan à son bureau le lendemain. Elle n'avait pas oublié. « À demain. » Il raccrocha sans un mot de plus.

Lehman finit la bouteille de vin. « Tu veux boire autre chose ? » demanda-t-il à Paul. « Oui, un truc fort. » Lehman se leva, servit un verre de whisky pour Paul et un autre pour lui, avant de se laisser à nouveau tomber sur le canapé. Il restait hagard, les yeux vitreux, rallumant la télévision, zappant d'une chaîne à une autre. Des images de grévistes et d'émeutiers prises dans différentes villes de France étaient diffusées : voitures incendiées, travailleurs précaires vociférant contre l'État, manifestants brocardant le gouvernement. « Elle va voir ce que c'est que de diriger un pays... » Il ne disait pas qu'il souhaitait que tout explose mais il le pensait. Il rêvait d'une rébellion sociale, de Gilets jaunes lançant des pavés sur l'Élysée : que quelqu'un mette le feu. Maintenant qu'il avait quitté le pouvoir, les rêves de révolution avaient remplacé les discours d'union nationale. Des « spécialistes » se succédaient sur les chaînes d'information en continu puis alimentaient leurs réseaux sociaux : la politique était plus que jamais un circuit fermé où chaque commentaire en appelait un autre.

Sa successeure apparut à l'écran, grande, massive, des cheveux blond vénitien encadrant un visage pâle aux traits fins, le corps ceinturé dans une robe bleu marine à la coupe impeccable : « Regarde-la avec son allure de femme d'affaires ; une opportuniste qui dirige ce pays comme une start-up sans aucun égard pour les plus vulnérables. » Depuis quelques mois, on traversait une crise effroyable, la société se fracturait, une colère et une rage diffuses montaient, la présidente semblait de plus en plus isolée, y compris dans son propre camp. Paul écoutait Lehman en l'observant fixer de manière quasi hypnotique la nouvelle présidente, les lèvres pincées en une moue de dégoût.

— Que laissera-t-elle dans l'histoire ? Rien.
— Ça l'excite de défaire tout ce que tu as fait.
— Elle n'a jamais eu aucun sens politique.
— C'est vrai. La politique est un sport avec des règles ; il n'y a que les joueurs professionnels qui peuvent s'en sortir, et elle, c'est une amatrice.

Lehman soupira :
— Il y a une chose sur laquelle de Gaulle avait raison : « Il n'y a que les arrivistes pour arriver. »

Il était nostalgique, tout à coup, de ses années de militantisme et d'engagement, des jours de victoire et de gloire, de l'action, surtout, dans les hautes sphères politiques, au temps où il prenait des décisions qui engageaient l'avenir de son pays ; aujourd'hui, sa marge de manœuvre lui paraissait dérisoire ; les choix du quotidien lui rappelaient qu'il ne gérait plus que lui-même. Il ne pouvait pas finir sa carrière de cette façon. Ses anciens camarades de lutte l'avaient délaissé, oubliant jusqu'aux combats qu'ils avaient menés ensemble. Il les entendait faire son autopsie politique dans les médias. Il le savait : la vie politique n'est pas faite de gratitude. À l'antenne, la nouvelle présidente évoquait avec gravité ses fonctions, cette confiance qui l'obligeait et l'ambition qu'elle avait pour la France. Lehman avait été ce politique jeune et arrogant, porté par la rage et la force vitale. Il éteignit brusquement le téléviseur. « Le pire, tu vois, ce n'est pas de céder le pouvoir mais d'être remplacé par quelqu'un que l'on méprise. »

M

Le poète argentin Jorge Luis Borges a dit qu'il fallait être malheureux, parce que autrement on ne pouvait pas écrire. J'ai voulu échapper à moi-même en investissant l'écriture, je cherchais des moyens d'aller mieux et ainsi, au cours du quinquennat de Dan, je suis repartie vivre quelque temps à Milan où mon père habitait toujours, mes enfants n'avaient plus vraiment besoin de moi. J'avais vécu en Italie avec mes parents jusqu'à l'âge de sept ans et nous avions continué à y passer toutes nos vacances, si bien que je m'étais toujours sentie moitié italienne moitié française. Là-bas, je me suis engagée au sein d'une fondation pour la défense des droits des femmes et l'aide aux femmes en situation de précarité ou victimes de violences. Je l'ai fait pour rencontrer et soutenir ces femmes, mais aussi pour me sauver, par diversion. Personne ne savait qui j'étais, ne connaissait mon passé. Pendant trois mois, j'ai accueilli celles qui se présentaient à la fondation en espérant y trouver des solutions concrètes aux difficultés qu'elles traversaient. Hors des horaires de travail, elles me parlaient de leur quotidien, j'évoquais mes propres difficultés, j'ai noué des liens amicaux, ça m'a éloignée de la France, de Dan, de son milieu, je l'ai dit : j'ai fait ça aussi pour me réparer. Là, j'ai rencontré une ouvrière italienne qui était victime de violences conjugales, et j'ai voulu raconter son émancipation par la voie de l'engagement politique.

J'ai écrit en quelques mois un texte hybride, ce n'était pas la fiction contre le réel, le roman contre le récit mais quelque chose de moins défini, d'impossible à caractériser, qui échappait aux contraintes normatives et se déployait sous une forme composite. Je me souvenais de ces mots de Perec que j'avais lus dans *Je suis né*. Il disait qu'il ne savait pas, en se lançant, ce qu'il attendait de l'écriture : « Il me semble que je commence à comprendre, en même temps, la fascination que l'écriture exerçait – et continue d'exercer – sur moi, et la faille que cette fascination dévoile et recèle. » Il avait alors sauté une ligne dans le texte et il avait écrit ces mots : « L'écriture me protège. »

C'était cette protection que je recherchais à présent que j'avais perdu tous mes repères affectifs.

Trois mois avant la sortie du livre, alors que les exemplaires venaient d'être envoyés aux journalistes, j'avais reçu un appel d'une jeune comédienne, Mélanie Valognes, dont j'avais fait la connaissance six mois plus tôt dans un festival littéraire où elle avait lu des extraits de mon dernier roman. C'était une jeune femme blonde, très sexy, d'un naturel un peu désarmant, et qui dégageait une grande jovialité : une fille attachante. Autour d'un café, elle m'avait confié son enthousiasme, elle avait lu et aimé mon roman, elle souhaitait le soumettre à des réalisateurs dont elle appréciait le travail. Quand elle avait mentionné Romain Nizan, j'avais été sceptique. Je connaissais le clanisme du cinéma, ses préjugés et les étiquettes que chacun se voyait attribuer en fonction de son parcours et de son cercle. Nizan était un réalisateur de films d'auteur, un peu branché, et elle avait une image de comédienne populaire ; de plus, elle était trop jeune pour le rôle – elle avait trente-deux ans alors que mon personnage en avait cinquante-sept –, mais je n'avais rien dit de peur de la vexer et quand, quelques jours plus tard, Romain Nizan m'avait écrit, je m'étais rendu compte que je m'étais trompée et ça m'avait rassurée. Il m'avait donné rendez-vous dans le bar d'un grand hôtel parisien, accompagné de Mélanie qui s'imposait comme le premier rôle, je l'avais laissé dérouler sa filmographie, il ne s'était pas attardé sur ses échecs, il était très cérébral – presque trop, il tenait un discours ultra-politisé, nourri de références littéraires, peut-être qu'il croyait m'impressionner ou simplement qu'il se positionnait toujours comme ça, un peu en surplomb, ses films ne traduisaient pas tous cette quête de sens politique qu'il affichait de manière un peu démonstrative. J'avais souvent rencontré ce genre d'hommes parmi les artistes – des écrivains, des cinéastes, d'un narcissisme décomplexé qui aimaient qu'on leur répète qu'ils étaient doués, que leurs livres, leurs films avaient valeur de chefs-d'œuvre, etc., tout tournait toujours autour d'eux. Je les écoutais avec une certaine acuité critique, plus amusée qu'agacée. C'étaient les mêmes qui s'offusquaient aujourd'hui, toujours en privé et entre hommes, que l'on valorise les femmes : pendant des siècles, ils avaient refusé de partager le pouvoir, trouvé normal que les femmes artistes soient sous-cotées, ne soient même pas citées, publiquement ils défendaient une égalité des chances, mais nous savions qu'elle n'aurait lieu que le jour où ils considéreraient les femmes comme de véritables partenaires intellectuelles et où ils cesseraient de se sentir lésés quand elles obtiendraient la reconnaissance qu'ils convoitaient aussi. J'avais été impressionnée en lisant *La force de l'âge* de Simone de Beauvoir par la puissance du lien cérébral qui, au-delà de l'alliance affective, tissait ses rapports avec Jean-Paul Sartre.

Quelques semaines plus tard, Romain Nizan était revenu à la charge et cette fois j'avais aussi rencontré sa productrice, Anne Weber, dans ses locaux du VIIIe arrondissement. C'était une femme brune de soixante-trois ans, réservée, à l'opposé du cinéaste qu'elle défendait, réputée pour sa cinéphilie, et qui avait produit de très grands films d'auteur. Elle m'avait parlé de mon livre avec une économie de mots qui semblait traduire une nature sans afféterie : j'aimais les gens qui ne cherchaient pas à plaire mais je n'avais aucun instinct fiable dans les relations humaines, je me trompais tout le temps. Elle m'était apparue simple, authentique, attentive, ça m'avait plu et je lui avais cédé les droits de mon roman.

Le livre était sorti avant l'été sans investissement particulier de l'éditeur et avait connu un succès auquel nous ne nous attendions pas du tout. Une semaine avant la publication, une jeune conseillère d'insertion pénitentiaire avait été assassinée par son mari qu'elle venait de quitter, le fait-divers avait fait la une des grands quotidiens et mon livre avait été placé par extension au centre de l'actualité. Dan demeurait au pouvoir mais il était l'objet de nombreuses critiques, nos statuts s'étaient inversés, mon travail était apprécié tandis que le sien était contesté ; je me retrouvais malgré moi au cœur d'un intérêt médiatique dont lui ne subissait plus que les effets négatifs. Sans être jaloux de mon succès, je sentais qu'il vivait mal ce brusque retournement. Je gardais mes distances, j'étais totalement absorbée par tout ce qui se produisait autour du livre : le combat féministe contre les violences faites aux femmes, la médiatisation du fait-divers qui, espérions-nous, allait engendrer une prise de conscience collective. Ça avait été une période de lutte mais aussi d'apaisement, je trouvais, auprès de ces femmes militantes, une forme de complicité, de compréhension. J'ai surinvesti mon travail, j'ai accepté tous les déplacements, en province, à l'étranger et, très vite, je n'ai plus supporté mon roman à force d'en parler, j'étais saturée de moi-même. Il n'est pas naturel de se retrouver au centre de l'attention quand on a l'habitude d'être seul la plupart du temps. Il y a, chez tout auteur, une réserve, une timidité constitutive que l'isolement imposé par l'écriture révèle et préserve à la fois.

*

Dire que ce succès ne m'a pas fait plaisir serait mentir. L'échec, surtout quand il se répète, finit par affaiblir, puis par détruire. Mais je découvrais aussi la part sombre de la notoriété soudaine – dont on parle peu.

Le succès, ce cadeau empoisonné, ça te tombe dessus, on te l'offre, tu dis merci, tu penses que c'est la chance de ta vie ; en réalité, tu ne le sais pas encore, ça va faire le vide autour de toi, tu vas en souffrir et pourtant tu ne pourras jamais t'en plaindre publiquement : c'est indécent. Chacun voit sa propre vie par contraste, par comparaison, la société l'exige et l'impose, tu vois cet homme, cette femme, ça pourrait être toi, il/elle te ressemble, il n'a pas fait de meilleures études, il n'est pas plus intelligent, et voilà qu'il entreprend quelque chose et qu'il *réussit*. Pourquoi lui/elle ? Pourquoi pas toi ? Une « amie » qui avait fini par me décevoir m'avait dit : « Les gens t'adorent et te détestent. Tu deviens intéressante mais insupportable. »

Le succès, cette machine à créer des inégalités. Quand tu arrives quelque part, des inconnus s'avancent vers toi pour te parler de ton travail et ceux qui t'accompagnent deviennent transparents, quels que soient leurs mérites ; toi, tu les aimes, tu voudrais te cacher derrière eux, vanter leur valeur, tu es gênée, ils ne te le disent pas mais tu le comprends : ils vont s'éloigner de toi car le succès t'a rendue toxique. Je ne me suis jamais sentie aussi seule qu'à cette époque où les gens que j'aimais m'évitaient, m'envoyaient les critiques assassines qu'on écrivait sur moi accompagnées de messages de condoléances faussement empathiques, ou me répondaient de façon sporadique : on aurait dit qu'ils me punissaient. J'avais accueilli le succès avec une joie pleine de méfiance, comme un cadeau dont je devrais tôt ou tard payer le prix.

Pendant cette courte période de promotion, Romain et Mélanie avaient été présents, amicaux. Nous nous étions revus plusieurs fois pour discuter de l'adaptation ; j'avais souhaité participer à l'écriture du scénario, Nizan avait accepté à contrecœur : ça avait été ma première erreur. La majorité des écrivains qui se lancent dans une aventure cinématographique finissent par reconnaître que c'est une expérience dévastatrice. Je connaissais l'attraction fatale que le cinéma exerçait sur les écrivains. Certains, comme Bret Easton Ellis ou Jonathan Safran Foer, avaient passé des années à écrire des scénarios qui n'avaient jamais été tournés, au détriment de leur propre travail. D'autres avaient cédé leurs droits à des réalisateurs auxquels ils ne trouvaient aucun talent, pour de l'argent, et avaient honte en découvrant un résultat qui ne correspondait pas du tout à leurs espérances.

L'écriture du scénario avait pris des allures de cauchemar. Nizan ne souhaitait pas être fidèle au livre, ça je pouvais le comprendre, mais cette volonté tenait moins à une vision et une autonomie artistique qu'à une forme de conformisme ; il se soumettait, sans conviction, à de nouvelles règles qu'il semblait avoir intégrées dans l'espoir d'obéir aux codes du moment, de coller à l'air du temps et d'être reconnu. Dès notre première séance de travail, je découvris à quel point le cinéma pouvait être codifié. Il me demanda si je connaissais le test de Bechdel-Wallace ? Non, je ne connaissais pas.

— Et le syndrome de la Schtroumpfette ?

— Non plus.

— En 1991, l'essayiste américaine Katha Pollitt a expliqué dans le *New York Times* que les séries télévisées, quand elles ne comportaient pas uniquement des personnages masculins, étaient souvent organisées selon ce qu'elle appelait le syndrome de la Schtroumpfette : un groupe d'hommes accompagnés d'une seule femme, en général définie de manière stéréotypée. Pour éviter ce déséquilibre, on a donc créé un test. Maintenant, quand on écrit ou qu'on lit un scénario, on doit vérifier plusieurs choses : comporte-t-il au moins deux personnages féminins ? Ces deux femmes se parlent-elles et, si oui, d'autre chose que d'un homme ? Progressivement, les critères d'évaluation du sexisme de l'industrie cinématographique se sont affinés : les femmes qui dialoguent doivent être importantes dans l'histoire et leur discussion doit durer plus de soixante secondes. Si tu montres une femme soumise, il faut qu'elle s'émancipe. Le personnage doit avoir une trajectoire, évoluer.

Je voyais bien l'objectif mais j'étais réservée face à ce nouveau conditionnement des esprits, il allait à l'encontre de ce que j'attendais d'une œuvre : une grande liberté, de la subversion, tout ce qui échappait à la norme sociale. Nizan me tyrannisait : il me laissait toute la charge de travail, me rabaissait (« Tu ne sais pas écrire un scénario »), je me demandais ce qui me poussait à accepter d'être aussi mal traitée. À tout le monde, je disais que Nizan était un cinéaste génial, que nous travaillions en parfaite entente, je me racontais une histoire pour tenir ; en réalité, j'avais découvert un artiste autocentré, capricieux et caractériel. Il ne s'adressait à moi que par l'intermédiaire de messages vocaux qui n'appelaient aucune réponse. À la quatrième version, je m'étais retirée de l'écriture, et nos relations s'étaient brutalement détériorées. Je ne lui reprochais pas d'avoir transformé le livre, mais d'avoir substitué au récit d'une émancipation féminine celui d'un meurtre conjugal : le compagnon de l'héroïne la tuait après qu'elle lui avait annoncé qu'elle le quittait alors que, dans mon roman, elle parvenait à lui échapper et à se reconstruire. Je le vivais comme une trahison envers les femmes que j'avais rencontrées et qui m'avaient fait confiance en partageant leurs parcours. J'y voyais une forme d'opportunisme. Nizan se justifiait en évoquant l'importance qu'avait prise le fait-divers, la hausse des féminicides, la nécessité pour lui de décrire cette réalité-là. Je sentais qu'il mettait les formes pour ne pas me brusquer, mais au fond il considérait qu'il pouvait faire ce qu'il voulait parce qu'il avait les droits, parce qu'il avait *payé*.

Il m'avait tenue à l'écart du tournage et, plus tard, il avait exigé que mon nom soit écrit en petits caractères sur l'affiche, il voulait que le sien trône seul en grand, si bien que mon agent avait dû le contraindre, affirmant qu'il ne « lâcherait rien » parce qu'il en avait « marre que les réalisateurs cherchent à effacer les auteurs ». Avant cela, il avait imposé Hilda Müller pour incarner mon héroïne – j'avais rompu tout contact avec lui. Je savais qu'il y avait quelque chose de vampirique chez tous les artistes, en particulier les cinéastes, seule l'œuvre comptait : sa création, son accueil, son avenir ; les auteurs n'étaient qu'une matière brute à utiliser, puis à jeter. Nous le savions. Et pourtant, nous y allions. Les producteurs sollicitaient les écrivains pour leur créativité, les payaient, les utilisaient comme des produits, puis cherchaient à les faire disparaître, comme ces clients pervers qui, après avoir baisé une pute, la tuent et veulent se débarrasser du corps.

11.

Romain Nizan l'affirmait souvent en interview : les gens qui n'ont aucune conscience politique l'angoissaient. Les gens mous, qui ne recherchent que leur confort, les individualistes – du plus loin qu'il se souvienne, il avait toujours été en colère, il le répétait : je suis né comme ça, en colère. Il citait Truffaut : « Faire un film est un acte social. » Le cinéma lui permettait de supporter les vicissitudes de l'existence, il ne connaissait pas meilleur remède. À part le sexe, peut-être. Il ne croyait pas au couple traditionnel, il aimait être amoureux et, évidemment, ça ne durait pas. La fidélité l'ennuyait. L'époque était trop puritaine, trop moralisante pour lui. Il rêvait d'une vie libre, désentravée. Et consacrée au cinéma, son unique passion. Son adolescence, il l'avait passée à visionner des films de Ken Loach, Godard, Bergman. Ça avait éveillé sa vocation et sa conscience politique.

À la question « Où et à quel moment avez-vous été le plus heureux ? », il répondait : à tout âge, dans une salle de cinéma. Peut-être aussi dans le lit de certaines femmes. Rapport à l'époque, il se sentait limité. À quarante-sept ans, il n'osait plus montrer son désir ni tenter quoi que ce soit avec les femmes, surtout les jeunes, plus affirmées que leurs aînées. Devant quelques amis hommes, cependant, il osait parler : « Un conseiller harcèlement flique tout le monde sur les tournages, c'est l'enfer. L'époque a fait de nous des comptables et des juges » – ce genre de choses.

Fils d'une sociologue française, engagée dans les luttes sociales et féministes, disciple de Bourdieu et de Foucault, professeure à l'École normale supérieure, et d'un père chef-opérateur, diplômé de la FEMIS, section réalisation, Nizan avait connu son heure de gloire dès son premier film, *Le cours des choses*, œuvre intimiste, critique de la société de consommation : « Un coup de maître » (*Libé*), « La naissance d'un grand cinéaste » (*Les Cahiers du cinéma*). Il était alors perçu comme un petit prodige un peu arrogant et cérébral, capable de disserter pendant des heures sur Lacan et Gramsci. Il n'avait eu aucun mal à trouver le financement pour un nouveau film, c'était déjà l'adaptation d'un livre, *Retour à Brest*, un premier roman qui avait connu un grand succès de librairie, un best-seller, un *page-turner* – on remédiait à bien des déficits d'imagination en rachetant les droits d'un livre. Le tournage s'était *relativement* bien passé (un tournage ne pouvait pas *bien* se passer, trop d'imprévus et de contraintes budgétaires engendraient nécessairement la conflictualité), mais cette aventure cinématographique avait pris une tournure tragique : *Retour à Brest* avait été éreinté par la critique. « Nizan, la déception » (*Le Monde*), « Retour à la case départ » (*Le Point*), « Quand le vide s'impose en salles » (*Le Figaro*). Lors de la soirée chiffres, cette petite réunion informelle organisée par le distributeur avec l'ensemble de l'équipe pour faire le décompte en temps réel des entrées en salles du jour de la sortie, tout le monde faisait la gueule – au cinéma, tout se jouait à la séance de 9 h 10 à la salle des Halles, à Paris : à 11 h 30, on obtenait le nombre de places vendues et on savait si le film était mort. Dix-huit personnes dont quinze proches du producteur s'étaient déplacées à une heure où, normalement, elles dormaient à poings fermés, épuisées d'avoir dû traverser les longs couloirs glacés et impersonnels du Forum des Halles pour rejoindre la petite salle où le film serait projeté. Le seul à se gaver de petits-fours, c'était l'auteur du livre : il avait cédé ses droits pour deux cent mille euros, s'en était empoché quarante mille pour l'écriture d'un scénario minable, qu'un *script doctor* non crédité au générique, qui avait coûté un bras à la production, avait dû réécrire, et avait déjà signé un compromis de vente pour une maison de campagne avec piscine en Bourgogne. Le film avait été retiré de l'affiche au bout d'une semaine. Nizan avait alors fait un épisode dépressif sévère.

Il avait connu une traversée du désert de quinze années pendant lesquelles il avait survécu en tournant des films publicitaires pour des enseignes populaires. Après ça, il avait réalisé une série politique qui avait obtenu un bon accueil critique, il avait longtemps espéré faire une saison 2, mais les algorithmes avaient pointé un nombre de connexions insuffisant, les spectateurs préféraient les séries sentimentales ou criminelles, les meilleures étant celles qui mêlaient les deux, amour et crime, sexe et sang, en général des reconstitutions de faits-divers sordides, toujours recommandées à

99 % sur Netflix. Pour lui, l'aventure s'était arrêtée net. Son producteur sur ce projet lui avait annoncé que les *décideurs* avaient dit non (sans le rencontrer, sans l'appeler – il y a une règle tacite dans l'audiovisuel : si on ne vous rappelle pas, c'est non), et c'était pour échapper à cette lâcheté contemporaine que Romain avait repris ses tournages publicitaires, quitte à faire la pute, autant être bien rémunéré, sans doute aussi pour payer le loyer de son bel appart de 100 m² situé en plein cœur du Marais – jusqu'à ce qu'un matin il soit contacté par Mélanie Valognes, qui insistait pour qu'il lise les épreuves d'un roman à paraître, *À la recherche du désastre*, de Marianne Bassani. Il avait eu un choc en lisant le texte, il avait immédiatement appelé le producteur avec lequel il avait l'habitude de travailler et dit qu'il souhaitait en faire un film ; le producteur avait répondu qu'il n'en était pas question, ça n'était même pas envisageable, il ne ferait pas le film avec Valognes, c'était suicidaire. Nizan avait vu d'autres producteurs, pour la forme, et ils avaient tous répondu la même chose quand ils ne riaient pas à la seule évocation du nom de Valognes : je te suis sur le projet mais sans cette actrice, on ne lève pas sept millions sur son nom, elle ne fait pas une entrée, Mélanie Valognes, on ne sait même pas qui c'est. Il avait fini par lui retirer le rôle principal – c'était ça ou renoncer –, et par rencontrer Anne Weber, une productrice dont il aimait la filmographie et qui avait manifesté le souhait de travailler avec lui. La suite avait été rapide : elle avait acheté les droits du livre ; il avait cessé de répondre à Mélanie. Ils avaient collectivement décidé de confier le rôle à deux stars, qui avaient décliné, avant de se tourner vers Hilda, plus bankable que Mélanie, plus intéressante aussi, stratégiquement, le contre-

emploi, ça marchait toujours : l'actrice allemande, mariée à un président de gauche juif et impopulaire, dans le rôle d'une ouvrière victime de violences conjugales, ça présentait quelques atouts en termes de com. Et puis, ils pourraient envisager une coproduction avec l'Allemagne, ça assurerait une nouvelle source de financement.

Dès la lecture, Nizan avait perçu le retentissement médiatique dont bénéficierait le film : le livre écrit par la première femme du président interprété au cinéma par la seconde, toutes deux issues d'un univers d'auteur, c'était gagnant sur tous les tableaux. Mélanie ne s'était jamais remise de cette trahison. Elle avait supplié, menacé Romain. Ce dernier, qui s'était un peu attaché à elle, comme toujours l'être humain après quelques rapports sexuels satisfaisants, lui avait proposé d'être la doublure corps, le film contenant de nombreuses scènes de sexe – au cinéma, il valait mieux filmer le corps d'une femme de trente-deux ans que celui d'une actrice de quarante-trois pour représenter une héroïne de cinquante-sept. Mélanie avait accepté : mère célibataire, sans emploi depuis six mois, elle avait besoin d'argent. Nizan continuait de temps à autre à coucher avec elle – son visage n'était vraiment pas parfait mais le corps, si, tout était à la bonne place, dès qu'il la voyait arriver, le cul moulé dans un jean et un débardeur trop petit, les seins énormes sous le tee-shirt serré, il avait envie d'elle, ça le fascinait et le rassurait, cet automatisme dans l'érection.

Ce film, c'était le tournant de sa carrière, il l'avait senti à la lecture du livre et, plus tard, au cours du tournage, quand il avait vu les rushs, chaque soir, d'une beauté stupéfiante, des images littéralement habitées par la présence de Hilda. Du début à la fin du film, elle marquait la pellicule avec la grâce et la conviction des actrices qui savent qu'elles interprètent le rôle de leur vie.

Du tournage, Nizan était sorti physiquement et psychologiquement épuisé. Sa méthode, c'était de vivre avec les acteurs pendant des semaines, parfois même des mois, avant le début du tournage, d'enchaîner les répétitions jusqu'à obtenir un jeu fluide, naturel ; il aimait expérimenter des choses, il faisait ce métier pour ça : diriger des acteurs. Il partait toujours d'eux, il répétait, répétait et après seulement il pensait au placement de la caméra. Il aimait leur façon de s'abandonner, de se transformer, il les voyait se mettre en danger pour un rôle, fouiller leurs blessures – surtout les non-professionnels qui avaient une spontanéité exceptionnelle. Il tombait amoureux de ses acteurs, il avait expliqué à sa psychanalyste qu'il y avait toujours du désir et même du trouble dans la création, des conflits, c'était détestable peut-être, condamnable, mais on ne créait pas autrement – ou alors des trucs sans intérêt.

Après ça, il avait passé ses journées en salle de montage à faire/défaire le film, déplacer une scène, assister à des projections tests à l'issue desquelles il avait l'impression, à chaque fois, de se faire démolir. C'était toujours un moment de grande tension pour un cinéaste, un rapport de force se mettait en place entre lui et Anne, il devait avoir le dernier mot et elle essayait de lui imposer des coupes ou des modifications (« Là, c'est trop long, c'est chiant, ça va pas marcher »), peut-être sous l'injonction d'intervenants extérieurs, qui sait, il était devenu paranoïaque. C'était lui qui avait validé la version envoyée au comité de sélection cannois, elle n'avait pas eu le *final cut*. Ils avaient passé des semaines à se disputer, il l'avait menacée de tout arrêter (« Je vais me casser »), lui avait reproché d'être trop intrusive, de mal faire son travail. La veille, *Le Parisien* avait titré : « Quels sont les films les plus attendus au festival de Cannes ? » *À la recherche du désastre* n'était même pas cité.

12.

Je n'ai pas eu le rôle.

Mélanie devait composer avec cette phrase dont chaque mot tissait sa défaite ; c'était, à chaque fois qu'elle la prononçait, la même blessure. Ça disait : je n'ai pas été choisie. Ça disait la faible valeur économique. Le pouvoir d'attraction quasi nul. Les spectateurs voulaient bien se déplacer pour voir Marion Cotillard ou Catherine Deneuve mais Mélanie Valognes, non. *On ne m'identifie pas. On ne sait pas qui je suis.* Une actrice en arrière-plan. Elle s'autodépréciait tout le temps. *J'ai jamais eu la carte.* Toujours « trop » quelque chose. Trop sexy. Trop blonde. Elle aurait dû changer de nom comme le lui avait conseillé son premier agent. Elle avait refusé, butée : « Valognes, c'est le nom de mon père et je l'aime. » Elle avait fait de mauvaises rencontres et maintenant, à trente-deux ans, elle était trop vieille pour être une jeune première : « Un sale milieu », avait dit sa mère – comme s'il y en avait des propres. Le monde professionnel, c'était la guerre, tout le temps, partout, mais le cinéma, c'était vraiment moche. « Tu généralises, ce n'est pas le cinéma qui est pourri mais quelques personnes qui se comportent mal, comme partout ailleurs. »

Mélanie avait quitté Colomiers, dans la banlieue de Toulouse, pour Paris à l'âge de dix-huit ans, elle rêvait d'être actrice depuis l'enfance, elle avait commencé par suivre les cours de théâtre dispensés dans son école, puis au lycée, elle avait tenté le concours du Conservatoire, elle avait échoué, elle n'avait pas renoncé pour autant, elle avait été admise au cours Florent, ça avait été de belles années, elle jouait beaucoup, participait à des castings mais se voyait rarement attribuer les meilleurs rôles. Les projets se montaient avec d'autres qu'elle, souvent même avec les fils et les filles d'acteurs qui répétaient en interview qu'ils avaient été choisis pour leur talent, après casting, *je me suis présenté sans dire qui j'étais*, et il fallait fermer sa gueule pour ne pas être définitivement blacklistée : « Si tu veux être justicière, fais plutôt des études de droit », « Ne te plains pas, ça fait la meuf aigrie », « C'est le système, on ne va pas le changer » : elle se taisait et, à chaque fois, elle revoyait les mêmes têtes sur les affiches publicitaires, on parlait de contrats de plusieurs centaines de milliers d'euros voire plus et, même quand elle voulait les éviter, elle les retrouvait sur Insta à faire leur autopromotion, ou à lâcher un ou deux messages à caractère politique entre deux photos truffées de placement de produits de grandes marques du luxe – vêtements, cosmétiques, hôtels –, tandis qu'elle était obligée, pour vivre, d'accepter des choses un peu merdiques.

Les galères, elle connaissait.
Les fins de mois difficiles.
L'argent qui vient trop vite à manquer.

Qu'il faut aller chercher par tous les moyens.

Elle en avait trop fait de ces petits boulots qui la laissaient vidée : serveuse, barmaid, vendeuse, baby-sitter et même femme de ménage dans les bureaux, de nuit. Les mecs décevants, les tocards, les histoires un peu sordides avec des directeurs de casting ou des réalisateurs dans l'espoir d'avoir un rôle qu'ils finissaient toujours par donner à une autre. L'impression d'être utilisée, tout le temps. La tristesse de devoir en arriver là. Les filles les plus malmenées venaient souvent des classes sociales les plus défavorisées. On les traitait mal, on abusait d'elles, on les touchait parce qu'elles n'osaient pas se plaindre ni même résister, elles pouvaient se retrouver à la rue, il n'y aurait personne pour payer leur loyer à la fin du mois. C'était en train de changer avec MeToo. Elle avait très tôt rejoint le mouvement. Elle avait témoigné de ce qui lui était arrivé, à ses débuts : ce directeur de casting qui lui avait demandé jusqu'où elle était prête à aller, et ce réalisateur qui lui avait proposé de le suivre dans un hôtel après leur première entrevue, auquel elle avait dit non, il ne lui avait pas donné le rôle. Après ça, elle avait été mannequin corps pour la marque de lingerie Aubade, tout en multipliant les petits rôles. Elle regardait avec admiration et un peu d'envie celles qui avaient réussi à percer. Tant d'actrices n'avaient fait que passer dans le paysage cinématographique. Elle jouait à ça parfois : celle-là, icône dans les années 90, finie. Cette autre qui avait créé le scandale avec un rôle sulfureux, oubliée. Quand on tapait leurs noms sur Google, à la rubrique « actualités », on ne trouvait plus rien. Elles avaient été des météorites, on n'en entendait plus parler. Heureusement, elle n'avait pas connu ces montagnes russes : elle n'avait peut-être été qu'un second couteau, mais de manière stable. Jusqu'à ce rôle dans une série pour TF1, *Un cœur pour deux*, avec une équipe respectueuse, des gens sympas. Malgré de bonnes audiences, elle avait été écartée de la série après deux saisons (son personnage avait été purement et simplement assassiné) ; elle s'était mise à rêver d'une incursion dans le cinéma. Elle avait lu le livre de Marianne Bassani par hasard, sur les recommandations de son petit ami de l'époque, qui travaillait au service de presse de la maison d'édition, il lui en avait donné les épreuves trois mois avant la sortie du roman en librairie. Dès la lecture, Mélanie avait voulu préempter le projet espérant s'attribuer le premier rôle si elle réussissait à le monter. Mais une fois qu'elle avait convaincu Romain et qu'il était parvenu à acquérir les droits du livre, elle avait été écartée. Elle avait accepté les conditions de la production parce qu'elle avait besoin d'argent, elle élevait seule son fils de dix ans ; peut-être aussi pour rester associée au film, ça pouvait être un tremplin ; elle était fascinée par le travail de Nizan, par sa personnalité, elle n'avait pas osé réclamer plus. Sur le tournage, elle s'était vraiment sentie manipulée malgré la présence du référent intimité. Les scènes de violence, elle avait bien dû les jouer. Hors plateau, les acteurs principaux ne lui avaient jamais adressé la parole, elle évoluait comme une ombre – *personne ne me calcule* –, elle n'avait même pas été invitée à la fête de fin de tournage ni à aucune des projections réservées à l'équipe du film. Elle devait lutter pour obtenir des informations, pour ne pas disparaître du générique et enfin, après avoir passé plusieurs appels à la production, elle avait pu voir l'affiche : on y voyait Hilda nue, de dos, une arme braquée sur sa tête. Mais ce corps sensuel, musclé, parfait, c'était le sien.

13.

Les chiffres venaient de tomber. Les audiences de l'émission *Le moment de vérité* à laquelle Lehman avait participé et qui avait été diffusée sur le service public étaient mauvaises : trois millions de téléspectateurs au lieu des six millions escomptés, 14 % de parts de marché, ce qui avait fait dire que Lehman n'avait plus sa place sur une grande chaîne nationale, il pouvait *à la rigueur* être invité sur C8 ou BFM TV, il n'intéressait même pas la ménagère de plus de cinquante ans ; son livre était remonté à la 51e place sur la liste des meilleures ventes mais cette victoire ne durerait pas, l'ascension était trop faible pour se maintenir, les chiffres de son dernier livre s'avéraient catastrophiques (7 356 exemplaires écoulés, chiffre Edistat, pour une mise en place de 40 000 exemplaires et une campagne publicitaire de plusieurs dizaines de milliers d'euros). Il était loin le temps où il réunissait plus de quinze millions de téléspectateurs à chaque passage télévisé. Il se sentait démoralisé, au plus bas, écrasé par un sentiment d'angoisse impossible à juguler. Et il ne pouvait ni boire ni céder au découragement : il allait être interrogé au pôle financier. Il appréhendait moins cet échange pour la confrontation que pour la privation qu'il lui imposait. Depuis quelques mois, toutes ses pensées se concentraient sur l'alcool, la possibilité d'en consommer, ça envahissait son esprit dès le réveil. Il ne voulait plus aller au théâtre, ni partir en vacances avec des amis de peur qu'ils ne remarquent sa consommation excessive. Chaque matin, il se réveillait dans un état d'anxiété terrible que seul un verre d'alcool apaisait. Il voyait à quel point il était devenu dépendant, il élaborait des stratégies pour le cacher. Il ne s'éternisait jamais très longtemps dans un lieu sauf s'il pouvait y consommer de l'alcool sans crainte d'être observé, limité ou jugé. Ces occasions étaient rares. Généralement, il buvait seul ou avec Paul. Il ne pensait plus qu'à cela : comment allait-il tenir devant la juge ?

Il s'habilla à la hâte, il ne devait pas être en retard. À huit heures du matin, les locaux étaient silencieux. La juge d'instruction avait délibérément laissé son bureau allumé, stores baissés, pour faire croire aux journalistes que l'entretien y aurait bien lieu, et elle avait donné rendez-vous à Lehman et Mᵉ Brassard dans une autre pièce, à l'abri des regards indiscrets, elle craignait trop que des perches micro ne captent les sons de l'interrogatoire depuis la fenêtre de son bureau, au premier étage. Blonde avec une coupe au carré, très mince et aux traits délicats, la magistrate du pôle financier était une femme d'une quarantaine d'années que précédait déjà une réputation d'intransigeance ou, selon les termes de Lehman, de chieuse. Elle portait une jupe crayon, une veste grise ajustée et des escarpins noirs. Bien qu'elle n'ait parlé de cet interrogatoire à personne – elle ne voulait subir aucune pression –, ça avait fuité dans la presse malgré tout. Mathieu et

Lehman étaient arrivés un peu en avance. « On y va », lança Mathieu en se dirigeant vers le bureau que la secrétaire lui avait désigné. Avant de le suivre, Lehman passa aux toilettes et avala un Xanax. La juge les fit entrer par une porte arrière du service. Elle les reçut dans le bureau d'une collègue, avec vue sur une cour à laquelle les journalistes ne pouvaient pas accéder.

Une fois devant elle, dans ce face-à-face qui le ravageait, cette inversion des rapports de pouvoir – d'habitude, c'était lui qui parlait, lui qui ordonnait et décidait, l'autorité était de son côté –, il sut qu'il devrait faire profil bas, même s'il se crut encore le chef l'espace d'un instant, quand elle lui tendit une main un peu molle en lâchant un « Bonjour monsieur le président » de circonstance, aussitôt repris par la jeune greffière en tailleur qui semblait intimidée : elle était visiblement de son bord politique.

Lehman répondit avec une obséquiosité inhabituelle. Il voulait paraître conciliant, aimable, il craignait plus que tout la mise en examen, l'emballement judiciaire, mais dans son timbre de voix on entendait le mépris. Tout en lui semblait affirmer : je n'ai rien à faire ici.

La juge désigna les chaises devant son bureau : « Asseyez-vous, je vous en prie. » Lehman et Mathieu s'assirent, tendus à l'extrême, dans cette pièce minuscule où l'air semblait vicié.

— Monsieur Lehman, je vous reçois aujourd'hui car je souhaite vous entendre sur des faits de trafic d'influence et de corruption…

Ces mots firent tressaillir Lehman. Il divaguait, entendant à peine le débit un peu mécanique de la juge.

— Une rétrocommission aurait été versée dans le cadre d'un contrat de construction d'un édifice public pour alimenter un parti politique que vous dirigiez avant votre élection.

Lehman se crispa, regarda la magistrate d'un air dédaigneux mais ne répliqua pas. Tout ce qu'il souhaitait, c'est la déstabiliser ; elle baissa momentanément les yeux.

— Vous êtes ici en qualité de témoin assisté… Toutefois, je peux vous mettre en examen à l'issue de cet interrogatoire.

— Bien sûr, c'est ce que vous allez faire d'ailleurs, c'est prévu dans le programme…

— Non, je le ferai si j'ai des charges contre vous.

Il eut un petit rire.

— Des charges, ça se fabrique.

— Que sous-entendez-vous ?

Me Brassard lança un regard désespéré à Lehman. Sous l'effet du manque, il devenait irritable, agressif, il n'avait plus de limites mais là, dans le bureau de cette juge, c'était suicidaire.

— Qui vous a désignée ? demanda Lehman. Vous le savez comme moi, c'est une décision politique…

— J'ai des charges ou je n'en ai pas, mon travail s'arrête là.

— Vous n'en avez pas.

— C'est ce que nous verrons. Commençons si vous le voulez bien.

Lehman acquiesça d'un signe de tête.

— Vous avez la possibilité de garder le silence, de faire des déclarations ou de répondre à mes questions, continua-t-elle.

— Je répondrai à toutes vos questions, chère madame.

L'interrogatoire dura six heures. Avec une seule pause de cinq minutes. Lehman contenait son agitation intérieure. Il répondait de manière frontale, pour en finir plus vite. De temps à autre, il lâchait une réplique un peu cinglante ou ironique – c'était tout. Elle paraissait inflexible, insensible à son charme. Vers quatorze heures, elle conclut enfin : « Monsieur le président, je ne vous mets pas en examen, je vous laisse sous le statut de témoin assisté, votre avocat a le droit de venir consulter le dossier » ; ça le soulagea un peu.

Ils se levèrent, elle les raccompagna, leur serra la main. Lehman sortit le premier, suivi de ses gardes du corps, il désirait rejoindre son véhicule le plus rapidement possible. Mathieu resta un moment sur le pas de la porte : « Madame la juge, vous n'allez tout de même pas l'envoyer en correctionnelle. Vous n'allez pas faire une chose pareille ? » La question se posait. Elle l'écrirait sans doute dans son ordonnance finale, celle qui prononcerait un non-lieu ou le renvoi en correctionnelle : est-ce qu'on devait envoyer un président de la République en correctionnelle ?

Ils quittèrent le pôle financier par une porte dérobée, pénétrèrent discrètement dans la voiture où Jun, le chauffeur, les attendait. Lehman éventa son visage avec un exemplaire du *Monde* qui était posé près de lui : il étouffait. Discrètement, il avala le contenu d'une flasque. Mathieu ne fit aucune remarque.

— Elle voulait ma tête, ça se voyait.
— Il ne faut pas donner aux juges plus de pouvoir qu'ils

n'en ont, tempéra Mathieu tout en sachant que, dans cette affaire, Lehman jouait gros.

— Vous savez, j'étais quelqu'un d'assez important quand ils n'étaient pas grand-chose. Aujourd'hui, c'est l'inverse. Le rapport de force a changé. C'est ainsi...

— Vous restez un ancien président.

Lehman se ferma d'un coup. Le mot « ancien » suffisait à lui rappeler qu'il n'était plus rien. La Constitution fixant la fin du mandat, quand vous étiez président, tout le monde connaissait le jour de votre mort politique.

14.

Ce rôle allait changer sa vie, Hilda le sentait. Elle s'était préparée pendant des mois. Elle avait modifié son physique : elle avait grossi, coupé ses cheveux et avait cessé de les teindre, personne ne l'avait reconnue. Nizan lui avait longuement parlé du personnage, elle avait commencé par lire et relire le scénario, puis elle s'était renseignée sur le sujet, elle avait lu des témoignages, avait rencontré des ouvrières qui travaillaient dans des usines et des femmes victimes de violences au sein d'une association. Elle n'avait pas eu d'échanges avec Marianne, elle n'avait pas osé le lui proposer : trop à vif. Elle avait travaillé avec un coach américain pendant des semaines pour adopter la personnalité, les attitudes et la posture de la femme qu'elle interprétait ; il lui disait *Make it personal*, joue avec ce que tu es. La vraie performance pour une actrice, c'était de ne pas faire semblant. Elle apprenait et répétait ses répliques en marchant chez elle ou en forêt, pendant des heures, pour se libérer du texte. Elle avait annoté son scénario jusqu'à le noircir complètement : qui est cette femme ? Comment est-elle devenue ouvrière ? Qu'est-ce qui est le plus dur dans ce métier ? Qui est cet homme ? Quelle est son histoire ? Pourquoi est-il violent ? Est-ce que c'est la première fois qu'il la frappe ? Comment devient-on un criminel ? Elle voulait comprendre le rôle, dessiner la colonne vertébrale du personnage, tout devait être précis, il ne s'agissait pas de débiter mécaniquement un texte mais de l'habiter. Chaque jour, elle arrivait sur le tournage sans savoir ce qui allait se passer : son partenaire allait-il être en retard ? Le réalisateur serait-il bien luné ? Ferait-il chaud ? Froid ? Serait-elle fatiguée ? Contrariée ? Elle avait eu un partenaire très conflictuel, qui cherchait quotidiennement à la déstabiliser, mais elle ne prenait rien comme un obstacle, plutôt comme une circonstance avec laquelle il fallait composer.

Son téléphone sonna : c'était Lehman. Il lui dit que son entrevue avec la juge s'était bien passée – Hilda ne lui avait pourtant rien demandé. Elle n'échangea que quelques mots avec lui. Au téléphone, elle le trouva vaseux, hésitant. Elle évitait leur domicile quand il s'y trouvait, elle ne supportait pas de le voir affalé sur la table du salon, de subir ses sautes d'humeur : l'alcool créait une tension émotionnelle qui le rendait aussi imprévisible qu'irritable – dans ces moments-là, il pouvait être désagréable, menaçant, elle redoutait constamment ses réactions. Ce qui lui apportait une certaine solidité, c'était la fierté d'avoir fait ce film où elle tenait le premier rôle. Dans quelques jours, ils sauraient s'il était sélectionné à Cannes. Elle appelait sans cesse la productrice pour savoir qui avait vu le film et ce qu'on en pensait, avoir la jouissance de l'entendre dire : « Ils sont sortis de la salle en répétant que tu étais extraordinaire. » Ces commentaires qui lui revenaient, unanimes, sur la qualité de son jeu, renforçaient son ego.

Pendant toute la durée du tournage, Lehman n'avait cessé de lui reprocher ses absences et son manque de disponibilité : « Tout tourne autour de toi et de ton rôle. » Oui, et alors ? Il avait épousé une actrice, pas seulement une interprète, mais une femme qui était et devenait quelqu'un d'autre le temps d'un rôle. Elle avait suivi les cours de l'Actor's Studio, à New York, *le personnage est le prolongement de l'acteur, être actrice, c'est un état, pas un métier,* et elle ne sait rien faire d'autre. Elle n'a pas aimé le monde politique, être la femme du président, ça l'a amusée un temps, elle a compté les jours jusqu'à son départ de l'Élysée, elle n'a plus pensé qu'à ça, revenir à ce à quoi elle était destinée : je suis actrice à 100 %, tout le temps.

Elle était sortie épuisée du tournage. Ça avait été le rôle de sa vie, tous les acteurs le sentent dès la lecture puis, plus tard, au moment du tournage, à chaque prise, ils le savent que ce rôle est fait pour eux. *Pendant six mois, j'ai vécu comme elle, j'ai pensé comme elle, j'ai eu du mal à en sortir, elle m'habitait.* Elle avait dû faire appel à un chamane pour revenir à son ancien moi. Le tournage avait duré huit semaines et avait été d'une dureté effroyable, les scènes de violence notamment, filmées parfois dans des conditions proches du réel. Nizan lui expliquait à quel point elles étaient nécessaires. Lui, si doux au moment de la préparation, s'était révélé au cours du tournage autoritaire, exigeant, demandant parfois jusqu'à cinquante prises d'une même scène, hystérisant tout, parce qu'il voulait faire *le meilleur film possible.* Plus d'une fois, il avait menacé son équipe de quitter le plateau : « C'est fini, débrouillez-vous sans moi, je me casse » ; la productrice s'en mêlait : « Tu vas me mettre en faillite ! » L'acteur principal s'était plaint auprès d'elle que Nizan le dirigeait mal : « Je ne comprends pas ce qu'il veut, je ne peux pas le saquer. » Il y avait eu de fortes tensions avec les équipes techniques, les autres acteurs. Anne calmait l'ambiance : « Un tournage, c'est comme une vie de couple, on s'aime, on se déteste, on s'engueule et à la fin on se retrouve. » Nizan aimait aller au clash. C'était un génie et un fou.

Au milieu du tournage, Hilda avait eu une liaison avec lui. C'était une situation assez banale, un tournage s'étend sur plusieurs semaines ; avant, il y a les répétitions, l'équipe vit en autarcie, des affinités et des attirances se créent, on finit par coucher ensemble. Généralement, ça ne dure pas. Dès la fin du tournage, chacun reprend le cours de sa vie. Mais cette fois l'histoire avait duré.

15.

Romain redoutait le déjeuner que Lehman avait organisé, il n'avait pas envie de se retrouver entre le mari et la femme. Sans le filtre amoureux de la caméra, Hilda lui paraissait à présent terne et superficielle. Quand il lui arrivait de regarder les photos et les stories qu'elle postait sur Instagram, il ne pouvait contenir un sentiment de déception : placement de produits, mises en scène d'elle-même dans des lieux choisis ou en compagnie de personnalités influentes du cinéma et de la mode qui montraient à quel point elle avait besoin de reconnaissance et de visibilité. Depuis quelques semaines, il ne supportait plus personne. Il voyait un peu sa famille : c'était tout. Et Mélanie quand il avait envie de sexe. Toujours affectueuse. Toujours partante. Elle lui envoyait régulièrement des petits messages assortis d'émojis tendres pour prendre de ses nouvelles. Il y avait quelque chose d'authentique en elle, une sincérité un peu désuète qui tranchait avec les univers factices où il évoluait, et entre eux, à chaque rencontre, cette complicité sexuelle qui occultait tous les autres manques. Il l'appela et ils se retrouvèrent chez elle, dans le deux-pièces qu'elle louait rue d'Avron, dans le XXe arrondissement, un

52 m² qu'elle avait joliment décoré de meubles chinés dans des brocantes. Ça se passait toujours de la même façon. Il arrivait. Ils s'embrassaient. Il se déshabillait. Ils s'allongeaient. Elle le prenait dans sa bouche. Il lui demandait de s'arrêter car il craignait de jouir. Elle retirait son bas : jean, jupe. Il la pénétrait en écartant sa culotte, sans même la lui enlever, il ne la caressait jamais, il la prenait et jouissait en elle. Ça paraissait mécanique mais elle criait à chaque fois, c'était l'un de ces êtres qui mettaient de l'intensité en tout et surtout dans l'acte sexuel, qui l'investissaient pleinement comme si quelque chose de plus grand que le simple plaisir s'y jouait, il adorait ça, la regarder et l'entendre jouir.

Après l'amour, Romain aimait fumer. Il s'allongeait près d'elle. Dans ces moments-là, ils avaient l'impression d'être connectés l'un à l'autre, il s'ouvrait, il était plus vulnérable.

— Tu es inquiet pour ton film ?
— Oui, au point que je ne ressens aucun plaisir au montage. Juste de l'angoisse.
— Tu me le montres quand ?
— Je ne veux le montrer à personne pour l'instant.

Disant cela, il la prit dans ses bras et l'embrassa sur le front : « Tu es tellement belle, tu as un peu grossi, non ? » Il était tendre pendant une vingtaine de minutes puis il se détachait, se levait d'un bond et se rhabillait à la hâte. « Tu pars déjà ? » Il se braqua, lâcha d'une voix froide : « Tu vas me faire une scène, là ? » Il saisit son casque de scooter, lui dit « On se revoit vite » sur un ton monocorde – c'était bien le minimum. Une fois qu'il avait franchi le seuil de son appartement, il passait, comme on dit, à autre chose.

En sortant, Nizan téléphona à Anne, sa productrice. Il avait désormais des relations tendues avec elle. Chaque conversation tournait autour d'une possible sélection à Cannes. « Faut que ça plaise à Frémaux. » Thierry Frémaux, le patron du festival, celui qui décidait, avec son équipe, de l'avenir des films. La vie de Nizan était suspendue à un appel de ce dieu cannois. L'attente. Il avait vu des réalisateurs humiliés, broyés par la machine compétitive cannoise, écrasés par des critiques dont la violence s'apparentait à une exécution publique ; il aurait préféré voir son film sortir en salles sans la lecture brutale des journalistes et du public qui vous flinguaient, sans devoir affronter la virulence des commentaires à chaud – à Cannes, on aime ou on déteste –, mais son agent et sa productrice lui mettaient la pression : si tu as un prix, tu pourras réaliser à l'avenir les films que tu voudras. Mais il devait garder tout ça pour lui. Certains articles de presse commençaient à sortir et évoquaient la possible sélection du film. Romain ne lisait rien, ne posait pas de questions, il se protégeait, son expérience précédente était un désastre dont il ne s'était jamais totalement remis.

16.

La politique et le couple : l'équation impossible de sa vie. La politique était l'ennemie du couple, elle envahissait tout l'espace mental et intime. Elle avait détruit le premier mariage de Lehman. À présent, il n'y avait pas un jour où il ne regrettait pas d'avoir quitté Marianne. Il espérait qu'il retrouverait un jour l'amour et l'affection de son ex-femme, qu'il y aurait une seconde chance. Il avait toujours considéré, à l'instar de nombreux hommes et femmes vivant en couple, que mener des liaisons parallèles tout en maintenant une relation principale, conjugale ou non, était sans incidence, une relation sexuelle n'engageant pas vraiment ; un problème pouvait se poser si l'on tombait amoureux, si les amants manifestaient soudainement un désir de légitimation, mais même dans ce cas on finissait par trouver un équilibre dans un va-et-vient amour/séparation temporaire, jusqu'au point de non-retour : la rupture définitive. Il se trompait. S'il avait imaginé que Marianne serait blessée en découvrant qu'il aimait une autre femme, il avait occulté sa propre dépendance – Marianne était la femme de sa jeunesse, de ses débuts : de sa vie –, il avait nié sa propre peine, cette culpabilité oppressante – apprendre que la mère de ses enfants souffrait suffisait parfois à lui faire regretter son départ. Comment avait-il pu être aussi stupide ? Il se demandait si ce n'était pas la société elle-même qui l'avait précipité dans cette débâcle, cette forme de compétition virile, le plaisir d'arriver quelque part au bras d'une femme qui attirait tous les regards, une femme jeune, désirable ; les hommes immédiatement le jalousaient – pourquoi se mentir ? C'était primaire mais ça renforçait l'aura, ça disait la vigueur sexuelle. Il l'avait confié à Paul, une fois le désir pour Hilda éteint : « Être en couple avec une femme beaucoup plus jeune que soi, ce n'est pas la relation la plus adaptée, ce n'est pas dans l'ordre des choses, on n'a pas les mêmes préoccupations, les mêmes goûts, mais en même temps, c'est difficile de résister à l'attirance sexuelle, à l'énergie de la jeunesse, ça vous entraîne... » Refaire sa vie : l'expression portait en elle une forme de vitalité, alors qu'elle cristallisait tant de tensions et d'épreuves qu'il avait fallu affronter. L'absence de complicité avec Hilda. L'éducation d'un enfant (qui réclamait une attention constante). Dans une existence corsetée par le regard social, la seule personne avec laquelle il s'abandonnait, c'était Marianne.

Bien qu'il ne fût pas pratiquant et qu'il aimât se définir comme un Français, républicain, athée, attaché au judaïsme, Lehman aimait retrouver ses enfants trois ou quatre fois par an pour les principales fêtes juives ; il insistait pour maintenir ces réunions familiales malgré les reproches de Hilda qui critiquait sa façon de faire perdurer ce qu'elle appelait « une polygamie bourgeoise ». Le jour de Kippour, Lehman jeûnait seul, chez lui ; il ne rejoignait pas ses enfants à la synagogue où sa présence aurait créé un attroupement mais partageait le repas avec eux, dans l'appartement des Lilas que Marianne n'avait pas quitté – ils avaient un petit-fils de deux ans, Raphaël ; ces vestiges de coutumes avaient maintenu pendant des années une forme de stabilité. Il leur avait promis de célébrer Pourim avec eux cette année, une fête juive qui commémore le sauvetage des juifs de l'Empire perse dans l'Antiquité. À Pourim, il y a deux coutumes qui symbolisent la joie : boire du vin jusqu'à devenir quasiment saoul – ce qui plaisait beaucoup à Lehman – et se déguiser – ce qui rendait les enfants heureux.

Lehman arriva chez Marianne dans l'après-midi, accompagné d'Anna qui avait voulu se déguiser en clown. Dans le vaste appartement en duplex, aux murs tapissés de livres, Dan se retrouvait écrasé par une nostalgie profonde. Marianne avait légèrement coupé ses cheveux châtains qu'elle portait aux épaules, elle ne se maquillait presque pas, elle était le plus souvent vêtue de tee-shirts aux coupes sobres, masculines, et de jeans qui dissimulaient un corps musclé, elle avait toujours fait beaucoup de sport et nageait quotidiennement dans une piscine municipale à proximité de son domicile. Ironie du destin, Anna lui ressemblait beaucoup.

Les enfants étaient déjà là, ils s'étaient tous réunis autour de la table basse pour boire un verre. Julien, l'aîné, marié, père de Raphaël, avait créé une entreprise spécialisée dans les investissements locatifs ; Luca, le cadet, avait fait un retour au judaïsme après des études d'ingénierie et rejoint un mouvement qui prônait la charité et la joie ; Léonie, surnommée

Léo, ancienne étudiante à Sciences Po, travaillait au sein d'une fondation qui collectait des fonds auprès du grand public et des entreprises pour les redistribuer aux associations spécialisées dans les droits des femmes et la lutte contre les violences faites aux femmes ; elle avait découvert le travail de cette fondation grâce à sa mère qui en avait rencontré les bénévoles pour écrire son roman. Tout le monde avait revêtu un déguisement sauf Lehman. Marianne portait une minirobe piquée de strass, Lehman n'osa pas lui demander en quoi elle était déguisée.

Pendant les cinq années qui avaient suivi la séparation, les enfants avaient évité la présence de leur père, aucun d'eux n'avait eu l'intention de se prêter au jeu factice d'une famille recomposée qui s'entendait bien. Mais quand Anna avait commencé à marcher, à franchir le seuil de l'appartement, son doudou à la main, elle les avait désarçonnés. C'était une enfant affectueuse, tendre, énergique – elle compensait son handicap par un besoin de contact physique – qui, dès qu'elle voyait ses frères et sœurs, se précipitait vers eux pour les étreindre (elle leur préférait à présent Raphaël, qui avait quasiment son âge). Le ressentiment retombait vite : comment ne pas l'aimer ? Ils avaient tous appris quelques rudiments du langage des signes, ça leur suffisait pour communiquer avec elle.

Lehman avait été un politique nerveux et sanguin, toujours à la limite de l'agressivité, mais un père tendre et affectueux avec chacun de ses enfants. « C'est comme ça qu'on m'accueille ? Quand j'étais à l'Élysée, un huissier annonçait ma venue dès que j'entrais dans une pièce. » Léo l'imita aussitôt :

« Monsieur le président de la République ! » Étreignant chacun de ses enfants, Lehman rétorqua : « Oui, exactement, et ici, pas un ne se lève pour embrasser son père. — Tu es redevenu un citoyen ordinaire, dit Julien. Bienvenue au club. »

Allez, on passe à table !

Marianne offrit une crécelle à Anna qui la fit tourner au-dessus de sa tête, produisant un son qui claquait. On commença le festin : c'était un grand repas au cours duquel on devait consommer plusieurs verres de vin. Ils passèrent une partie de la soirée à chanter et à rire, Anna et Raphaël passaient de bras en bras, et dans ces instants de retrouvailles familiales, Lehman pouvait enfin être lui-même.

Vers la fin du repas, il sortit fumer sur le balcon avec Marianne.

— C'était une soirée extraordinaire, dit Lehman en allumant une cigarette, les traits du visage détendus.

L'ébriété le rendait souriant, joyeux.

— Quand j'étais petit, mon père me déguisait tout le temps...

— Tu te souviens quand les enfants étaient plus jeunes ? Chaque année, tu dénichais un déguisement génial... C'était avant que tu sois président.

Marianne continua :

— Léo était bien ce soir... Je trouve qu'elle va mieux en ce moment.

Elle avait prononcé ces mots d'une voix calme, comme si elle cherchait à s'en convaincre.

— Tu ne l'as pas remarqué ? demanda-t-il. Elle est bien quand on est ensemble.
Il se tourna vers elle :
— Pourquoi est-ce qu'on s'est séparés, Marianne ?

Elle ne répondit pas. Anna surgit sur le balcon, avec son nez rouge, sa perruque verte légèrement de travers, le corps flottant dans un costume jaune un peu trop grand pour elle. Elle se précipita contre les jambes de son père. Il tenta de se baisser pour se mettre à sa hauteur mais glissa, il se retint de justesse à une chaise. Marianne avait remarqué qu'il buvait plus qu'avant, il le lui disait souvent en riant, comme si c'était quelque chose de banal, qu'il maîtrisait. Il rangea son paquet de cigarettes dans sa poche. Anna se détacha de lui. Marianne aida Dan à s'asseoir sur le fauteuil en osier qu'elle avait installé sur le balcon ; il s'endormit presque instantanément. Elle s'accroupit, enlaça la petite tout en lui désignant au loin les lumières de la ville qui se diffractaient et, dans le ciel, les nuages cotonneux aux formes animales. Anna se détourna, s'approcha de son père, retira la perruque de sa tête et la posa sur la tête de Lehman. Puis elle saisit son nez rouge et le colla sur le nez de son père. Il se réveilla en sursaut, sourit en voyant le visage de sa fille. Il se redressa, ajusta le nez rouge et commença à se balancer de gauche à droite en agitant les mains. Anna riait, applaudissait. Lehman enleva la perruque, le nez rouge, prit sa fille dans ses bras pour embrasser son front avant de la poser au sol. Alors seulement elle écarta les doigts, fit tourner ses mains au niveau de son cœur, crispant légèrement les traits de son visage : c'était le signe qu'elle était fatiguée.

17.

Lehman était devenu un étranger dans cet appartement où il avait si longtemps vécu avec Marianne et leurs enfants, ces espaces qui avaient été les siens, où il s'était déplacé avec confiance et aisance, sans jamais imaginer qu'il finirait par les déserter : le salon dont il avait choisi chaque objet avec Marianne, la chambre à coucher où ils avaient dormi côte à côte, parfois même littéralement accrochés l'un à l'autre pendant trois décennies ; elle avait modifié toute la décoration, sans doute dans le but de lui rappeler ce qui était définitivement perdu pour lui, il ne savait pas comment interpréter autrement les stratagèmes qu'elle utilisait pour lui faire comprendre qu'il n'était plus chez lui : ses affaires et ses livres (y compris ceux qu'il avait écrits) avaient été retirés, les photos de famille avaient disparu ; les murs avaient été repeints dans des couleurs foncées comme le bordeaux ou le bleu nuit alors qu'il n'aimait que le blanc. Seule l'affiche du film de Nanni Moretti *Caro diario* trônait encore sur le mur du couloir. Ils l'avaient achetée après avoir vu le film en Italie l'année de leur rencontre. À l'époque, les passants arrêtaient Lehman dans la rue pour lui demander un autographe, ils le prenaient pour l'acteur et réalisateur italien.

Lehman ne se souvint pas de ce qu'il s'était passé après. Il avait trop bu. Quand il se réveilla, l'appartement était plongé dans le noir et le silence. Il se leva, se dirigea vers la chambre de Marianne – qui avait aussi été la sienne – et il les vit, elle et Anna, enroulées dans les couvertures, la petite agrippée à Marianne, serrant sa pieuvre en peluche contre son visage. Il eut envie de s'allonger auprès d'elles comme il le faisait quand ses enfants étaient petits et qu'il les retrouvait dans son lit, accrochés à leur mère, mais il ne bougea pas pour ne pas réveiller sa fille, ému par la façon dont Marianne s'en occupait, ne lui refusant ni attention ni tendresse, se comportant avec elle comme si c'était la sienne. Marianne lui fit un signe pour lui dire qu'elle le rejoignait.

Lehman était assis sur le canapé du salon, le regard dans le vide. Marianne ouvrit la fenêtre, prit place à côté de lui ; ils se mirent à fumer. Il paraissait plus sobre qu'en début de soirée, il parvenait à donner le change.

— Tu en es où de ton roman ? J'ai envie que tu m'en parles.
— Je ne sais pas si c'est une bonne idée.
— Pourquoi, tu parles de moi ?
Il avait dit ça en riant.
— Fais-moi lire.
— Non.
Il avait été, pendant des années, son premier lecteur. À présent, elle refusait de lui faire lire quoi que ce soit.

— Allez, juste un paragraphe.

Elle céda, saisit un carnet et lut un passage à haute voix. Il l'écouta avec attention, il avait toujours été un lecteur sensible, puis il commenta ce qu'elle avait lu, il trouvait les mots justes, ils avaient encore une forte entente intellectuelle, et à présent leur intimité physique lui manquait, il adorait son corps, sa sensualité – au temps où ils étaient mariés, il devait contenir sa jalousie à chaque fois qu'elle recevait des invitations d'autres hommes, craignant qu'elle ne le quitte pour l'un d'eux. Cela avait cessé quand il avait été nommé ministre ; tout tournait autour de lui, il s'imaginait être irrésistible.

Ils fumaient, riaient et alors il se produisit quelque chose qu'il n'avait pas prémédité, Lehman se rapprocha de Marianne, plaça sa main sur sa nuque, puis l'embrassa mais aussitôt, elle le repoussa.

— Je suis désolé…

Il détourna la tête.

— Je suis malheureux sans toi.

Marianne ne réagit pas.

— Hilda et moi, on est en train de se séparer. On attend la sortie du film pour l'annoncer.

— Et après ?

— Ça dépend de toi.

— Ça fait quoi, sept ans, huit ans ? Dan, c'est derrière nous.

— Non. On peut décider que cela n'aura été qu'une interruption dans notre vie…

— On a divorcé ! Cette discussion n'a aucun sens…

Elle hésita puis continua :

— Tu ne comprends pas... Avec toi, c'est comme si je marchais au bord d'une falaise : le paysage est magnifique mais j'ai trop peur de tomber.

Elle se détourna pour éteindre sa cigarette. Lehman paraissait sonné mais il n'eut pas le temps de répondre, il entendait les pas d'Anna, il se leva aussitôt pour rejoindre sa fille qui patientait, debout, dans le noir, les cheveux tombant sur le visage, son pouce dans la bouche, sa petite peluche à la main, c'était à la fois beau et tragique, cette enfant si jeune qui avait besoin de lui, de son amour et de sa sécurité alors qu'il n'était capable de protéger personne et surtout pas lui-même – pour la première fois de sa vie, il aurait voulu qu'on prenne soin de lui, n'être responsable de rien, ne plus décider pour les autres : être porté, lui aussi. L'interrogatoire au pôle financier et la guerre larvée que lui menait Hilda en coulisses avaient instillé en lui une angoisse diffuse dont il n'arrivait pas à se défaire. Quand il revint dans le salon, accompagné d'Anna, Marianne avait quitté l'appartement. Il était habitué à ses volte-face, à la fragilité que son départ avait fait naître chez elle, il savait qu'elle se méfiait de lui désormais, qu'il pouvait lui faire un sale coup, car un jour il l'avait quittée pour une autre femme.

Il installa Anna sur le canapé du salon, lui donna un livre d'images, puis se dirigea vers la salle de bains, il se regarda dans le miroir : il se trouvait vieilli, fatigué – et il avait besoin de boire. Il rinça son visage à grande eau, chercha une serviette de toilette et, en ouvrant l'armoire, il découvrit que Marianne y avait entreposé ses affaires, alors qu'elle avait affirmé les avoir données, après avoir insisté pour qu'il vienne les chercher, ce qu'il n'avait jamais eu le courage de faire juste après la séparation. Elle avait tout gardé, y compris le châle rituel à franges de Lehman, le talith, qui appartenait à son père et qu'il pensait avoir perdu ; cela le conforta dans l'idée que, peut-être, il y avait quelque chose à espérer.

Lehman sortit de la salle de bains, le petit sac contenant le talith à la main, et se rendit dans le salon. Anna s'était rendormie. La table n'avait pas été débarrassée. Il revit le dîner de la veille, la place de chacun de ses enfants. Les verres de vin à moitié pleins. Celui de Marianne. De Julien. De Luca. Il les but, les uns après les autres, jusqu'à ce que tous soient vides.

À présent, sous l'effet de l'alcool et de la tension émotionnelle, il pleurait.

M

Depuis quelques mois, précisément depuis qu'il avait quitté l'Élysée, j'avais remarqué que Dan essayait de revenir dans ma vie. Je n'avais pas pris part à ces cinq années passées au plus haut niveau de l'État et, avec du recul, je m'étais convaincue que j'avais évité une situation qui m'aurait enfermée. À présent, ça me plaisait de constater qu'il me regrettait et qu'il avait autant besoin de moi, ça rééquilibrait les choses entre nous, je reprenais un peu le pouvoir, même si je me doutais qu'il agissait ainsi parce qu'il avait fait le tour de sa relation avec Hilda et qu'elle lui échappait. À chaque fois qu'il parlait de *nous*, j'affichais une indifférence de façade, comme si cela ne me concernait pas. Au détour d'une conversation anodine je plaçais souvent quelques informations : je n'avais aucune envie de revivre en couple, je voulais me consacrer à l'écriture, j'essayais de lui faire comprendre que je ne reprendrais pas une histoire à laquelle le divorce avait mis un coup d'arrêt définitif, je le lui avais dit : *ça n'arrivera jamais*. J'avais même sous-entendu que j'avais rencontré quelqu'un, un écrivain italien plus jeune que moi, ça l'avait contrarié, je l'avais remarqué, c'était assez jouissif.

Je surjouais l'occupation du terrain de la liberté. Le message était clair : j'étais passée à autre chose. Ça, c'était la version officielle. En réalité, sept ans après notre séparation, je me sentais toujours engluée dans le souvenir de cet amour, je n'avais pas fait totalement le deuil de notre complicité, de notre unité familiale, je m'étais moi aussi raconté une histoire dans laquelle son mariage avec Hilda n'était qu'une parenthèse, et la naissance de leur enfant un accident, parce que tout en lui me manquait : notre connivence intellectuelle, son intensité, son rire, cette cérébralité abrasive, son sens politique, sa combativité, son amour. Et le sexe avec lui.

Je découvrais à quel point les choses étaient complexes, comment on pouvait continuer à aimer quelqu'un qui nous avait fait du mal, qui nous proposait des issues incertaines, des variations erratiques de son attachement, comment et pourquoi on acceptait de se mettre en danger, de se compromettre par amour. Les jeunes femmes de l'âge de ma fille devenaient pragmatiques, désentimentalisées, conscientes qu'elles devaient s'adapter aux nouvelles normes sociétales – le refus de l'engagement, de l'exclusivité sexuelle, l'affirmation de soi, de leurs désirs –, mais moi j'appartenais à une autre génération : je croyais que ma créativité dépendait de ma stabilité émotionnelle et d'une forme de sécurité que seule la vie à deux pouvait m'offrir. Pourtant j'avais découvert que cette croyance était fausse. J'avais été capable de continuer à créer sans Dan. Cette ambiguïté qu'il instaurait entre nous me troublait.

Je me suis installée dans un café, près de chez moi, j'ai envoyé un message à Dan : « Je voudrais que tu rentres chez toi, s'il te plaît. » Une heure plus tard, quand je suis retournée à mon domicile, il était parti. Sur le canapé, il avait oublié le costume de clown d'Anna.

18.

La première chose que remarqua Romain Nizan en entrant dans la salle d'attente des bureaux de Lehman, c'étaient les journaux où il apparaissait en une, seul ou avec Hilda, y compris le numéro de *Vogue* qui lui avait valu une réprobation nationale, tous partis confondus, dont la première page le montrait dans les rues de Paris désertes, immortalisé par une célèbre photographe en pleine crise sanitaire. Ce narcissisme décomplexé fascinait Romain.

Il fut accueilli par un homme âgé d'une trentaine d'années, taciturne, qui le mena jusqu'au grand bureau qui faisait office de salon particulier – une trentaine de mètres parcourus à ses côtés sans qu'il lui adressât un seul mot. Dans la pièce lumineuse où Lehman aimait recevoir, des photos de famille, dont deux le représentant aux côtés de Hilda, avaient été placardées avec un soin maniaque. Romain se sentait comme un intrus en territoire hostile, il se demandait ce qu'il faisait là, pourquoi il n'avait pas osé dire non quand son collaborateur l'avait contacté quelques semaines plus tôt, non, je ne peux pas, je ne veux pas, c'était pourtant simple : au nom de quel impératif social n'avait-il pas su décliner cette invitation qui risquait de le corrompre et de le dévaluer à ses propres yeux ? Bien qu'il fût de gauche, il détestait Lehman, il avait détesté sa politique, qu'il avait jugée insuffisamment sociale, et la cristallisation autour de sa personne. Alors pourquoi ? Lehman le fascinait, voilà l'explication. Non pas son intelligence – d'où il venait, on était peu impressionnable – mais cette charge agressive, décomplexée qui émanait naturellement de lui : quand il entrait quelque part, l'air se modifiait comme si un fauve avait pénétré un espace saturé d'humains – qui n'avait pas envie de voir ça de près au moins une fois dans sa vie ?

Dans le bureau de Lehman, Romain n'osait pas bouger. Il avait hésité entre apporter des chocolats et un coffret contenant l'intégrale de Kubrick ; finalement, il avait apporté le DVD de son premier film, il n'avait pas envie de dépenser son argent pour lui, pas même en note de frais. Il n'avait rien à dire au collaborateur, corseté dans une maîtrise totale ; il s'assit sur le grand canapé moelleux jusqu'à ce que Lehman fît son apparition en criant : « Désolé de vous avoir fait patienter ! » alors que c'était précisément ce qu'il avait voulu : le laisser attendre, lui montrer qu'ici il restait le maître des horloges. Nizan se leva aussitôt, il était beaucoup plus grand que Lehman, ça lui plaisait de le dominer physiquement, mais l'ancien président dégageait quelque chose de magnétique. Romain ressentait un mélange d'attraction teintée de répulsion. « Hilda vous a prévenu qu'elle ne pourrait pas venir finalement ? Elle a une séance photo… » Nizan acquiesça, c'était lui qui avait suggéré à Hilda d'annuler parce qu'il n'avait pas envie de se retrouver entre Lehman et elle. Il tendit le DVD de son premier film à Lehman : « Hilda m'a dit que vous ne l'aviez pas vu. — Je n'ai pas trouvé le temps », répliqua Lehman en saisissant l'exemplaire (alors que tu n'as plus que ça à foutre, pensa immédiatement Romain). Lehman le posa sur un guéridon sans même le regarder ni dire merci. Ce cadeau, c'était déjà une insulte.

Nizan accepta la coupe de champagne que lui tendit un maître d'hôtel. Sous le coup de l'émotion, il la but d'un trait. « Même les communistes aiment le Veuve Clicquot », ironisa Lehman, l'ambiance était presque amicale. Ils passèrent à table. Nizan était assis en face de Lehman. Le collaborateur prit place à l'extrémité : il ne parlerait plus jusqu'au dessert. La suite fut un long monologue de Lehman où il fut question de tout sauf de politique. Il évoqua ses lectures récentes, il n'avait rien lu de très bon, le niveau avait baissé, les livres ne se vendaient plus, Dieu merci le sien s'en sortait très bien. Romain ne l'avait pas lu : c'était une faute morale. À partir du moment où Lehman l'apprit, il ne fit que le déstabiliser.

Romain restait imperturbable, il avait l'habitude de diriger des dizaines de personnes sur ses tournages, il n'allait pas se laisser impressionner par un président mis hors jeu. Mais Lehman était un prédateur impitoyable qui jouait avec son invité comme un chat avec une souris. D'une habileté à toute épreuve, il ne surgissait jamais là où vous l'attendiez : quoi que vous fassiez, face à lui, vous perdiez.

Le maître d'hôtel servit le plat : un poisson grillé accompagné d'épinards. Nizan avala une gorgée de vin. Lehman le regardait avec intensité tout en buvant lui aussi. Nizan n'était visiblement pas à l'aise, il expliqua qu'il travaillait toute la journée sur le montage de son film. Lehman demanda s'il avait des nouvelles du festival de Cannes. Cette question crispa Romain.

— Non, on attend.

— Ils jouent avec vos nerfs, ça doit être jouissif pour le comité de sélection de décider de votre sort.

Nizan n'avait pas confiance en Lehman, il n'osa pas répliquer de crainte que ce qu'il dise ne soit répété et transformé.

— Ils reçoivent tellement de films... C'est comme ça, il faut patienter.

— Selon votre productrice, c'est un grand film politique et social dans la lignée du cinéma de Ken Loach ou des frères Dardenne avec le côté subversif de Lars von Trier, rien que ça. Enfin, moi je ne l'ai pas vu.

Nizan ne voulait pas montrer son film à Lehman avant sa diffusion en salles ; il répliqua :

— Tous ceux qui l'ont vu ont dit que Hilda était impressionnante, qu'elle y interprétait son meilleur rôle.

— Il paraît que le film est irregardable... Mais bon, les violences faites aux femmes, c'est un sujet dans l'air du temps...

Nizan était à bout : Lehman se foutait ouvertement de sa gueule. Le cinéaste se défendit :

— Il faut montrer le réel tel qu'il est... Depuis MeToo il y a une prise de conscience sur les violences faites aux femmes...

— Oui, c'est très bien, je ne dis pas le contraire... Tant qu'on respectera la présomption d'innocence, tant que vous ne serez pas visé par ces attaques...

Sans laisser à Nizan le temps de répondre, Lehman continua :

— À écouter les féministes, tous les hommes sont des psychopathes... comment dit-on aujourd'hui ? Des pervers narcissiques, oui, c'est le nouveau qualificatif à la mode, j'espère que vous n'en êtes pas un.

— Il y a beaucoup de prédateurs, pourquoi le nier ? Regardez TDV, l'ancien présentateur du 20 heures, il a pu agir en toute impunité... Et avec la prescription, il a échappé à la justice...

— Personnellement, j'ai toujours pensé que c'était un journaliste médiocre mais c'était une star... Vous savez, j'ai connu ça au pouvoir... J'ai même trouvé une femme nue dans ma chambre d'hôtel... Quand tout est possible, dans un esprit perverti par le sentiment de toute-puissance, alors tout semble permis... Je ne dis pas qu'il n'y a pas eu de viols, beaucoup de gens savaient que des femmes avaient été agressées sexuellement dans son bureau... Les éditeurs, les attachées de presse le savaient et continuaient d'envoyer des auteurs sur ses plateaux. Et quand il demandait à les voir après l'émission, chacun attendait sagement dans la loge que ça se passe. Si on veut être tout à fait juste, c'est tout le système qu'il faudrait condamner car tout le monde a contribué à le faire durer, les hommes comme les femmes...

— Mais ces femmes, elles avaient peur... Si elles parlaient, elles perdaient leur place et...

Lehman lui coupa la parole :

— Oui... oui... On trouve toujours de bonnes raisons à de mauvais comportements...

— Les choses bougent, c'est l'essentiel, dit Nizan. J'ai des amies très engagées qui m'aident à faire évoluer ma pensée... Elles m'ont complètement déconstruit.

— Ah bon ? ironisa Lehman, et comment ?

— Elles me font lire des autrices contemporaines.

— Autrice, quel mot horrible. Cette féminisation des noms, c'est la pire chose qu'on ait infligée à la France ces dernières années... mis à part l'élection de ma successeure...

— C'est drôle, vous parlez comme un homme de droite.

Puis, avant de laisser Lehman réagir à cette offense, il ajouta :

— Le monde change que vous le vouliez ou non, il faudra vous y faire.

Lehman n'aimait pas le ton que Nizan employait, cette façon de le reléguer au monde d'avant, de le renvoyer à son âge et donc à son déclin.

— Un film social et féministe réalisé par un homme, ça ne peut que marcher, affirma Lehman en repoussant le dessert au chocolat que lui tendait son valet. Vous cochez toutes les cases...

À son tour, Nizan déclina poliment le dessert.

— Mais si, prenez-en, insistait Lehman, vous êtes mince, vous pouvez vous le permettre, Hilda m'a mis au régime strict.

Nizan accepta finalement le dessert au chocolat. Lehman continuait à parler :

— Hilda s'est abîmée pour ce rôle... j'espère que ça va servir à quelque chose.

Nizan mettait la nourriture dans sa bouche, faisant glisser sa cuillère pleine de gâteau, avec un air de dégoût. On eût dit qu'il mangeait de la merde.

Soudain, Lehman l'apostropha violemment.

— Il paraît même que vous l'avez maltraitée sur le tournage...

— C'est faux, et vous le savez, il y avait un référent harcèlement sur le tournage, et un coordinateur d'intimité pour les scènes difficiles.

Lehman eut un petit rictus plein de sarcasme.

— Ça vous a fait quoi, hein, de placer Hilda dans des situations si dégradantes ? Ça vous a fait jouir ? Ça vous donne un petit pouvoir misérable ?

Nizan le regardait, interdit. On l'avait pourtant prévenu : Lehman était un animal à sang froid. Il pouvait paraître aimable, amical, jusqu'au moment où, d'un coup de patte, il vous arrachait la tête.

— On m'a dit qu'il y avait une scène où son partenaire la violait avec une bouteille de vodka, c'était bien nécessaire ?

— Hilda a eu une doublure, vous le savez bien...

— Ça atténue la violence, que ce soit une pauvre fille mal payée dont le nom ne figurera même pas au générique qui le fasse à sa place ? Avec ce que vous leur avez infligé, vous avez intérêt à ce que vos acteurs aient un prix d'interprétation à Cannes si le film est en sélection.

— Vous croyez que je pense à ça ?

— Oui, vous voulez un prix comme les autres. Cette obscénité, cette esthétisation de la violence dont tous ceux qui ont vu le film me parlent, elle sert bien à quelque chose...

— Oui, à dénoncer...

Lehman soupira en saisissant son verre de vin. Nizan se montra plus offensif :

— Vous connaissez les chiffres ? Il y a eu 251 tentatives

de féminicides en France cette année, 122 femmes tuées, ce nombre a bondi de 20 % en un an.

— Et vous pensez que votre film va changer les choses ? demanda Lehman en engouffrant une pâte de fruits. Vous êtes un idéaliste, on en manque en politique, vous devriez vous engager, il n'y a plus personne à gauche, ça vous laisse de l'espace.

Nizan détestait le cynisme désinvolte de Lehman. Il n'osa pas lui répondre qu'il avait été l'un des fossoyeurs de la gauche. Il jeta un regard vers le collaborateur de Lehman, impassible, qui ramenait mécaniquement sa cuillère vers sa bouche. Lehman ne le regardait même plus ; les yeux fixés sur l'écran de son téléphone, il faisait défiler ses messages.

— Vous semblez avoir perdu vos illusions en politique, moi je suis clairement du côté des plus précaires et je n'ai aucun problème à l'assumer.

— Vous vivez à leurs crochets, vous faites des films qui sont censés les représenter et parler d'eux, mais en réalité c'est de vous que vous parlez, de votre mauvaise conscience, de votre désir d'être dans le camp des dominés alors que vous êtes un bourgeois, vous êtes du côté des dominants. Qu'est-ce que vous connaissez à leurs vies ? Quelle est votre légitimité à parler d'eux ?

Nizan fut pris d'un coup de chaud :

— Je n'ai pas de leçon à recevoir d'un politique comme vous.

— J'ai été un militant, un homme de terrain, ne parlez pas de moi, vous ne savez pas qui je suis.

Le ton monta d'un coup. Nizan se sentit en position de faiblesse mais ne le montra pas. Le collaborateur qui était resté silencieux jusqu'à présent parla pour la première fois.

— Je suis curieux de voir comment vous avez représenté la femme ouvrière dans votre film. Qui plus est, visée par la violence d'un homme.

Nizan s'engouffra dans cette ouverture.

— Merci... On vit quand même une époque importante en matière de libération de la parole. Les hommes doivent être aux côtés des femmes dans ce combat.

Lehman releva la tête ; il ne supportait pas le ton péremptoire qu'il employait.

— Vous n'avez pas l'air d'accord ? ironisa Nizan. Vous n'êtes pas MeToo ?

Lehman n'en pouvait plus, il était à bout de nerfs.

— Vous vous trompez, je suis très heureux que cette évolution ait eu lieu, cela évitera qu'une ordure ne pose ses pattes sur mes filles...

— Vous voyez, vous êtes aussi un féministe...

Fallait-il y lire une quelconque ironie ou comprendre cette réplique au premier degré ? Lehman détestait les hommes qui se présentaient comme « féministes », c'étaient les mêmes qui, en coulisses, traitaient les femmes comme de la marchandise. Affirmer *je suis féministe* ne faisait pas de vous un féministe.

Soudain, on frappa à la porte : c'était Léonie. À la vue de sa fille, le visage de Lehman s'illumina. « Tu es en avance, viens, entre ! » Léo s'avança, son sac en bandoulière, elle expliqua que son rendez-vous avait été annulé et qu'elle avait pensé passer à son bureau plus tôt que prévu. Romain ne l'avait jamais vue, elle ressemblait à l'actrice américaine Natalie Portman. Très mince, à la limite de la maigreur, de taille moyenne, elle avait un visage aux traits fins, encadré par des cheveux châtains coupés au carré, un cou un peu long et gracile. Elle portait un jean, des mocassins noirs et un pull court et ample.

— Romain, je vous présente ma fille, Léonie.
— Tout le monde m'appelle Léo !

Nizan lui tendit une main moite, il était intimidé par sa beauté. Lehman proposa à Léo de rester avec eux, elle s'assit près de son père, face à Nizan. Aussitôt, le maître d'hôtel lui apporta une part du dessert qu'elle ne toucha pas. Elle avait un regard un peu mélancolique, souligné de cernes. Il y avait une gravité en elle qu'elle ne parvenait pas à masquer.

— Vous faites quoi ?

Lehman ne lui laissa pas le temps de répondre.

— Elle travaille à la Fondation des femmes.
— Papa, je sais parler.
— Vous y faites quoi ?
— Je m'occupe de collecter des fonds pour les reverser à des associations pour la défense des droits des femmes.

Lehman observait Nizan, la fascination évidente que sa fille exerçait sur lui, ça le dégoûtait, sa fille lui plaisait, il le devinait à son enthousiasme candide, à sa façon de la regarder, de lui poser des questions comme si elle était la personne la plus importante de la Terre.

— Pourquoi avez-vous voulu adapter le livre de ma mère ?
— L'histoire de cette femme en situation de précarité sociale m'a bouleversé. Sa fragilité... La dureté du travail à l'usine... Et comment son mari en profite pour la détruire...
— C'était quoi votre intention ? demanda Léo.
— Ce que je voudrais surtout, avec ce film, c'est éveiller les consciences à la question des violences faites aux femmes.

— Ce serait plus légitime qu'une femme le fasse, non ?
— Non, le combat féministe n'est pas un combat des femmes, les hommes doivent s'inviter à leurs côtés dans la lutte… Nous devons changer, remettre en question nos comportements, nos façons de penser.
— Monsieur Nizan est un féministe, ironisa Lehman.
— Et alors ? Ce n'est pas un gros mot. Je lis beaucoup, j'écoute, j'apprends…

Léo aimait visiblement cette façon de se positionner, de se sentir concerné par des problématiques auxquelles les filles de son âge étaient confrontées. À Sciences Po, elle avait été l'une des premières à militer pour que soit créé un dispositif d'alerte des violences sexuelles et sexistes. Romain avait fait mine de s'intéresser à ce qu'elle faisait mais, très vite, s'était mis à parler de lui, de son travail, de sa passion pour le cinéma, de la difficulté de concilier les personnalités de quarante personnes qui vous posaient dix questions à la minute, *un réalisateur, c'est un peu un chef de troupe*, de gérer les ego des acteurs, *ces grandes carafes vides qui se remplissent des mots des autres*. Elle l'écoutait en hochant la tête, l'air captivée, elle avait remarqué qu'il ne pouvait pas s'empêcher de la regarder. Lehman se sentait étranger à cet échange complice.
— Aujourd'hui, une fois sur deux, j'ai le droit à une question sur MeToo, dit Lehman, on dirait que les journalistes sont dressés pour ça.
— Cette révolution est nécessaire, papa.
— Léo a raison, répliqua Nizan.
— Oui, mais je n'aime pas l'idée de rendre les hommes

collectivement responsables des actions des autres. Et puis, vous voyez des rapports de domination partout.

— C'est normal, papa. On n'en a pas encore fini avec le patriarcat... Ne t'inquiète pas, c'est juste un petit moment difficile à passer pour les hommes de ta génération...

— Oui, mais à quel prix.

— C'est là que le cinéma, plus que la politique aujourd'hui, a un rôle à jouer, énonça Nizan, il est une force de changement social.

Entendant ces mots, Lehman se ferma, un voile tomba sur son visage, il se leva brusquement pour lui signifier qu'il mettait un terme au déjeuner et, en lui broyant la main en signe d'au revoir, ajouta :

— Vous, les artistes, vous regardez le monde d'une manière sentimentale, c'est touchant.

19.

Une *fille de*. C'était douloureux de n'exister qu'à travers le prisme du rayonnement paternel et dans le sillage d'une mère qui, si elle n'avait pas la surface médiatique du père, incarnait une forme de liberté et d'achèvement de soi. T'es quoi, toi, pour les autres ? Où est ta place ? Léo Lehman, tu dis ton nom et tout le monde te situe. La fille du président. Les gens que tu rencontres cherchent le plus souvent à atteindre ton père, ou se vantent de te connaître. Tu t'es habituée à vivre en arrière-plan. À ne pas être aimée pour toi-même mais pour ce que tu représentes, pour les portes que tu pourrais ouvrir. Si tu obtiens quelque chose, tu es immédiatement soupçonnée d'avoir bénéficié d'un passe-droit, alors que tu n'as jamais rien demandé à ton père. Tu n'es pas à plaindre ; il te faut pourtant composer avec l'hostilité.

Léo Lehman avait dix-sept ans quand elle avait appris par la presse que son père avait une liaison avec une célèbre actrice qui avait vingt ans de moins que lui. Elle se souvenait des moqueries, des rires, elle entrait en terminale, et on ne parlait que de ça. Elle en voulait à son père d'être parti du jour au lendemain, d'avoir abandonné la femme qui l'avait soutenu, d'avoir détruit leur famille. Autour d'elle, de nombreux couples se séparaient, la plupart de ses amis étaient issus de familles éclatées ou recomposées, alors pourquoi ça l'avait autant affectée ? Peut-être parce qu'elle avait vécu dans l'illusion d'un équilibre familial, elle n'avait rien vu ou rien voulu voir de la décomposition du couple de ses parents. Elle n'avait jamais été amoureuse et, après le départ de son père, elle s'était juré de ne jamais s'attacher à personne. À quoi bon s'impliquer dans une histoire d'amour qui finirait mal parce que c'est comme ça, c'est écrit partout. À l'époque, elle avait commencé à prendre des antidépresseurs en cachette de sa mère, elle puisait dans la pharmacie familiale, personne ne s'était demandé pourquoi elle était devenue si calme. Puis elle avait consulté une psychiatre sur les injonctions de ses parents : quatre-vingts euros deux fois par semaine, payés par papa, pour dire à une inconnue que papa était un salaud. Elle avait bien compris le message : les adultes pouvaient se désaimer et se séparer sans pour autant briser leur édifice familial. Son père avait quitté sa femme, pas ses enfants, il avait cessé d'aimer leur mère, pas eux, il fallait faire *la part des choses*. Elle avait acquiescé à toutes ces théories pour être libérée au plus vite en pensant : quatre-vingts euros pour entendre ces conneries, j'aurais mieux fait de les claquer chez Zara.

Elle avait refusé de voir son père pendant des mois, elle lui avait imposé un retrait affectif brutal. Ses frères avaient aussi pris leurs distances mais de manière moins catégorique, il leur était arrivé de dîner à l'Élysée. Léo leur avait reproché leur opportunisme ; eux affirmaient simplement qu'ils ne voyaient pas de raison de punir leur père plus longtemps pour un choix qui relevait de sa vie privée. Elle n'avait accepté aucune invitation. Pourtant, quand on lui demandait son adresse, ça l'excitait parfois de répondre : 55, rue du Faubourg-Saint-Honoré. Spontanément, personne ne pensait à l'Élysée.

Elle avait très mal vécu la médiatisation du nouveau couple formé par son père. Chaque semaine, elle guettait la une des magazines people avec angoisse, traquait les photos Instagram que sa belle-mère postait quotidiennement. Et pour voir quoi ? L'étalage d'une vie qui semblait épanouissante, idyllique, d'où sa mère était désormais exclue ; la présence d'une enfant qui, croyait-elle, était plus aimée qu'elle, la construction d'une nouvelle famille que son père préférait sans doute à la leur.

Sept ans plus tard, elle avait encore du mal à parler de ça. Car entre-temps, elle avait traversé une dépression qui l'avait menée à une hospitalisation dans l'unité psychiatrique de l'hôpital Sainte-Anne : elle venait d'intégrer Sciences Po, elle n'avait pas supporté la charge de travail, la pression. Ses parents l'avaient beaucoup entourée et c'est à cette époque qu'ils s'étaient retrouvés, puis rapprochés.

Elle avait développé une haine totale envers Hilda, à qui elle imputait l'entière responsabilité de leur malheur. Elle avait rejeté Anna à la naissance ; ce n'est qu'à son premier anniversaire qu'elle avait accepté de la rencontrer, sa mère ayant réussi à la convaincre qu'elle n'avait pas à rendre l'enfant responsable des choix de ses parents, elle était là, il fallait en prendre soin et même l'aimer et c'est ce qui s'était passé : elle avait fini par s'attacher à elle. Depuis, quand elle revoyait son père – ils déjeunaient ensemble une fois tous les quinze jours –, elle demandait des nouvelles de sa sœur.

Elle avait commencé à fréquenter des mouvements féministes au sein de son école, elle se sentait enfin comprise, moins seule. Elles se retrouvaient entre meufs et ça rigolait entre deux bières. Elle s'était mise à détester les hommes, tous à foutre dans le même sac. Elle lisait des livres aux titres évocateurs – *Moi les hommes, je les déteste* –, citait avec une joie provocatrice l'intellectuelle féministe Valerie Solanas : « Tout homme sait au fond de lui qu'il n'est qu'un tas de merde sans intérêt » – ça faisait son petit effet, même si au fond personne n'était dupe : ça trahissait moins sa haine que sa vulnérabilité. Avec les mecs, après MeToo, c'était devenu compliqué, il fallait souvent faire le premier pas, ils n'osaient plus rien tenter hors des relations codifiées, encadrées par les applis de rencontres et, quand ils se lançaient malgré la peur, ils se retiraient assez vite de la relation, alternant le chaud et le froid, *push and pull*, c'était leur petite vengeance, ils se faisaient désirer – sauf qu'ils n'étaient plus désirables : leurs hésitations, leurs volte-face les rendaient un peu pathétiques, il devenait impossible de tomber amoureuse de mecs pareils. Fiabilité zéro. Et franchement, niveau sexe, c'était service minimum, ils ne savaient pas s'y prendre. Trop *rapides*. Trop centrés sur eux-mêmes, avec la terreur de mal faire qui abîme tout. Avec parfois de la brutalité, de la gaucherie, ils ne savaient pas caresser, embrassaient mal, pas tous, mais beaucoup, elles en riaient entre meufs, ils s'étaient trop concentrés sur leurs études, ils n'avaient pas assez baisé, ils jouissaient trop vite, sans penser à leur jouissance à elles, ou alors ils en faisaient des tonnes pour savoir si elles aimaient, on aurait dit qu'ils tentaient de refaire ce qu'ils avaient vu dans les films pornos qu'ils devaient mater en douce, et vas-y que je te lèche alors que, clairement, ils n'en avaient pas envie. Léo se lassait très vite, elle aimait être cette fille détachée, farouche, un peu brutale qui prenait/jetait. Elle n'appartiendrait à personne, ne revendiquerait ni n'accorderait aucune exclusivité sexuelle. Elle avait déjà couché avec une fille (elle avait aimé ça), elle avait fait un plan à trois (pas mal, sans plus). Elle craignait de s'abandonner : comment faire quand on n'avait aucune confiance en l'autre ? Après l'amour, tu n'étais même plus sûre de recevoir un sms.

Elle reprochait aux femmes de ne pas assez faire l'expérience de la sororité : comment pouvait-on se prétendre féministe quand on blessait les autres femmes pour plaire aux hommes ? Quand on construisait son bonheur sur les ruines de celui d'une autre, dont l'homme s'était lassé ? Son père lui reprochait d'être trop radicale, elle s'éloignait un peu plus de lui, il ne comprenait pas : sa génération voulait se débarrasser des oripeaux du patriarcat, du sexisme faire table rase. Mais c'était comme si elle parlait à un mur.

Avec sa mère, le dialogue était plus fluide : Marianne avait été aux premières loges du théâtre machiste, où seuls les hommes sont sur scène – les femmes, dans la salle ou en coulisses, pouvaient au mieux les servir ou les applaudir. C'était en train de changer. Léo admirait sa mère. Elle avait lu tous ses livres, elle y avait parfois cherché des clés de compréhension mais elle concluait à chaque fois qu'elle ne la connaissait pas. C'est ma mère, mon amie, je l'aime, mais quand je la lis je découvre une autre femme et, au fond, je ne sais pas si j'en ai envie. Je ne veux pas lire entre les lignes ses obsessions, ses névroses, ses désirs, je ne veux pas interpréter ce qu'elle y cache, ce qu'elle fantasme, je ne veux pas jouer à discerner la fiction du réel, l'écriture la constitue profondément, avec sa part de mystère et de folie, toute personne qui vit aux côtés d'un écrivain le sait : si tu limites sa liberté, si tu t'immisces, c'est la rupture assurée. Léo évoque ses propres lectures. Sa mère lui conseille des textes et elles en parlent ensemble. Léo lui en fait découvrir aussi et parfois elles sont en désaccord. Elle pourrait tout lui dire ; à son père, non. Tout tourne toujours autour de lui. Il ne s'intéresse pas vraiment à ce qu'elle pense, à ce qu'elle est profondément et, même devant Nizan, elle l'a trouvé maladroit, il l'a infantilisée et ça l'a énervée car Nizan l'attirait et ça, elle ne s'y attendait pas du tout. Après avoir discuté avec lui, elle avait admis qu'elle s'était fourvoyée dans son analyse simpliste des rapports hommes-femmes, que personne n'était coupable d'éprouver du désir, ni de la fin d'un amour, ça advenait comme la mort sans que l'on puisse rien faire pour en empêcher la venue inexorable. Elle avait été séduite par l'intelligence de Romain, par la profondeur de sa réflexion et de son travail. Sans doute en avait-il été de même pour Hilda quand elle avait rencontré son père.

Elle était pourtant la première à dénoncer les filles qui sortaient avec des mecs plus âgés, les qualifiant même d'arrivistes. C'est ce qu'elle disait avant de croiser Nizan mais voilà, il y a la théorie, les idées, et puis le réel qui corrompt. Il lui avait posé des questions, il avait l'air de vraiment s'intéresser à elle, il était plus âgé, d'accord, mais il lui plaisait. Il lui plaisait *trop*. Elle tapa son nom sur Google et eut accès à l'ensemble de ses films, de ses interviews. Elle n'avait pas osé le dire à sa mère quand elle l'avait appelée en sortant. Elle ne pouvait avouer à personne d'autre qu'à ses amies qu'elle l'avait trouvé super sexy.

Allongée sur le lit du studio que son père louait pour elle à quelques centaines de mètres de ses bureaux, elle ne cessait de penser au déjeuner. Elle avait envie de le contacter, elle n'avait pas son numéro de téléphone, elle ouvrit le compte Instagram de Nizan, un compte public sur lequel il postait des images de films qu'il avait aimés. Via le réseau, elle lui envoya un message : « Ça m'a fait plaisir de vous rencontrer », accompagné d'un cœur bleu. Ça avait commencé comme ça.

20.

Romain arriva en bas de chez lui, échevelé, son casque de scooter à la main, il habitait un petit appartement dans le IIIe arrondissement, près du marché des Enfants-Rouges. Avant d'entrer dans son immeuble, il s'arrêta un instant devant la librairie située à quelques mètres, vit le livre de Lehman en vitrine, détourna le regard, sortit son téléphone de sa poche, consulta ses messages et trouva celui de Léo. Ça le flattait de constater qu'il plaisait à une fille si jeune mais, dans le même temps, ça lui faisait peur. Il ne voulait surtout pas avoir de problèmes avant la sortie de son film, il se méfiait un peu des filles de la nouvelle génération depuis MeToo, en particulier celles qui avaient pris le train de la révolution avec une fougue presque vindicative. Les approcher, c'était comme se baigner dans une mer démontée alors que le drapeau noir te recommande de ne pas y aller. Il avait vu des acteurs et des réalisateurs tomber, des producteurs devenir paranoïaques, ils redoutaient tous le mot inapproprié, le mauvais geste. Parfois, quand les meufs étaient avenantes, entreprenantes, ils s'engouffraient dans la brèche, AVEC PRUDENCE. La fille de Lehman avait vingt-quatre ans, elle était super jolie, rien à dire, il aurait bien aimé la revoir et la baiser mais il devait être raisonnable avant Cannes : il renonça à lui répondre. Il rentra chez lui, trouva Hilda allongée sur le canapé, en jean et débardeur, les cheveux blonds impeccablement lissés, son portable entre les mains, elle avait insisté pour le voir, il avait cédé alors qu'il se sentait fatigué et qu'il n'avait pas envie de supporter toute la logistique qu'il fallait déployer pour échapper aux paparazzis à chaque fois qu'elle se déplaçait. Au début de leur liaison, cette prise de risque l'excitait ; à présent, elle le lassait. Et puis il lui en voulait d'avoir été obligé de déjeuner avec Lehman.

— Alors ? demanda-t-elle en posant le téléphone sur son ventre.

— Je comprends pourquoi je n'ai jamais voulu rencontrer ton mari avant.

— Assieds-toi et raconte...

Il s'assit. Pendant qu'il lui parlait, il consultait son téléphone.

— C'est un gros connard.

— Il t'a dit quoi ?

— Je ne sais plus... Il était ironique, cynique...

— Il n'a pas toujours été comme ça.

Il releva les yeux de son portable.

— Ah oui ? Et qu'est-ce qui l'a changé ? L'échec ?

— L'exercice du pouvoir.

Elle ne dit pas « l'alcool » : en dépit de leurs divergences, elle protégeait Lehman.

— Oh ! Arrête avec ces conneries ! C'est un taré, voilà tout !

— La fonction politique détruit la sensibilité et l'empathie. On est cramé. Trop de violences, de coups et d'humiliation. Tu es tellement attaqué que ça devient un réflexe de survie, cette indifférence à tout ce qui t'entoure : ou tu te blindes ou tu meurs.

— J'ai été attaqué à mes débuts, ça n'a pas fait de moi un psychopathe.

— Ça n'est pas comparable... Tu n'as été visé que par un petit milieu ; là, c'est la France entière qui était tournée vers lui... vers nous... Crois-moi, c'était l'enfer. Tu n'imagines pas la violence des rapports, au pouvoir. Je trouve les gens très durs avec les hommes politiques, ils ont choisi un métier d'intérêt public, ils donnent tout, ils s'en prennent plein la gueule...

— Je n'ai aucune estime pour lui, il a détruit la gauche. Il n'a rien fait de ce qu'il avait promis, c'est un traître.

— Tu devrais être content, il n'a pas été réélu...

— Son erreur, ça a été de se représenter. Quand le peuple te dit une fois qu'il ne veut pas de toi, il ne faut pas le redemander en mariage.

Il se leva brusquement, se dirigea vers le buffet pour prendre des verres. Hilda se redressa.

— Il n'est pas que ça, les êtres sont plus complexes que ce qu'ils te donnent à voir, tu devrais le savoir. C'est un homme engagé, entier, généreux, fidèle en amitié – et c'est un bon père.

Romain eut un rictus de mépris. Il n'avait aucune envie de parler d'Anna, il était un peu jaloux de l'existence de cette enfant. Il ne l'avait vue qu'une ou deux fois – et sans jamais avoir la moindre interaction avec elle.

— J'ai vu sa fille Léo, justement, aujourd'hui... Quelle beauté !

— Léo était là ? Oui, elle est jolie...
— Jolie ? C'est une bombe, oui. Et intelligente, vive !
Hilda eut un petit pincement au cœur. Elle avait remarqué qu'il la mettait toujours en concurrence de manière subreptice avec d'autres femmes, souvent plus jeunes qu'elle.
— Oui, enfin... c'est une fille fragile... Elle a fini en HP il n'y a pas longtemps...
Elle dit cela, c'était sa petite vengeance, mais il ne l'écoutait pas et lui confia que Léo lui avait envoyé un message après le déjeuner.
— Pour te dire quoi ? Tu ne vas pas la revoir, c'est une gamine...
Le regard de Romain devint dur.
— Tu es tellement jalouse, c'est insupportable.

Elle n'avait plus envie de parler de Lehman ni de Léo, elle souhaitait passer à *autre chose*. Et elle avait faim. Elle pratiquait le jeûne intermittent, elle n'avait rien mangé de la journée. Elle demanda à Romain de commander un assortiment de poissons crus chez un restaurant japonais du VIIIe arrondissement – dans l'attente de la sélection cannoise, elle ne consommait plus que des protéines, en alternance avec des légumes bouillis sans matière grasse. Il passa la commande sur Uber Eats, puis mit de la musique. Hilda s'approcha de lui, commença à l'embrasser mais il la repoussa : « Pas maintenant, je suis épuisé. » Hilda n'insista pas, elle ne voulait pas paraître en demande ; elle avait remarqué qu'ils faisaient moins l'amour. Il était un peu distant depuis quelque temps, il pouvait rester assis auprès d'elle sans la toucher, sans même prendre sa main. Elle se demandait s'il ne cherchait pas délibérément à la frustrer sexuellement. Dans son appartement, il avait disséminé un peu partout des photos de lui avec ses ex, ça insécurisait Hilda, elle le lui avait dit et il était entré dans un état de rage folle : ces femmes faisaient partie de son passé, de son histoire, il les avait aimées, et elle voulait qu'il les efface de sa mémoire ? Il l'accablait : *tu me fais peur avec tes crises.* Elle n'osait plus rien dire par crainte de ses réactions. Si elle parvenait à contenir sa jalousie devant lui ou en public, elle devenait obsessionnelle quand elle se retrouvait seule : est-ce qu'il était avec une autre femme ? Pourquoi avait-il verrouillé certaines conversations sur son téléphone ? Pourquoi n'avait-il plus un seul geste tendre envers elle ? Elle se fixait sur des détails physiques : pourquoi s'était-il remis au sport de manière intensive ? Pourquoi avait-il fait un régime récemment ? Pourquoi s'était-il rasé les poils du torse alors qu'il ne l'avait jamais fait auparavant ? Comment un rouge à lèvres s'était-il retrouvé sur le lavabo de sa salle de bains ? Elle relevait le moindre signe annonciateur de son éviction et le pire de tous : il était souvent trop fatigué pour faire l'amour. Aussitôt, une voix en elle lui disait : il est trop fatigué pour faire l'amour avec *toi* !

Il se remit à parler de Lehman, qui semblait l'obséder.

— Ton mari a vraiment l'air de se faire chier à présent.

— Pas vraiment, il voit du monde, il compte encore peser dans le jeu politique.

— Il n'est plus rien pour personne.

Il pleuvait à verse. Le livreur n'arrivait pas. Hilda s'impatientait, la faim la rendait agressive, Romain expliqua que la pluie avait dû le ralentir mais elle insistait : « Quand on donne une heure, on doit la respecter. » Il ironisa : « Ce genre de choses ne te serait pas arrivé à l'Élysée, c'est ce que tu veux dire ? » Romain se connecta à l'application avant d'appeler directement le restaurateur. La commande était partie depuis vingt minutes. Le livreur – un jeune Pakistanais d'une vingtaine d'années – arriva avec quinze minutes de retard sur l'horaire prévu, le blouson ruisselant d'eau. Romain ne lui fit aucune remarque en pensant qu'il se ferait rembourser sa commande. Hilda déballa le contenu du sac sur la table basse du salon. Tandis qu'il se lavait les mains, Romain l'entendait crier dans le salon : « Quel con, c'est pas possible ! » ; il se précipita dans la pièce, les mains encore humides :

— La sauce soja a coulé partout, regarde ce massacre, s'emporta-t-elle en désignant toutes les boîtes recouvertes de sauce marron. Ça colle de partout, quel nul ce livreur !

— C'est juste qu'ils vont tellement vite pour arriver à l'heure que parfois la commande se renverse... T'es vraiment une princesse.

Hilda était au bord des larmes.

— C'est bon, détends-toi, je vais les rincer.

Romain était revenu dans la pièce, les boîtes alignées sur un plateau. Hilda saisit un sushi avec ses doigts et le trempa dans la sauce salée en grimaçant :

— Tu peux rappeler pour qu'ils amènent de la sauce sucrée ?

— Tu n'es pas censée être au régime ?

Elle reposa le sushi dans son assiette, tétanisée.

— Tu trouves que j'ai grossi ?

Elle était obsédée par son poids. À la quarantaine, la pression sur les femmes devenait insupportable. Si l'on voulait rester mince, il fallait rester à jeun une bonne partie de la journée – douze heures d'affilée au minimum – ou se contenter de poisson et de fromage blanc à 0 %. Hilda devenait insomniaque, elle prenait du Lexomil en cachette, le manque de sommeil accentuant ses cernes, révélant sa fatigue, ce qui la plongeait dans un cercle infernal, ses angoisses ne pouvant être apaisées que par une nouvelle prise de Lexo.

Hilda demanda :
— On fait quoi pour nous ?
Romain la dévisagea avec perplexité.
— Comment ça on fait quoi ?
— Tu veux que je parle quand à mon mari ?
Romain se referma brusquement.
— On n'est pas pressés, là… Ce n'est pas le bon timing avec le film.

Vient toujours le moment dans une relation amoureuse où l'un des deux s'éloigne, un transfert de pouvoir s'opérant au cours de cette désertion, l'un réclame l'autre, exige des preuves d'amour, c'est déjà la fin. Le visage de Hilda s'assombrit. Elle ajouta froidement : « Tu as raison, rien ne presse. » Elle était blessée, ça se voyait. Il se rapprocha d'elle pour l'embrasser mais elle le repoussa.
— On saura demain si on va à Cannes.
— Il n'y a plus que ça qui compte pour toi.
— Tu te trompes, je m'en fous complètement.
— Pourtant tu m'en parles tout le temps…

— Non, je n'ai jamais été dans la compétition.
— Tu as quand même envoyé ton film à Frémaux.
— Pourquoi tu es si agressive ? Tu sais bien que c'est ma prod qui décide de ça... On n'a aucune chance et franchement, je suis contre le système des prix. Quand je vois ces types prêts à tout pour y être... c'est pathétique.

Elle se leva, jeta les emballages du repas dans le sac en plastique, puis se dirigea vers le canapé. Romain éteignit le téléviseur et la rejoignit. Elle se laissa faire cette fois. Il la prit dans ses bras. Il sentit son corps, sa poitrine contre lui. Elle semblait distante, sur le point de pleurer. Il dut le remarquer puisqu'il la fit basculer sur lui en disant : « Viens là... » Il lui retira son jean, se plaqua contre elle, écarta sa culotte et la pénétra. Elle lâcha un cri. Il voulut savoir comment son mari lui faisait l'amour : « Je suis sûr qu'il te prend comme ça », dit-il en s'enfonçant brutalement en elle. « Arrête. » Puis il la retourna. Il cracha dans sa main, enduisit son sexe de salive. « Non, c'est plutôt comme ça qu'il te baise. » Et, prononçant ces mots, il la sodomisa.

21.

Lehman écoutait « Una furtiva lagrima », romance tirée de l'opéra *L'elisir d'amore*, en buvant, reclus dans son bureau. Il aimait boire, seul, en début de soirée ; en général, il finissait par s'endormir sur le sofa. Il avait demandé à Éric, son directeur de cabinet, de venir avant le dîner. Comme toujours quand il l'appelait, Éric arrivait dans l'heure, il avait gardé cette habitude de leur cohabitation élyséenne. Paul répondait vite aussi, mais avec moins de ferveur, il n'était pas aussi malléable, un électron libre qui savait distraire Lehman en racontant des ragots, en faisant des blagues.

— Est-ce que Mathieu a eu des nouvelles de la juge ?
— Non. Il faut être patient.

Lehman tendit à Éric un quotidien daté du jour avec, en première page, les mesures d'une réforme de l'assurance chômage proposée par le gouvernement.

— Tu as vu ça ? C'est un désastre social...
— Oui. Elle gouverne avec une telle brutalité. Les Français commencent à te regretter...

Lehman s'adoucit en entendant ces mots. Éric continua.

— Je ne comprends pas comment elle a pu être élue. Avec

elle, ça va être l'enrichissement personnel à tous les niveaux et des cadeaux fiscaux pour les grands patrons…

Lehman eut un petit sourire sarcastique :

— Dans l'opposition les eaux sont si basses… Sa tête a émergé d'un océan de médiocrité.

— Elle ne maîtrise ni le mode de scrutin ni le calendrier électoral, c'est quand même le b.a.-ba de la politique… Elle est incapable d'anticiper les crises, elle prend des décisions impulsivement, sans aucune stratégie, c'est une novice, elle n'a aucune expérience du terrain.

— Elle n'aura pas éternellement la majorité… Enfin, elle est jolie, c'est déjà ça…

Ils se mirent à rire. Quand il buvait, Lehman avait le rire facile.

— Tu pourrais revenir… Il ne tient qu'à toi de…

Lehman serrait son verre de whisky entre ses doigts. Il y eut un long silence. Vu l'état dans lequel Lehman se trouvait désormais, Éric n'y croyait pas lui-même.

Lehman se leva pour signifier à Éric qu'il devait prendre congé. Éric saisit sa sacoche et quitta les lieux. Lehman se rendit dans la chambre de sa fille pour vérifier qu'elle allait bien. Elle jouait. Il la regarda longuement en pensant qu'il l'aimait plus que tout. Il referma la porte et retourna dans son bureau. De nouveau seul, il s'installa à sa table de travail, se servit à boire pour calmer l'anxiété qui montait. Il enclencha son dictaphone. Dans une carrière politique, on ne fait rien sans un minimum de compétences mais on ne gagne rien sans un minimum de chance, la victoire relève moins du talent que d'un bon alignement des planètes.

22.

Romain dormait profondément, son corps nu enroulé sous les draps. Hilda l'observait avec inquiétude. Leur liaison était jusqu'à présent restée secrète. Elle devait encore repousser le moment de quitter Lehman pour s'afficher avec Romain : si le film était sélectionné à Cannes, il ne fallait pas que leurs affaires privées parasitent la sortie, elle savait que la séparation serait médiatisée et conflictuelle, elle se retrouverait en couverture de la presse magazine avec des titres aussi racoleurs que « Le crépuscule de l'amour » ou « Chez les Lehman, rien ne va plus », ça la dissuadait. Et il y avait sa petite fille : elle ne voulait pas la faire souffrir ; c'était du moins ce qu'elle se racontait pour justifier son manque d'empressement à engager une procédure de divorce. La réalité, c'était aussi qu'elle craignait de renoncer à ses privilèges pour une vie incertaine avec un homme à la personnalité aussi complexe. Elle craignait de souffrir à un moment de sa vie où elle n'était pas certaine d'avoir la force morale de supporter un abandon ; Romain était dominateur, il avait l'aura que conférait le pouvoir créatif, et sa vie sentimentale avait été jusqu'à présent chaotique. Hilda se sentait vulnérable, fragilisée par l'image que lui renvoyait un milieu où vous n'étiez jugé que sur votre beauté, votre surface médiatique et le pouvoir économique qui en résultait : celle d'une femme dont le potentiel érotique commençait à décliner. Une femme qui devrait, *inévitablement*, passer la main.

Depuis quelque temps, il avait changé, elle avait peur de lui. Elle ne s'était jamais sentie très à l'aise en sa présence, il dégageait dans l'intimité quelque chose de sombre, de pervers, qui l'excitait et l'angoissait à la fois.

Quelle heure était-il ? Elle avait éteint son téléphone ; machinalement, elle appuya sur l'écran du portable de Romain pour vérifier l'heure, et c'est à ce moment-là qu'elle vit les messages qu'il avait reçus dans la nuit. Habituellement, ils ne s'affichaient pas sur l'écran car il prenait soin de retirer les notifications mais il les avait rétablies quelques jours plus tôt au cas où sa productrice lui écrirait pour lui annoncer une éventuelle sélection du film à Cannes. Quatre messages s'affichaient. Un avait été écrit par Anne : « Toujours pas de retour de Frémaux. » Le suivant, par Mélanie : « C'est important, rappelle-moi, mon cœur, s'il te plaît. » Les deux derniers avaient été envoyés par Léo via Instagram.
« Hello, vous avez eu mon message ? »
« On prend un café ? »

Une douleur diffuse se répandit dans la poitrine de Hilda ; elle se sentit nauséeuse. Romain dormait paisiblement. Elle avait envie de le secouer pour le réveiller et lui demander des explications. Elle s'était toujours méfiée de lui, elle n'avait jamais eu avec lui des rapports sereins, confiants. Elle ne comprenait pas pourquoi il ne pouvait pas se contenter de ce qu'ils vivaient, pourquoi il mettait en danger leur amour comme si ça ne valait rien. Tout était toujours trouble et tortueux avec Romain. Léo était si jeune. Et c'était la fille de son mari.

À la colère se mêlait un autre sentiment : la dévalorisation. Elle essayait d'analyser les choses avec une certaine hauteur de vue, de se convaincre qu'elle ne devait pas se remettre en question, que c'était Romain qui avait un problème, il séduisait de manière compulsive, il soufflait le chaud et le froid, lui répétait qu'il l'aimait, qu'elle était sa *vie, la plus belle de l'univers*, puis l'ignorait pendant des semaines, elle savait bien qu'il avait un mode de fonctionnement toxique, alors pourquoi se rabaissait-elle autant ? Était-ce vraiment une question d'âge ou d'apparence ? Hilda se demandait où elle avait échoué. Elle était tout le temps au régime, se faisait épiler le sexe au prix de souffrances insupportables car Romain le préférait ainsi, elle dépensait des fortunes en lingerie fine : ni trop pute, ni trop classique, elle avait accepté toutes les pratiques sexuelles, y compris celles qu'il lui avait imposées alors qu'elle n'en avait pas vraiment envie : la sodomie, régulièrement, et le récit de ses fantasmes sexuels, *gang bangs* dans lesquels elle était prise par plusieurs hommes en même temps, tout droit sortis du visionnage de films pornographiques, tout ça pour lire ces mots écrits par une comédienne de seconde zone et une gamine de 24 ans. Elle avait le choix entre rester avec un homme qui lui imposerait toujours son instabilité structurelle et partir.

D'un geste brusque, elle éteignit le téléphone de Romain et le plongea longuement sous l'eau froide. Puis elle le reposa à sa place. Il était trois heures du matin, elle n'avait pas envie de finir sa nuit dans le lit d'un connard. Elle se rhabilla, appela le chauffeur de son mari et rentra chez elle.

23.

Il était quatre heures du matin et Lehman était attablé dans la cuisine, une bouteille de vin à moitié entamée devant lui. Anna jouait sur le sol avec des petites voitures, Sophia à ses côtés. La petite s'était réveillée au milieu de la nuit, avait réclamé sa mère ; Sophia n'était pas parvenue à la calmer, Lehman avait entendu la voix de la nounou, il s'était levé, la tête engourdie, il avait vu Anna qui faisait sans cesse glisser sa main, doigts légèrement recourbés comme des griffes, le long de son œil, de haut en bas pour dire qu'elle était triste. Il l'avait prise dans ses bras et bercée, il l'avait fait rire, Anna n'avait pas voulu se recoucher ; elle repoussait à présent Sophia avec ses mains, Lehman lui dit qu'il allait rester avec elle et qu'il la remettrait au lit. « Vous êtes sûr, monsieur ? » Sophia insistait. « Oui, allez-y. » Elle s'éloigna. Anna porta sa main en forme de bec à sa bouche : elle avait faim. Elle tapota son poing fermé sur le bas de sa joue : elle voulait un gâteau. Lehman lui donna une madeleine puis il l'installa face à lui pour qu'elle puisse voir son visage et lire sur ses lèvres. Il lui raconta lentement, avec ses mots, avec ses mains, une histoire en langue des signes, il grimaçait, Anna riait, plantait sa main droite perpendiculairement dans la gauche pour dire « encore ». Et il recommençait.

Il ne se souvenait plus très bien de ce qu'il faisait quand Hilda était rentrée, il avait dû somnoler quelques minutes, elle s'était précipitée sur lui en le secouant, elle tenait Anna dans ses bras. Elle criait en allemand, il avait vaguement perçu ses paroles, elles passaient par un filtre qui rendait tout indistinct comme s'il était sous l'eau et, elle, à la surface.

— Quand je suis rentrée, tu étais à moitié endormi sur la table de la cuisine et Anna jouait par terre avec des ustensiles, elle tenait un couteau, tu te rends compte ?

— Calme-toi ! Je ne dormais pas, je réfléchissais, c'est tout...

— Tu dormais ! Et Sophia n'était pas là !

— Je surveillais la petite.

— Tu ne surveillais rien du tout !

— Tu sors, tu ne dis même pas si tu vas rentrer, tu débarques au milieu de la nuit et tu me fais la leçon ? Il n'est rien arrivé, alors où est le problème ?

— Qu'est-ce qui se serait passé si je n'étais pas rentrée ? À quel moment est-ce que tu vas prendre conscience que l'alcool te met en danger, toi et les autres ? Il faut que tu te soignes, Dan.

— Je ne suis pas malade.

— Tu fais ce que tu veux de ton corps, de ta vie, mais avec un enfant c'est irresponsable.

— Je m'occupe aussi bien de cet enfant que toi, si ce n'est mieux.

Elle lâcha une insulte en allemand. Il vit dans son regard

qu'elle le méprisait. Il ne pouvait pas lui avouer qu'il avait bu parce qu'il se sentait mal et triste. Qu'il pensait sans cesse à l'avenir de leur fille. Qu'il avait des douleurs à l'estomac, des brûlures qui l'enflammaient de l'intérieur et craignait de consulter un médecin. Que Marianne et sa famille lui manquaient. Qu'il ne trouvait plus aucun sens à sa vie hors du combat politique. Qu'il se sentait couler depuis qu'il avait quitté l'Élysée.

— Il faut qu'on se sépare, Dan, je ne peux plus continuer comme ça.

— Tu veux me détruire, c'est ça ?

Elle le toisa puis, d'une voix où l'on sentait poindre l'amertume et l'ironie, lui dit qu'il n'avait besoin de personne pour ça, il le faisait très bien tout seul.

24.

À son réveil, Romain constata que son téléphone portable ne s'allumait plus et que Hilda était partie. Il ne possédait plus de téléphone fixe, il se sentait perdu tout à coup. Il eut l'idée d'envoyer des mails. À Hilda d'abord : « Où es-tu ? Je ne peux pas te joindre, mon portable ne marche plus », puis à Anne : « C'est la merde, mon portable ne s'allume pas, tu as du nouveau ? »

Il se leva, prit une douche. Quand il sortit, il vit qu'il avait reçu cinquante mails : le film faisait partie des treize sélectionnés à Cannes en compétition officielle. Il hurla de joie, il hurla si fort que son voisin frappa à sa porte :

— Tout va bien, Romain ?
— Oui, oui. Je n'ai jamais été aussi heureux de toute ma vie.

25.

Une sélection à Cannes, ça changeait la donne pour Hilda. Elle avait appris la nouvelle par Anne, elle ressentait cette urgence du départ, un désir d'éloignement et d'indépendance, elle abordait la fin d'un cycle : il fallait en finir. Avec Lehman. Avec Romain. Elle était euphorique, elle dansait seule, au milieu du salon, son corps vibrait d'une joie pure, elle ne s'interrompait que pour répondre au téléphone, les messages de félicitations affluaient. Lehman, à l'étroit dans un costume gris trop ajusté, restait immobile, assis sur le canapé du salon. On eût dit qu'il assistait, impassible, au spectacle de sa disparition – par un subtil déplacement Hilda retrouvait la lumière quand il pénétrait dans un clair-obscur. Devant lui – peut-être par légèreté ou pour le blesser, lui faire mal – elle avait demandé à Sophia de l'aider à faire ses valises, puis elle avait ajouté : « Je déménage. » Une heure plus tard, elle contemplait avec un bonheur manifeste ses valises posées dans l'entrée et les bouquets de fleurs qui s'accumulaient, accompagnés de mots de félicitations, lui rappelant quelle prodigieuse actrice elle était.

Elle se dirigea vers la chambre d'Anna et ouvrit la porte : sa petite fille faisait la sieste, recroquevillée dans son lit en position fœtale, elle serrait sa pieuvre en peluche contre son visage, un tentacule enroulé autour de son pouce qu'elle suçait. Elle la regarda, envahie d'un amour immense et aussitôt une peur succéda à ce sentiment : celle d'être entravée dans sa carrière au moment où elle devait être entièrement disponible. Cette consécration, elle l'attendait depuis des années. Elle ferma délicatement la porte. L'appartement était plongé dans un silence inhabituel, Hilda retourna dans le salon et vit Lehman, debout, le regard vide, le corps légèrement vacillant. Il s'approcha d'elle pour l'étreindre mais elle recula ; il la félicita pour la sélection cannoise, lui dit qu'il était heureux pour elle, qu'elle le méritait : « Cela va relancer ta carrière. Tous les réalisateurs voudront travailler avec toi. » Hilda ne l'écoutait pas, penchée sur son téléphone portable d'où émanaient toutes les dix secondes des bips qui annonçaient l'arrivée de nouveaux messages. Lehman s'assit sur le canapé, saisit la bouteille de vin qui trônait sur la table basse et se servit à boire. Hilda leva les yeux et le fixa :

— C'est bien raisonnable ?
— Le festival a lieu quand cette année ? Tu as déjà les dates ?
— Je ne sais plus, quelle importance pour toi ?
— Je dois m'organiser pour t'accompagner.
— Tu ne viens pas avec moi.

Il y eut un long silence. On n'entendait plus que les sons qui s'échappaient du téléphone de Hilda.

— Je suis désolée, Dan ; je pense qu'il vaut mieux qu'on

n'y aille pas ensemble et qu'on annonce notre séparation après Cannes.

Lehman ne cilla pas, se contentant de la regarder avec une dureté inhabituelle.

— Tu m'écoutes ? Il faut qu'on arrête de faire semblant, dit Hilda, je n'en peux plus...

Il ne répondait toujours pas.

— Ça fait six ans que je vis à travers toi, ton métier, mais toi qu'est-ce que tu as fait pour moi ?

— J'ai quitté ma femme et mes enfants.

— Tu veux une médaille ? Je sais très bien que c'est une décision que tu regrettes.

— Reste, s'il te plaît.

Il s'en voulait de la retenir alors qu'il ne l'aimait plus, qu'il n'avait plus envie de vivre avec elle, par crainte d'être séparé de sa fille. Il avala un verre de vin. Elle lui lança un regard mauvais.

— Et puis tu bois trop. Tu ne veux pas voir que tu es devenu un alcoolique.

— Boire deux verres le soir ne fait pas de moi un alcoolique.

— Deux verres ?

Répétant ces mots elle afficha un rictus plein d'une cruauté sadique.

— Tu es un ivrogne. Tout le monde le sait sauf toi.

Les messages continuaient d'affluer sur le téléphone de Hilda.

— Éteins ton téléphone !

— Tu devrais te faire soigner, Dan. Tu es malade.

— Tu me fatigues, Hilda.
— Ne t'inquiète pas, tu ne vas plus me voir. Après Cannes, je vais partir quelque temps en Australie pour y tourner une série pendant six mois et Anna viendra avec moi.
— C'est impossible, tu ne peux pas me faire ça. Tu ne peux pas me séparer de la petite, je ne le supporterai pas !
Elle le regardait sans parler.
— Il m'a fallu des années pour accepter la séparation d'avec mes aînés, je ne peux pas vivre sans Anna, ne fais pas ça, s'il te plaît.
— Tu as tes enfants, ton petit-fils.
Il prit sa tête entre ses mains dans un geste d'impuissance.
— Je comprends que ce soit dur pour toi mais je n'ai pas le choix. Je dois penser à ma carrière, il me reste quoi ? Cinq, six ans à avoir de beaux rôles, et encore.
— Je ne te laisserai pas faire ça. Tu veux la guerre ?
— Ne me menace pas. À ce jeu-là, tu perdrais.
Elle le défia, un sourire aux lèvres.
— Tu veux aller en justice ? continua-t-elle.
Et alors il comprit. S'il se présentait devant un juge, Hilda évoquerait ses problèmes d'alcool et il perdrait la garde de sa fille.

Il attendit qu'elle parte pour s'isoler. Dans la pénombre de son bureau, il enclencha son dictaphone : Hilda a quitté l'appartement. Je ne ressens rien. J'ai l'habitude de ces revirements soudains. Quand on n'est plus au pouvoir, les opportunistes partent les premiers.

26.

Romain ne lui avait pas répondu. Léo se répétait cette phrase en boucle, allongée sur le lit de son studio, une main plaquée sur son bas-ventre. Elle en parla à sa meilleure amie : « Il ne m'a pas répondu ce bâtard. » Elle lui avait envoyé trois messages, peut-être avait-elle été trop insistante ? À moins qu'elle ne lui plaise pas, ce qui était une option.

Léo avait désormais une estime d'elle-même proche de zéro. Elle était toujours au fond du gouffre quand elle avait ses règles.

Ne prends rien personnellement.
Ne fais pas de supposition.
Mais elle le prenait *super mal*.

Il ne m'a pas répondu. Ce *salaud* ne lui avait pas répondu. Elle tapa sa question sur Google : pourquoi un homme ne rappelle pas ? Des dizaines de coachs prodiguaient leurs conseils. *Il se peut que cet homme attende que vous fassiez le premier pas.* C'est ce qu'elle avait fait, et il n'avait pas répondu. Sur un site, elle lut l'explication suivante : *Même si c'est difficile à entendre, acceptez le fait qu'il n'est tout simplement pas intéressé.*

Ça l'avait totalement abattue et elle avait pris un demi-Lexomil. Elle avait mis sa tête dans son oreiller et elle était restée longtemps comme ça, prostrée, jusqu'à ce que l'angoisse se dissipe. Elle se reprochait ses propres réactions : elle se définissait comme féministe, elle participait à des mouvements associatifs pour l'égalité, la diversité, l'inclusion, et la voilà qui pleurait presque pour un *mec*, un *vieux*, elle l'avait confié à son amie au téléphone : « Incohérence totale », et son amie avait ri, c'est ça le désir, le lieu de la contradiction. Une douleur profonde, sourde, s'insinuait dans le creux de son ventre, irradiant jusqu'à son crâne. Elle pleurait presque. Elle s'assoupit. Elle fut réveillée par la sonnerie du téléphone, ce n'était pas Nizan mais sa mère qui lui disait : « Ne lis pas la presse. Ne va pas sur les réseaux et appelle-moi. »

27.

Acheter un test de grossesse, ouvrir la boîte avec le souffle court, lire la notice, prendre le test, passer la tige sous un jet d'urine, replacer le capuchon, attendre qu'une barre se dessine ou non, l'angoisse, c'est toujours pour la femme, ce moment de vertige, enfermée dans les toilettes, ta vie cristallisée dans cette apparition : enceinte ou pas.

Positif, elle ne pouvait pas se tromper, c'était écrit : fiable à 99,99 %, enceinte de Romain : la pire issue, le pire moment. Il réagirait mal. Il la culpabiliserait. Elle ne pourrait pas lui dire qu'elle se faisait vomir depuis plusieurs semaines pour maigrir parce qu'à chaque fois qu'elle le voyait il lui faisait des remarques sur son poids. Mélanie fixait son test de grossesse avec désolation. La peur de devoir en parler à Romain la paralysait. Que faire maintenant ? Elle était déjà mère d'un enfant de dix ans qu'elle avait élevé seule, son père ayant déménagé en Nouvelle-Calédonie lorsque son fils avait eu deux ans, pour ne plus jamais revenir. Elle était jeune, célibataire, sans source de revenus fixes : elle ne pouvait pas le garder.

Le jour même, elle prit un rendez-vous en urgence chez sa gynécologue qui lui conseilla d'en discuter avec le père et de prendre le temps de la réflexion avant de décider d'avorter. En sortant du cabinet, Mélanie appela Romain en larmes, mais il ne répondit pas.

28.

Lehman avait toujours à l'esprit une phrase extraite du *Bréviaire des politiciens* publié en 1684 et attribué au cardinal Mazarin : « Chaque fois que tu paraîtras en public – le moins souvent possible de préférence – tâche de te conduire de manière irréprochable ; une seule bévue suffit à entacher une réputation, et le mal est alors bien souvent irréversible. »

À Harvard, la première chose que l'on enseignait aux futurs politiciens, c'était la méfiance à l'égard des médias, des téléphones et des réseaux sociaux. Paul l'avait assez répété à Lehman. Il avait vu des hommes d'État tout perdre en quelques secondes à cause d'une photo, d'un message privé divulgué, la moindre erreur s'avérait fatale. Lors des rencontres publiques, il faisait toujours très attention à ce qu'il disait, ses propos pouvaient être déformés. Il n'acceptait pas de poser avec des gens qu'il ne connaissait pas comme le font certains politiques imprudents ou terrifiés par l'idée de déplaire. Et surtout, il ne communiquait jamais avec des inconnus – en particulier des femmes.

UN CLOWN
LEHMAN, LA DÉCHÉANCE

C'étaient le titre et le sous-titre qu'avait choisis un hebdomadaire people pour illustrer une photo où Lehman apparaissait ivre, avec une perruque et un nez de clown, prise sur le balcon de Marianne le jour de la fête de Pourim. L'article ironisait, d'un ton faussement empathique, sur la chance pour la France d'avoir eu un président aussi fêtard. Il n'avait rien prévu. Rien anticipé. Il était saoul, voilà le réel, et personne ne l'avait préservé de lui-même. La honte. Ce sentiment d'humiliation et de dépossession. Un clown. Cette image resterait à jamais associée à son parcours politique. Tout ce qu'il avait redouté venait d'arriver. À la rigueur, un scandale sexuel pouvait valoriser sa virilité, mais un clown ivre ? Il ne s'en relèverait jamais.

Le journal s'était vendu à plus de trois cent mille exemplaires ; il était en rupture de stock le jour même de sa parution. Les autres médias avaient repris l'information et la commentaient.

LEHMAN, LA CHUTE

Lehman s'est-il présenté ainsi chez la juge d'instruction qui l'a interrogé pendant plusieurs heures ?

Paul appela immédiatement la directrice du journal et le journaliste – aucun des deux ne répondit. La menace, quand vous n'avez pas le pouvoir, n'a plus aucune efficacité.

D'autres personnalités politiques avaient disparu de l'histoire pour moins que ça. Paul Deschanel, ancien président de la République, tombé d'un train, retrouvé en pyjama, errant le long de la voie. Félix Faure, mort dans les bras de sa maîtresse. Bill Clinton, sommé de s'expliquer sur son usage d'un cigare comme objet sexuel avec une jeune stagiaire de la Maison-Blanche. Et maintenant Lehman. Il réunit Mathieu, Paul et Éric à son bureau. Tous les trois lui recommandèrent de faire le mort. « Un scandale chasse l'autre, aujourd'hui, cette photo circule et les réseaux parlent de toi, mais demain il y aura un autre sujet, tout cela sera oublié. »

Une fois seul, il ne put s'empêcher de boire puis enclencha son dictaphone : Que pouvait-il m'arriver de pire ? En politique, la seule chose qui tue, c'est le ridicule.

29.

Le lendemain, l'affaire avait pris une tournure planétaire. Les photos de Lehman avaient été massivement détournées sur Internet de manière parodique. Elles avaient été transformées en mèmes, c'était devenu assez courant dans la sphère médiatique : un élément de contenu, qui prenait la forme d'une image, d'une vidéo ou d'un texte, était repris pour sa nature humoristique ou sarcastique. En parallèle, la danse qu'il avait effectuée pour faire rire sa fille avait été récupérée et circulait sur TikTok sous la forme de pantomimes ridicules. En quelques jours, les images devinrent virales : de l'Amérique jusqu'à la Corée du Sud, des jeunes exécutaient les gestes de Lehman sans même savoir qui était Lehman.

Son image médiatique avait été pulvérisée en quelques minutes : il avait incarné la modernité, le glamour, le charisme. Il était devenu un vieux clown. L'image du ridicule dans le monde entier.

Pendant plusieurs jours, Lehman se terra dans son bureau. Il ne voulait voir personne, excepté Anna. Il ne répondait même plus aux appels de ses conseillers. Vivre se résumait à se cacher. Le coût de la comédie sociale était exorbitant : il *devait* boire. Il avait soif dès le matin, l'angoisse au lever était si forte qu'elle l'empêchait de respirer.

Il enclencha son dictaphone : **Je suis fini. Je pensais être maître de ma vie ; je ne le suis plus : face à la propagation virale de ces photos, je ne peux littéralement rien faire, je me retrouve piégé.**

Sophia frappa à sa porte : elle lui annonça la venue de Paul. Lehman ne lui répondait plus, il avait donc dû s'imposer. Paul fit irruption dans la pièce avec, à la main, deux téléphones portables.

— Tu ne peux pas rester cloîtré comme ça... Ton silence inquiète tout le monde.

Paul ne lui avoua pas que des rumeurs circulaient : ordre avait été donné à son escorte de ne pas le laisser seul trop longtemps, le traumatisme laissé par le suicide de l'ancien Premier ministre de François Mitterrand Pierre Bérégovoy, avec l'arme de service de son garde du corps, restait vivace dans le monde politique.

— J'ai été frappé par la grande faux de la mort symbolique au XXIe siècle : le rire assassin des réseaux sociaux.

— Sur les réseaux, ça frappe toujours vite et fort, mais ça passe et les gens n'ont aucune mémoire, tu le sais.

Lehman ne répondait pas, le regard perdu dans le vide.

— Tout ce qu'il te faut pour revenir c'est un choc d'au moins aussi grande importance à donner en retour. Souviens-toi de la photo de Boris Johnson suspendu à sa tyrolienne pendant les JO de Londres ! Il était grotesque, et pourtant il a compris qu'il devait l'assumer et surfer sur cette vague... Sept ans plus tard, il en a fait une force, il est devenu Premier ministre. Trump aussi exploite cette démesure...

— Oui mais moi je n'ai jamais voulu jouer sur ces ressorts-là, tu me connais.

Lehman lui servit à boire. Paul ne se fit pas prier, il était le seul à partager son goût pour l'alcool. Paul lui rappela qu'il devait participer le lendemain à une grande rencontre dans une librairie de Niort. Tous ses engagements avaient été annulés sauf cette séance de signatures. Il était essentiel qu'il s'y rende, qu'il reste droit, debout et digne dans l'adversité.

30.

Cette polémique allait nuire au film, Romain cachait mal son agacement. Il en discutait avec Anne et Hilda, il lisait tous les commentaires sur les réseaux sociaux : c'était *atroce*. Il avait le sentiment que le pays entier se moquait de Lehman et que le ridicule le contaminait par ricochet. Il évitait les lieux publics, ne répondait pas au téléphone pour éviter d'avoir à aborder le sujet mais Mélanie n'arrêtait pas de l'appeler sans laisser de message. Il lui envoya un « ??? » par sms – sans obtenir de réponse. Il se décida à la rappeler.

— Qu'est-ce que t'as à m'appeler comme ça toutes les cinq minutes ? Ça commence à devenir du harcèlement, là… Qu'est-ce que tu veux à la fin ?

Mélanie n'osa pas lui parler de la grossesse, il la décontenançait, elle avait envie de pleurer. Elle perdit ses moyens, évoqua un problème annexe.

— Faut pas me déranger comme ça pour rien, Mél !

Disant ces mots, il raccrocha brusquement.

31.

Deux cents personnes s'étaient inscrites pour participer à la rencontre avec Lehman à Niort. De nombreux journalistes avaient fait le déplacement. C'était la première sortie officielle de Lehman depuis la parution des photos. Il savait que les chaînes de télévision avaient dépêché des reporters pour scruter ses réactions. Comment se comporterait-il après cette humiliation publique ? Ils essayeraient sûrement d'obtenir une confidence. Lehman arriva à l'heure, en costume gris et chemise blanche, sans cravate. Pour chacun il avait une parole ou un mot. Il était en sueur. Avant la rencontre, il se rendit aux toilettes pour boire, il avait pris une petite flasque remplie de whisky qu'il avait dissimulée dans la poche intérieure de sa veste. Face au miroir, il prit quelques inspirations. Il devait *tenir*.

Pendant son absence, un journaliste régional passa dans les rangées pour interviewer des participants. Jérémy, quatorze ans, était venu pour accompagner sa mère et voir un président « en vrai » puis il ajouta : « Moi je pensais qu'il était mort. » Une femme de soixante ans avoua qu'elle était une grande fan de Lehman : « Il est droit dans ses bottes. C'est un homme de gauche qui ne ment pas sur ce qu'il est, et puis sa danse du clown pour faire rire sa fille me l'a rendu encore plus sympathique, ça prouve que c'est un bon père, c'était très touchant. » Un dernier participant, âgé d'environ quatre-vingts ans, avoua qu'il était venu parce qu'il n'avait rien d'autre à faire.

Lehman rentra dans la salle sous les applaudissements du public : « Il paraît que je dois faire attention à ce que je dis, on ne peut pas être soi-même quand on est un homme politique. Pourtant, j'ai toujours pensé que l'humour était une facette importante de la vie, une façon de ne pas se prendre trop au sérieux. » Il fut très applaudi. L'animateur, un journaliste local âgé d'une cinquantaine d'années, posa une dizaine de questions sur le contenu du livre auxquelles Lehman – qui les avait reçues dans la matinée – répondit sans angoisse.

On passa aux questions des gens présents dans la salle. C'était un exercice que Lehman redoutait toujours un peu mais il avait accepté de répondre. Une femme d'une soixantaine d'années leva la main.

— Monsieur le président, est-ce que c'est vrai que votre père vous surnommait « la Justice française » ?

— Oui, je ne supportais pas l'injustice. Toute ma vie j'ai cherché les moyens de lutter contre les dérives du capitalisme, l'exploitation de l'homme par l'homme, les inégalités sociales. J'ai choisi le combat car je me sens du côté des plus humbles.

Un homme d'une cinquantaine d'années leva la main à son tour.

— Monsieur Lehman, qu'est-ce qui vous a donné le plus de plaisir en politique ?

— Sans hésiter, la campagne électorale. C'est intense, on doit convaincre, on rencontre les gens, ça cogne, j'aime ça. Le sentiment d'agir aussi, savoir que les décisions que l'on prend peuvent changer la vie des gens. Oui, ce que j'ai le plus aimé en politique, c'est agir pour le bien de la collectivité.

Un homme coiffé d'une casquette rouge levait la main – sans succès, l'animateur annonça que la séance de dédicaces devait commencer car le président avait d'autres obligations.

Lehman s'installa à sa table. Il dédicaça des dizaines de livres, il était épuisé, il voulait rentrer ; le libraire insistait : vingt personnes patientaient encore. Quelques clients prenaient des photos ou filmaient l'ancien président avec leurs portables. Plusieurs couples s'approchèrent pour l'assurer de leur soutien. L'amour des gens le dopait. Soudain, l'homme à la casquette rouge s'avança vers lui et, arrivé à sa hauteur, lui cracha au visage aux cris de « Gros clown ! Tu as ruiné la France ! Escroc ! ». Lehman n'eut même pas le temps de réagir, les officiers de sécurité interpellèrent l'homme. Au moment où il fut ceinturé par l'un d'entre eux, l'homme lança un regard plein de haine et de rage vers Lehman et hurla : « Sale juif ! »

M

Tous les hommes politiques juifs ont, à un moment ou un autre, été confrontés à l'antisémitisme. Dan lui-même a toujours pensé qu'en tant que juif il ne parviendrait jamais à devenir président de la République. Sa vie politique a été ponctuée de moments de grande violence, mais la classe politique et le monde médiatico-culturel lui ont, à quelques exceptions près, apporté leur soutien.

Sale juif.

Je l'ai rejoint à son bureau dès son arrivée à Paris, j'étais dévastée pour lui ; je me rends compte, dans ces moments où il est attaqué, que ce qui lui fait du mal me blesse aussi. Paul et Éric restaient à ses côtés pour gérer la crise. J'ai commencé à faire appel à des écrivains pour rédiger une tribune en soutien à Dan.

Dès que je suis entrée dans la pièce, Dan s'est levé, je me suis avancée vers lui et il m'a serrée dans ses bras, nous sommes restés un moment comme ça, debout et immobiles.

Il m'a demandé de m'asseoir près de lui, sur le canapé, Paul et Éric étaient installés en face sur des fauteuils. Paul a rappelé que Blum s'était « fait casser la gueule en 36 par l'Action française. Et souviens-toi… Mendès France en 54… Jacques Duclos, le secrétaire du PC, l'avait traité de petit juif pleureur et même de *merde* ».

Dan ne quittait pas des yeux son portable, les sms de soutien affluaient. Sur les réseaux sociaux, les commentaires circulaient en boucle, dénonçaient une attaque sordide, il nous en lisait certains, à haute voix. Nous avons tous remarqué que Dan essayait de prendre de la hauteur : « À quoi sert la politique ? À pacifier les liens sociaux, sauf qu'aujourd'hui c'est l'inverse, elle les distend, et à cause de ça la violence est partout… y compris contre les politiques eux-mêmes. » Certains de ses adversaires entretenaient un climat malsain : il récoltait la violence qu'il avait lui-même semée, c'était, en substance, ce que l'on pouvait lire sur le web.

Nos enfants nous ont rejoints, Julien paraissait très affecté, il était en colère, il parlait vite, désignait des coupables. Car nous venions de connaître l'identité de l'auteur de l'agression. Paul a dit qu'il s'agissait d'un ancien ouvrier de Brégange, une usine qui avait dû fermer, un militant syndicaliste, qui avait été licencié et avait sombré dans la précarité.

— Un mec d'extrême gauche, je ne suis pas étonné ! s'est exclamé Julien.

— Pourquoi, l'extrême droite, c'est mieux ? s'est insurgée Léo.

— J'ai moins peur aujourd'hui de l'extrême droite que des islamo-gauchistes.
— Pas moi, a dit Léo.

Pour faire chier Lehman (quand elle était en colère contre lui, Léo appelait son père par son nom de famille), Léo avait commencé à fréquenter des mouvements gauchistes, ceux-là mêmes avec lesquels il avait rompu – ça avait été une rupture définitive, sans appel, pour des raisons qui tenaient moins à des divergences liées à la politique économique et sociale qu'à des motifs idéologiques. Léo déboulonnait la figure du père mythifié qu'il avait été, ce militant socialiste exalté et engagé, éloquent et batailleur. À présent, elle critiquait son père, ce socialiste bourgeois qu'il était devenu, et évitait d'avoir la moindre discussion politique avec son frère aîné qu'elle n'hésitait pas à traiter de « raciste ». Julien était survolté :

— Comment peut-on être juif et de gauche aujourd'hui ? Vous ne voulez pas voir le réel ! Il n'y a plus de place pour les juifs à gauche. Vous me donnez des leçons, vous êtes naïfs ! L'extrême gauche est gangrenée par l'antisémitisme. La haine d'Israël, du capitalisme, tout ça n'est qu'une autre façon d'exprimer leur haine du juif !

— Ton père a quand même été le premier président juif socialiste et il a été soutenu par une grande partie de la gauche, dit Paul.

— Oui, c'est vrai, et je me demande encore comment cela a été possible.

J'ai répliqué que c'était vrai, que la fracture n'avait jamais été aussi grande à gauche.

— D'où la nécessité de recréer cette union des gauches...

J'ai pris mon paquet de cigarettes et me suis dirigée vers le balcon. Dan m'a aussitôt rejointe, il a saisi une cigarette dans mon paquet. Une pluie fine s'est mise à tomber. J'ai demandé :

— Qu'est-ce qui s'est passé pour qu'on en arrive là ?

Dan a tiré une bouffée.

— Tu te demandes ce qui s'est passé ? Eh bien entre-temps, il y a eu les attentats, la montée de l'antisémitisme partout en Europe et aux États-Unis, les juifs se sentent isolés, et parmi eux la fracture est forte entre ceux qui ont basculé à l'extrême droite et ceux qui, comme nous, se sentent viscéralement de gauche, qui croient au dialogue et à l'unité nationale tout en ayant bien conscience qu'une partie des leurs les a abandonnés.

— C'est le moment de prouver que tu es un vrai chef d'État. La plus grande force d'un homme politique, c'est sa résistance à l'humiliation. Tu dois t'exprimer, te défendre, rappeler qu'en visant un juif, c'est à la République elle-même que l'on s'attaque.

Nous sommes retournés à l'intérieur. Les enfants sont partis. Dan s'est isolé avec Paul et Éric. En une heure, ils ont écrit un texte en s'inspirant de ce que d'autres hommes politiques juifs pris pour cibles avaient déclaré par le passé : « Oui, je suis juif, je n'ai jamais renié qui j'étais, mais je suis avant tout un homme libre, un homme qui combat l'antisémitisme et le racisme, poison de nos démocraties. »

Paul l'a regardé, un sourire accroché aux lèvres :

— Finalement, un truc comme ça, aussi vite après l'affaire

du clown, c'est peut-être la meilleure chose qui pouvait t'arriver.

Dan n'a pas répondu, se contentant de lui opposer un regard froid. Paul a compris qu'il fallait qu'il parte. Je suis restée seule avec lui. Je lui ai dit qu'il ne devait pas en vouloir à Paul pour sa remarque :
— Il ne peut pas comprendre cette morsure-là.
— J'ai longtemps pensé qu'en tant que juif je n'accéderais jamais à la magistrature suprême ; sur ce point, je me suis trompé. Mais à quel prix ? Comme tous les juifs d'État, je n'avais qu'une ambition, celle de servir la République. Pendant mes deux campagnes, mes adversaires politiques ont cherché à me discréditer, me déstabiliser, j'ai tenu bon. À présent, je suis fatigué, Marianne.

Entendant ces mots, je me suis rapprochée de lui et il m'a prise dans ses bras. Mais je me suis dégagée rapidement, je lui ai dit que je devais rentrer, j'étais glaciale à présent. J'avais oublié à quel point l'amour, chez moi, était désormais associé à la peur.

32.

C'était une idée de Paul et Éric : Lehman devait accompagner Hilda à Cannes pour prouver au monde qu'il était encore debout. Lehman n'en avait pas envie et il savait qu'elle ne le souhaitait pas non plus – Hilda ne lui avait envoyé qu'un message ordinaire pour le soutenir. Mais Paul insista : il n'avait pas le choix. S'il voulait revenir en politique un jour, il devait remonter sur la scène médiatique le plus rapidement possible. Puis il conclut : « J'en fais mon affaire. » Trois heures plus tard, Paul était attablé dans le salon Proust du Ritz avec Hilda. Elle était arrivée en retard, enveloppée d'un manteau de cuir noir très long et chaussée de mocassins épais qui lui donnaient une allure gothique.

« Vous ne pouvez pas vous montrer à Cannes après avoir quitté un homme qui a été injurié, malmené, ce n'est pas moral. On n'abandonne pas un homme à terre », expliquait Paul à Hilda en plantant sa cuillère dans une part de cake. Paul avait choisi une table face au grand portrait de l'écrivain français. Autour d'eux, quelques touristes prenaient des photos de leurs desserts pour les publier sur Instagram. Hilda était triste pour Lehman, cet incident l'avait vraiment désolée, mais elle devait aller de l'avant, rester concentrée sur son travail, penser enfin à elle. Paul lui rappela que Lehman avait été victime d'une attaque antisémite d'une grande violence, qu'il en était affecté, affaibli. Hilda ne cillait pas, elle lui tenait tête à présent. Il se souvenait de son arrivée à l'Élysée, totalement perdue : sa méconnaissance des codes du monde politique, ce milieu hostile, la lui avait rendue attachante. Lehman lui avait dit : « Je te confie Hilda », et à partir de là elle n'avait jamais pris une décision sans demander l'avis de Paul.

Hilda paraissait contrariée. Elle était si séduisante, Paul se dit qu'il aurait rêvé de serrer dans ses bras une femme d'une telle beauté. Mais sa laideur limitait ses choix. Il avait parfois été jaloux du succès de Lehman auprès des femmes. Il l'avait vu succomber plus d'une fois aux charmes de celles qui ne cachaient pas leur attirance pour le pouvoir : c'était si simple. Certaines se donnaient littéralement. Et lui, il le couvrait. Hilda ne s'était jamais doutée de rien. Ça n'avait pas vraiment d'importance : Paul le savait, un homme politique plaçait toujours la jouissance de la politique au-dessus du sexe, le plaisir des sens n'était qu'un élément de sa puissance. Quand le sexe devenait plus fort que la politique alors il fallait arrêter la politique. Lehman le lui avait confié un soir, après le verre de trop : « Le sexe que tu as pendant ta vie politique est le meilleur. C'est excitant d'avoir peur. C'est aphrodisiaque d'être désiré par autant de femmes en même temps. » Tout cela était terminé une fois le pouvoir perdu, l'indifférence de Hilda le lui rappelait cruellement.

— Je n'ai pas la moindre envie d'aller à Cannes avec Dan.

— Vous n'avez pas annoncé votre séparation, ce serait mal vu de prendre vos distances avec lui maintenant.

— Je sais mais nous avons de très mauvaises relations en ce moment, je n'ai pas envie de gâcher l'un des événements les plus importants de ma carrière.

— Vous n'avez pas le choix. Il va montrer qu'il n'est pas abattu et vous que vous ne l'avez pas lâché au pire moment de sa vie, c'est gagnant-gagnant.

— Je vais réfléchir.

Il y eut un silence. Paul en profita pour finir sa part de cake. Il hésita à en commander une autre.

— Gagner quoi ? Au fond, je crois que je n'ai jamais compris Dan. Vous êtes le seul avec Marianne à parler sa langue.

— Le langage Lehman, c'est savoir quand il se trompe et ne rien dire ; et après, le faire revenir ; c'est un homme qui fonctionne en deux temps. Vous êtes trop frontale pour lui.

— Paul, pourquoi faites-vous encore tout ça pour lui ? Il vous a parfois si mal traité.

Paul repoussa son assiette, la question l'avait blessé.

— C'est mon héros : je connais tous ses défauts et, pire encore, j'ai subi tous ses défauts. Je lui ai toujours trouvé des circonstances atténuantes, la fonction est si dure...

— L'exercice du pouvoir, ça change un homme, c'est un tsunami... Ça transforme, ça peut rendre plus solide mais ça peut détruire aussi... Lui, ça l'a détruit...

— Non.

Elle se leva et sa silhouette se détacha, se superposant au portrait de Proust. Paul la trouva, en cet instant, d'une beauté presque vénéneuse. Lui revint en mémoire la phrase de l'écrivain français : « Souvent les femmes ne nous plaisent qu'à cause du contrepoids d'hommes à qui nous avons à les disputer. »

33.

Hilda rejoignit discrètement Romain à son domicile ; ils ne s'étaient pas revus depuis l'annonce de la sélection et la nuit où elle avait découvert l'échange de sms. Il avait l'air occupé, il retourna à son bureau après lui avoir ouvert la porte.

Elle lui dit à quel point elle était choquée par l'ampleur et la virulence de l'attaque subie par Lehman. Romain paraissait indifférent.
— Les juifs voient de l'antisémitisme partout.
— Tu te rends compte de ce que tu dis ?
— C'était une attaque isolée, le mec avait des troubles mentaux, il n'y avait pas de quoi en faire une affaire d'État.
— C'est grave quand même. Tu ne vois pas qu'on assiste à une résurgence de l'antisémitisme en France ?
Il se mit à rire :
— Je n'ai pas de leçon à recevoir d'une Allemande.
— Pauvre con.

Il plaçait l'enjeu ailleurs : il était désolé pour Lehman mais il pensait d'abord à son film. C'était évident à présent : leur liaison ne devait absolument pas être révélée. « Si tu te sépares de ton mari maintenant, l'attention médiatique va se détourner du film, on ne parlera que de votre couple dans la presse, mon travail passera au second plan, et ton interprétation avec, c'est ce que tu veux ? » Hilda cachait mal sa déception ; il la rassura : ils s'afficheraient en couple plus tard, après Cannes, peut-être au moment de la tournée mondiale. Elle acquiesça – que pouvait-elle faire d'autre ? – mais elle percevait le délitement d'une histoire qu'elle semblait désormais la seule à désirer. Il l'embrassa sur la joue d'une façon amicale : « Allez, on fait comme ça. » Au fond, ça le soulageait, il n'était plus très sûr d'avoir envie de s'engager, il était attaché à sa liberté, il n'avait qu'une ambition : se concentrer sur son film.

Hilda s'était laissé convaincre, elle ne devait rien faire qui pût lui nuire et les empêcher d'obtenir la consécration dont ils rêvaient l'un comme l'autre. Mais elle était vexée. Ce qu'elle entendait, c'était qu'il ne souhaitait pas officialiser leur histoire et, même si elle avait toujours redouté de s'afficher aux côtés d'un homme aussi imprévisible, elle n'avait jamais eu l'intention de rompre, elle était trop dépendante de lui. Ça annonçait la fin, elle le savait, elle avait une bonne connaissance des hommes. Elle n'avait pas évoqué les messages qu'elle avait lus par hasard sur son téléphone, elle s'était persuadée que ça ne prouvait rien, craignant sa réaction.
— Qu'est-ce que tu as ?
— Rien.
Il vit qu'elle boudait.
— Viens là.
Il la plaqua contre lui, se détacha ensuite pour se déshabil-

ler. Il était nu à présent et il la regardait. C'était le signe qu'il voulait qu'elle le caresse ou qu'elle le prenne dans sa bouche. Elle le masturba. Il ferma les yeux, se mit à respirer plus fort. Mais son sexe restait mou. Hilda ne cessait pas ses caresses, ça durait une éternité, il cachait son trouble, elle le sentit, alors elle le prit dans sa bouche, doucement d'abord, puis plus vite. Son sexe se durcit un peu sans se tendre, il y avait désormais un gouffre entre eux, il la repoussa brusquement.

— Arrête. Je suis fatigué.

Elle insista, elle ne souhaitait pas rester sur cet échec dont elle se sentait responsable mais il se dégagea.

— Je t'ai dit que j'étais crevé, là.

Elle s'arrêta net et tenta de le rassurer :

— Ce n'est pas grave, ça arrive.

Il lui lança un regard plein de morgue. Elle regretta aussitôt ses paroles.

— Écoute, je préfère que tu t'en ailles.

Il se dirigea vers la salle de bains, prit une douche puis, en sortant, vit que Hilda était encore là, allongée sur le canapé.

— J'ai du travail.

Il avait prononcé ces mots d'une voix froide. Elle ne répliqua rien, se leva et enfila son manteau.

— On se voit plus tard ! dit-il en la raccompagnant vers la porte.

Hilda eut le sentiment qu'elle ne le reverrait plus en dehors du cadre professionnel. Ce n'était pas la première fois qu'il n'arrivait pas à bander ; à chaque fois, elle multipliait les parades pour l'exciter. Il ne la désirait plus, voilà ce qu'elle pensait. C'était sa faute. Ça la déprimait.

Elle appela le chauffeur et rentra chez elle. Lehman était assis sur le canapé du salon, une bouteille de vin à moitié vide sur la table basse, la radio en fond sonore. Il écoutait un podcast de l'émission *Radioscopie* de Jacques Chancel consacrée à Pierre Mendès France dont on entendait la voix maîtrisée :

Le public ne reçoit d'un homme politique qu'une image incomplète et fausse. Il ne voit que ce qui est public. Il ne voit pas l'étude, l'hésitation.

Lehman était un peu ensommeillé ; Hilda parvint à le réveiller. Elle voulait se venger de l'humiliation que lui avait fait subir Romain. Et elle avait un peu de compassion pour ce que traversait Lehman.

Rien n'est plus passionnant que le combat pour la collectivité !

Lehman ouvrit les yeux, discerna vaguement la silhouette de Hilda. Elle lui dit qu'elle acceptait qu'il l'accompagne à Cannes. Elle énonça ses conditions.
Ils poseraient ensemble pour les photographes.
Ils dîneraient dans les mêmes lieux.
Ils ne se tiendraient pas la main en public.
Il éviterait de trop boire.

Il accepta. Pourquoi ? Sans doute pour ne pas perdre définitivement la face. Il n'avait jamais pu compter sur elle, la voir comme une partenaire crédible.

Il y a dans ce pays un besoin profond de renouvellement, de transformation.

Elle ne souhaitait pas qu'il se mette trop en avant. Qu'il donne des interviews. Qu'il accepte des rencontres avec des politiques locaux. Il assisterait à la projection du film, puis se ferait discret.

— *Vous considérez-vous comme un homme un peu seul ?*
— *Il m'est arrivé de sacrifier un peu ma vie privée.*

Hilda baissa le son. « Je te demande de ne pas faire de vagues, je n'ai pas envie d'être dans ton ombre pour une fois, tu me dois bien ça. »
Lehman était pleinement réveillé maintenant. Il la regarda fixement, d'une façon un peu cruelle, en lâchant un petit rire ironique : « On n'adopte pas un chat pour lui retirer ses griffes. »

II

PERSONA

Ce n'est probablement pas par un pur hasard historique que le mot personne, dans son sens premier, signifie un masque. C'est plutôt la reconnaissance du fait que tout le monde, toujours et partout, joue un rôle.

ERVING GOFFMAN,
La présentation de soi.
La mise en scène de la vie quotidienne I.

34.

« Les hommes politiques, ils sont dépressifs ou alcooliques. Parce que la folie de la politique, c'est qu'il ne faut pas voir les choses telles qu'elles sont, il faut se projeter au-delà, nier la réalité. Et, en même temps, il faut être lucide. C'est la dissociation permanente, le décalage entre votre réalité et votre rêve. Les deux ne coïncident jamais, sauf le jour où vous êtes élu. Et la dépression arrive quand cela s'arrête. » Dans le jet que la production a affrété pour aller à Cannes, Lehman lit une interview que son dernier Premier ministre a donnée à un grand quotidien ; il ne l'a plus revu depuis qu'il a quitté le pouvoir, il se demande si lui-même a sombré après avoir été évincé de Matignon, s'il parlait de lui quand il disait, de manière générique, « les hommes politiques ». Après son agression, Lehman a augmenté sa consommation d'alcool, il peut boire dès le matin, il ne pense qu'à cela. Il se sent nerveux ou abattu, oscille d'une émotion à une autre, alors il boit et, passé les premiers effets, la descente commence, l'anxiété reprend. Il s'est habitué à vivre avec un double émotionnellement instable, un autre lui-même dont l'unique obsession consiste à se procurer de l'alcool.

À moitié ensommeillé, le journal posé sur lui
  comme une couverture, Lehman n'entend pas les rires
de Hilda et de Nizan, il ne voit pas Anna qui tente
   de s'échapper des bras de Sophia, il se met en retrait,
il se sent vide. Dans les moments où l'angoisse le submerge,
               quand une émotion est trop forte,
parfois même dès le réveil, il est pris d'une
   irrépressible envie de sentir le liquide couler dans sa gorge
              comme la morphine dans ses veines.

  À Cannes, plus qu'ailleurs, il se sentira exposé,
il n'a aucune raison valable d'y être, l'homme politique est
un intrus, il n'y apparaît que rarement et sa présence semble
toujours une anomalie. Trop de luxe, trop
de paillettes, trop d'inégalités. Il n'a pas de film à présenter,
pas de liens à nouer, pas de contrats à signer,
  mais Paul qui, le premier, l'a encouragé à y aller,
  a balayé ses craintes :
       il y a toujours une bonne raison d'être à Cannes.

Il s'enferme dans les toilettes de l'avion,
boit en cachette
     dans une petite flasque qui ne le quitte plus
et, à son arrivée, fournit un effort surhumain pour marcher
jusqu'à la voiture.
                Il ne se souvient plus de la suite.

  Quand il se réveille, il est allongé dans une chambre
immense avec vue sur la baie de Cannes.

Il est logé avec Anna, Sophia et ses agents de sécurité dans une villa qu'un ami à lui, un entrepreneur français de la tech, a mise à sa disposition – une immense bâtisse avec piscine perchée sur les prestigieuses collines du Super-Cannes, avec une vue mer panoramique plongeant sur le cap d'Antibes, que son ami loue 20 000 euros la semaine durant l'été. Photos et œuvres d'art sont disséminées dans toute la maison et jusque dans le jardin, qui a des allures de musée en plein air. Lehman sait qu'il sera critiqué pour avoir choisi de séjourner chez un homme d'affaires, mais après soixante ans le confort l'emporte sur la réputation. Il se montrera aux côtés de Hilda à la projection du film, expliquera qu'il est venu pour la soutenir. De loin, ils feront illusion. Mais les observer de près suffira à comprendre qu'ils ne s'aiment plus, qu'ils n'ont même pas cette complicité tendre qui lie parfois encore les couples qui ont eu des enfants ensemble. Leur indifférence mutuelle actera leur rupture.

Il n'a pas bu depuis deux heures, il fait le tour des jardins paysagers plantés sur un terrain de plus de trois mille mètres carrés avec Anna, elle s'émerveille de la présence de citronniers, elle touche les fruits en riant, elle est tout le temps en mouvement, il a du mal à suivre mais il ne le lui montre pas, sa présence lui impose un cadre structuré, le maintient dans l'action, et donc dans la vie. Quand il sent qu'elle a sommeil, qu'elle se met à pleurer sans raison, il rentre, la confie à Sophia. Et c'est, à chaque fois, la même crise quand il s'agit de se séparer. Car Anna veut rester avec lui, il est l'un des seuls avec qui elle puisse communiquer et cet isolement la rend dépendante, vulnérable, il la garde encore un peu avec lui et allume la télévision avec le sentiment de se dédoubler, de s'observer : est-ce lui, l'ancien chef d'État, le président redouté par tout son entourage, captivé par un dessin animé ? Il est à la fois heureux et las, il se sent rapidement vidé de toute énergie, chaque jeu sollicite des ressources qu'il n'a plus, et il demande rapidement à Sophia de coucher Anna.

La soif est là, tout le temps.

Il s'allonge sur le lit de la chambre aménagée pour lui,
une immense pièce dotée d'une baie vitrée
    donnant sur la Méditerranée,
  il tente d'échapper à la culpabilité de ne pas consoler sa fille.
Sa vue se brouille.

Il saisit une bouteille de vin et se sert, c'est radical, le flot de liquide l'apaise instantanément.

Il ouvre une autre bouteille. Le liquide le réchauffe, le détend, quelque chose s'assouplit en lui, une noirceur se dissipe et dans cette bulle cotonneuse, il s'oublie.

Il a dû s'endormir. Lorsqu'il se réveille, il ne se souvient plus de rien. L'anxiété le saisit comme un nœud coulant, il a du mal à respirer, à se lever – spectateur de ce corps amolli, affaibli par les excès, la langue pâteuse, il tremble, ça ne se voit pas trop à l'œil nu, il fait du sport pour en effacer les effets mais, à l'intérieur, la mécanique se dérègle subrepticement, ça déborde, des vaisseaux éclatent sur son visage, des brûlures d'estomac le réveillent en pleine nuit, des migraines vrillent son cerveau, les vagues émotionnelles roulent jusqu'à l'engloutir, il est facilement bouleversé, irritable, susceptible ; parfois, il pleure sans raison. Il ment : toute son énergie est investie dans le paraître, et jusque-là ça fonctionne, sa résistance à l'alcool est telle qu'il peut boire beaucoup sans que cela soit trop visible. Qui sait, à part Hilda et Paul, qu'il a un *problème* avec l'alcool ? Il sent bien que ça dérive, que ça pourrait mal se terminer, mais il sait qu'à Cannes ses petites stratégies pour avoir accès à l'alcool sans être remarqué seront faciles à mettre en place : tout le monde boit, prend des drogues – qui le lui reprocherait ?

Il se dirige vers la salle de bains toute de marbre gris clair. Il se regarde dans l'immense miroir qui surplombe les vasques à l'émail brillant : c'est lui cet homme au teint jaune, aux yeux vitreux ? Une nausée monte en lui. Il manque de glisser sur le sol humide, se raccroche au porte-serviettes et, en relevant la tête, il croise son visage bouffi dans le petit miroir grossissant. C'est ce qu'il va trouver ici : une image déformée de lui-même.

35.

Le métier d'acteur a ceci de commun avec la fonction politique qu'il faut savoir composer avec le rejet, l'objectif étant d'être choisi, d'accepter d'être mis en compétition avec d'autres et de survivre à l'échec, à la critique, à la fluctuation de sa valeur sociale : un jour en haut, le lendemain en bas ; vivre dans le désir des autres, séduire, tout le temps, sans jamais être sûr du résultat – plaire est un métier.

Être invitée à Cannes pour un film sélectionné en compétition officielle, être citée parmi les candidats possibles à un prix d'interprétation, c'est pour Hilda, plus qu'une consécration, la concrétisation d'un rêve qu'elle a façonné depuis l'adolescence et dans lequel elle a engagé tout son être. Ce retour en force est une revanche, une victoire sur les déconvenues que lui ont infligées les mondes du cinéma et de la politique quand elle est devenue première dame. Après l'échec de Lehman à l'Élysée, elle n'avait plus été sollicitée pour passer des castings. Elle n'avait pas pu s'en plaindre publiquement, elle avait même affirmé l'inverse en interview (« J'ai mis ma carrière en pause pour m'occuper de ma fille »,

« Être mère est mon meilleur rôle » – ce genre de banalités) mais, comme toutes les comédiennes écartées du paysage cinématographique, elle avait énormément souffert de cet effacement.

Tu es une actrice admirée, enviée, réclamée, une petite star en Allemagne et, du jour au lendemain, tu disparais des écrans. Il y a ta notoriété, ta popularité mais, si tes références professionnelles (CV, photos presse, rôles au cinéma/ théâtre, collaborations avec des grandes marques) n'indiquent pas de bonnes performances, ton nom ne sera plus évoqué, c'est une élimination qui paraît toujours injuste et brutale, tous les acteurs le savent, ils n'existent que dans le désir d'un metteur en scène, ils ne seront jamais que des instruments à son service, les pièces interchangeables d'un système où se confondent créativité, passion, art, affectivité, pouvoir et argent.

Les cinéastes aiment affirmer en interview qu'ils n'écrivent pas pour des acteurs en particulier, façon de leur rappeler qu'ils sont remplaçables. Hilda, comme toutes les actrices, a tenté de nouer des liens amicaux avec des réalisateurs, des producteurs, elle espère recevoir en premier les meilleures propositions et retrouver la place qui a été la sienne : les grands rôles sont très rares, toutes les actrices les veulent, certaines tentent de les préempter avant même que les scénarios soient écrits, leurs proches tentent de glaner des informations dans les festivals, leurs agents sont à l'affût, tout le monde est sur le coup. En interview, Hilda se montre détachée : « Je n'ai jamais appelé un réalisateur ou une réalisatrice pour passer un casting, le désir doit venir d'eux », « J'ai l'orgueil de croire que je suis unique, si le rôle est pour moi, il me sera naturellement proposé ». Pour être désiré(e), il ne faut pas être en demande, montrer qu'on a faim, alors que précisément, c'est ce qu'on est : affamé(e).

Ce rôle va changer sa vie, elle le sait. Pour l'obtenir, elle a accepté des choses qu'elle ne pourra plus supporter à l'avenir. Nizan a été tyrannique, abusif, humiliant. Il a maltraité les équipes, les techniciens, la productrice, les acteurs et tout le monde a continué à travailler *pour le bien du film*, c'est sa méthode : créer du conflit pour atteindre quelque chose de fort – et ça marche, elle a vu des rushs d'une beauté irréelle. Mais à quel prix ? Ils présentent le film à Cannes, voilà la récompense.

Hilda dormira au Marriott, avec tous les membres de l'équipe restreinte du film : elle est au deuxième étage, Nizan au troisième. Ici, elle reprend sa place d'actrice en vue, convoitée : en arrivant dans sa chambre d'hôtel, elle découvre des dizaines de paquets qui ont été déposés par les plus grandes marques de luxe. En tant que première dame, elle avait l'habitude d'être gâtée, mais c'est toujours le même plaisir enfantin de découvrir des cadeaux quand elle arrive quelque part. Elle ouvre le paquet Chanel, en sort plusieurs paires de lunettes de soleil, les essaye toutes. Elle y trouve aussi un sac en cuir de la dernière collection. Valeur sur le site : 6 500 euros. Elle ouvre ses cadeaux les uns après les autres comme si c'était Noël : « Ça, je garde ; ça, c'est pour ma sœur ; ça, ce sera pour Sophia… » Quand elle a fini, elle prend un selfie avec le sac qu'elle a reçu, le publie sur Instagram en story, après retouches, en ajoutant les hashtags #merci@chanel #merci@festivaldecannes #amazingday – il faut bien remercier les annonceurs si elle veut qu'ils continuent à lui envoyer des cadeaux. Deux heures plus tard, elle ajoutera une story du collectif Ceux qui Luttent, en soutien aux intermittents du spectacle, façon de donner une dimension sociale à la superficialité du moment.

Elle glisse son téléphone dans sa nouvelle pochette Chanel, le ressort presque aussitôt ; il n'arrête pas de sonner : c'est l'attachée de presse du film. Elle lui annonce qu'elle a un emploi du temps de ministre. Les tenues qu'elle a choisies à Paris lui seront apportées dans une heure. Elle doit se faire maquiller et coiffer. Ricardo Agnelli, le maquilleur star de chez Armani, et Nabil O., le coiffeur le plus créatif de sa génération, s'occuperont d'elle, et c'est de loin la meilleure nouvelle de la journée.

36.

Mélanie arrive à la gare de Lyon avec une heure d'avance, elle se sent fatiguée, ce voyage l'angoisse. La production a réservé des places dans le Ouigo de 6 h 34, un train low cost, pour elle et d'autres membres de l'équipe du film. Elle a des nausées, ressasse les explications de sa gynécologue : comment les choses se passeraient si elle décidait de mettre fin à sa grossesse, quels sont les effets de la pilule abortive, elle essaye de ne pas y penser. Évidemment, elle ne pense qu'à ça. Elle rejoint les assistants de la production, attablés dans un café, se contente de croquer les bâtonnets de carottes qu'elle a achetés chez Monop' en évoquant la météo cannoise : à part mercredi, il va faire beau.

Sur le quai de la gare, avant le départ, elle vomit dans un coin et c'est là qu'elle voit arriver, essoufflée, une fille d'une vingtaine d'années, très belle, tirant une valise cabine, elle ne la connaît pas et découvre, cinq minutes plus tard, qu'elles sont assises à côté. C'est Léonie Lehman. Elle a réussi à convaincre sa mère de la faire inviter par la production, Cannes la fait rêver, elle ne souhaitait pas voyager avec son père ; Marianne n'arriverait que le lendemain.

Ce qui les lie d'emblée, c'est un texte d'Annie Ernaux que Mélanie est en train d'apprendre pour une lecture qu'elle va faire prochainement dans le cadre d'un événement littéraire organisé par une enseigne d'alimentation, un livre que Léo a lu sur les conseils de sa mère et dans lequel l'auteure aborde la question de l'avortement. Elles en parlent, comprennent assez vite qu'elles ont beaucoup de choses en commun, dès le premier échange, c'est un petit coup de foudre amical alors qu'elles ont presque dix ans d'écart, et ne viennent pas du même milieu. Mélanie lui confie qu'elle a choisi ce texte d'Annie Ernaux parce qu'elle est enceinte et hésite à se faire avorter. Elle s'interrompt. Elle sait qu'elle parle trop, c'est son défaut, quand elle se sent en confiance, elle parle. Mais Léo l'écoute sans jugement et se livre aussi ; elle n'est jamais tombée enceinte : « Je ne suis pas sûre de vouloir des enfants un jour, cette pression que la société met sur les femmes me fatigue. »

À trois serrées sur une rangée, déco qui claque – fauteuils en skaï bleu turquoise, décor rose fuchsia –, quand les autres membres de la production feront le déplacement en première classe ou en avion. Pendant le trajet, Mélanie travaille à peine sur sa lecture tout en envoyant des sms à ses connaissances dans l'espoir d'obtenir des places pour quelques films, elle le sait, on le lui a dit : ça va être la guerre. Vers dix heures, elle partage avec Léo le sandwich qu'elle a acheté à la gare. L'une des assistantes a apporté des légumes crus dans un tupperware. Une autre se plaint de l'odeur d'urine qui émane des toilettes et dont les effluves se répandent dans tout le wagon.

À l'arrivée à Cannes, chacun jette les restes de son repas dans le Poubellator installé à l'extrémité du train, une grosse boîte verte et fuchsia, trouée d'une bouche immense qui affirme : « J'adore vos déchets. »

Elles sont logées au même hôtel, Léo n'a pas souhaité dormir dans la villa où réside son père avec Anna, *chez un grand capitaliste*, et elle ne souhaite pas non plus rester avec sa mère – elle a besoin de prendre un peu ses distances, elle sait qu'à Cannes tout va tourner autour d'elle et de son livre ; même si elle est fière de ce qui lui arrive, cette mise en lumière la renvoie à son invisibilité. La production lui a réservé une chambre : simple mais suffisant pour passer deux nuits.

À la gare de Cannes, personne ne les attend, l'attachée de presse ne répond pas. La file des taxis est interminable, elles n'ont pas d'autre choix que de se rendre à l'hôtel à pied, suivant méthodiquement les indications de Google Maps, ça monte, ça chauffe, elles rejoignent l'hôtel en quarante minutes, échevelées et en sueur. Le réceptionniste, un type odieux, leur annonce que les chambres ne seront prêtes qu'à 16 h 30, Mélanie se plaint ; l'employé lui recommande de garder son calme : si elle n'est pas contente, elle peut toujours aller au Carlton. Elle range son sac à dos dans le coffre de l'hôtel alors qu'elle ne possède aucun objet de valeur à part un masque à la Rose Noire de chez Sisley, enfile une robe dans les toilettes. Elle propose à Léo de marcher jusqu'à la Croisette pour voir la mer. En descente, la route est plus facile. Elles passent devant le Marriott, des dizaines de fans s'agglutinent devant l'établissement, sous une chaleur anormale en cette saison, dans l'espoir d'apercevoir des stars ou de se prendre en photo près des voitures de luxe qui stationnent à l'entrée de l'hôtel. Il y a deux sortes de trophées à Cannes : les très belles femmes et les voitures, l'idéal étant de posséder les deux. Léo veut aller se baigner, Mél non, elle vient de faire un brushing à cent euros, impossible de mouiller ses cheveux ; elles se séparent ici, à quelques centaines de mètres de l'épicentre cannois.

À la terrasse du Grand Hôtel, où se retrouvent les festivaliers en quête de contrats, Mélanie reconnaît Vincent Delmar, réalisateur du mythique *Un monde brutal*, qu'elle a rencontré six mois plus tôt dans un festival, il lui fait un signe, c'est inespéré, elle marche jusqu'à lui, il lui propose de prendre un verre. Delmar a connu son heure de gloire à ses débuts, deux de ses films ont été des succès mais les suivants n'ont pas eu les faveurs de la presse, ni fait d'entrées en salles : il a été balayé. Après les politesses d'usage, il se lâche rapidement – une oreille compatissante est tellement rare ici, chacun souhaite parler de soi, personne n'écoute personne. Il en a marre des connards du cinéma, de cet entre-soi, cette grande famille, « Tu parles, ils se détestent tous, passent leur temps à se faire des coups de vice et le réalisateur est toujours celui qu'on entube ». Mélanie ose lui dire qu'elle traverse une passe difficile. Il l'interrompt aussitôt : lui-même est très déprimé, il ne parvient pas à financer son nouveau film, ça fait quatre ans qu'il galère et traîne ce projet dont il a vingt-quatre versions différentes, « aujourd'hui tu ne montes plus rien à moins d'engager des actrices bankable » ; or, affirme-t-il, il aime tourner avec des acteurs non professionnels, « ils ont une fraîcheur à l'écran, ils ne te font pas chier avec leurs caprices ». Il se plie aux desiderata des producteurs, des financiers qui vivent de SON travail quand lui n'y parvient plus, et pour obtenir quoi ? Récemment, tout près du but, à quelques jours du tournage, il a dû renoncer à son film parce que l'une des coproductrices s'était brutalement retirée du projet sans un mot d'explication, « pas même un appel, tu peux le croire ? ».

Il se plaint : « Aujourd'hui, si on veut avoir une chance d'être sélectionné à Cannes, Venise ou Berlin, il faut proposer un drame social, une immersion dans une usine, un foyer pour femmes, c'est-à-dire un film qui fera zéro entrée en salles. » Mél acquiesce tandis qu'il continue : « Il y a quelques années, tu te souviens ? Un jeune réalisateur a filmé l'intérieur d'une chambre à gaz, que peut-on faire de plus ? » Elle explique que pour elle aussi c'est difficile : « On ne peut pas monter un film sur mon nom », et à peine l'a-t-elle dit qu'elle le regrette, avouant cela elle se tire une balle dans le pied, quelle conne, pense-t-elle, habituée à se dénigrer, mais c'est trop tard alors elle lui raconte sa mésaventure avec Nizan, comment la productrice lui a finalement préféré Hilda Müller, et il n'a pas d'autre commentaire que : « C'est dégueulasse. » Elle vit actuellement grâce à ses lectures de romancières mortes ou contemporaines : Virginia Woolf et Annie Ernaux ont sa préférence, elle n'est pas si mal payée et c'est plus gratifiant que de montrer son cul sur les affiches de bus. Le public de province se déplace nombreux et paye pour l'écouter, contrairement à celui de Paris, où l'offre culturelle est si riche qu'elle est obligée d'offrir des invitations à ses connaissances pour avoir une chance qu'elles se déplacent et, le plus souvent, de les supplier – il faut bien remplir la salle. En province, à la fin du spectacle, elle est même applaudie, « À Paris, à moins d'être Isabelle Huppert, ils ne bougent pas de chez eux et, quand ils viennent, ils critiquent, ils ne sont jamais contents, voire ils te foutent la honte en plein spectacle, ça les excite de t'humilier, ils ont payé, ils pensent que ça leur donne tous les droits ». Delmar la trouve un peu réductrice mais sur la partie parisienne, il approuve : il s'est installé récemment en Bourgogne, il ne supporte plus la capitale, tout est trop cher, on ne peut plus s'attabler à moins de cinquante euros ni même trouver un logement si on n'est pas capable de fournir des fiches de paie qui affichent trois fois le prix du loyer et des garants solides : c'est dur à cinquante ans de devoir compter sur ses parents qui en profitent à chaque fois pour lui rappeler qu'il a choisi un boulot précaire et qu'il aurait dû finir son droit – avocat, c'était un métier solide. Mélanie hoche la tête. Ils se regardent un peu gênés. Il y a un petit moment de solitude au moment où le serveur leur apporte l'addition, aucun des deux ne pourra faire une note de frais ; chacun sort sa carte bancaire, on divise par deux et tout rentre dans l'ordre. Ils ne laissent aucun pourboire, ils n'osent pas décemment sortir une pièce d'un euro quand personne, ici, ne laisse moins de cinq. Mais Delmar n'a aucune envie de partir malgré le regard insistant du serveur qui les incite à libérer la table. Delmar est *en boucle*. Pour une fois qu'il trouve quelqu'un qui l'écoute. Il en a assez d'écrire des séries de merde pour payer son loyer et de devoir réécrire sous la pression de diffuseurs qui ne prennent leurs décisions qu'en fonction d'algorithmes, il ne supporte plus de travailler « au gré des exigences de petits tyrans d'à peine quarante ans qui jouissent de leur position, des connards décérébrés incapables de justifier leurs refus, qui agissent avec une brutalité de petits chefs grisés par ce pouvoir minable qui leur permet d'accéder aux meilleures places dans les festivals du monde entier, de baiser des stagiaires payées cinq cents euros le mois dans des chambres de palace à mille balles la nuit, puis de rentrer chez eux après deux jours de fête *all inclusive*, le portefeuille rempli de notes de frais, la valise pleine de gadgets commerciaux, dîner en famille, leurs enfants sur les genoux, cinq minutes d'attention, un bisou et au lit, sur un siège éjectable, bien sûr, eux comme nous, soumis à l'audience, aux tendances, au politiquement correct, aux injonctions des plus-puissants-qu'eux, et c'est pour échapper à cette médiocrité », dit-il à Mélanie qui voudrait se lever, qui n'en peut plus, « qu'il s'est finalement barré quand son producteur lui a annoncé qu'aucun des diffuseurs qu'il avait contactés ne prendrait le projet en l'état – après plusieurs échecs d'audience, ils refusaient désormais les sujets *touchy*, recherchaient des thématiques *mainstream*, parce que si les gens veulent de la merde, on doit leur en donner ».

37.

Dans sa chambre du Marriott, Romain Nizan fume cigarette sur cigarette. Venir à Cannes, en compétition officielle, il l'espérait tellement ; mais il est si angoissé qu'il ne tire pas le moindre plaisir de ce moment. Il pense à la projection, cette mise à mort, à la réception critique immédiate : comme au théâtre, on aime, on applaudit ; on déteste, on hurle – entre les deux, le silence, qui est la pire des options. Il anticipe l'échec, l'incompréhension. Il a pourtant le sentiment d'avoir réalisé un très grand film. Son meilleur. Il sait que les regards sont braqués sur lui : les autres réalisateurs et producteurs en lice tentent d'obtenir des informations, son film serait *un événement*, il est un candidat sérieux à la Palme d'or, ils le redoutent. Lui non plus ne peut pas s'empêcher de se renseigner sur les chances des autres cinéastes et, à cet exercice, il s'épuise ; soudain il ne voit plus que les défauts de son film, les faiblesses de sa personnalité anxieuse et même de son entourage, toxique. Il n'en dort plus. Cette pression est là, tout le temps. Le système des prix, cette mise en compétition des artistes, fragilise tout le monde, personne n'est fait pour ça. Il écoute sans conviction ceux qui, pensant l'apaiser, déroulent des arguments auxquels ils ne croient pas eux-mêmes : « Être sélectionné à Cannes, c'est déjà un exploit, le reste n'est pas important », « Tu n'es en compétition qu'avec toi-même », « L'essentiel est de participer ». C'est faux. On ne vient pas à Cannes pour *participer*, faire de la figuration. On est en *compétition*. Et certains films sont présentés hors compétition : ils ne font pas le poids. On vient pour être remarqué, reconnu et repartir avec un trophée que l'on posera sur sa cheminée. Il les voit, chaque année, les acteurs, les réalisateurs, monter les marches, fouler le tapis rouge excités comme des gosses sur un manège, il les voit trembler d'émotion quand ils ont la chance de bénéficier d'une standing ovation, ils l'avouent après la cérémonie, ils n'imaginaient pas que ça leur ferait *ça*.

À proximité de son hôtel, il a rencontré Thierry Frémaux, le délégué général du festival, l'échange a été cordial mais bref et, depuis, il analyse avec sa productrice chaque mot, chaque regard comme s'il espérait y lire un pronostic, décoder une tendance, mais l'homme a l'habitude de gérer les espérances et les pressions des cinéastes et des producteurs, il ne montrera rien.

Romain cherche sur Google les parcours de tous les membres du jury : il est sûr que X n'aimera pas son film ; Y pourrait être surpris. Z, actrice, a déjà joué dans le film d'un autre réalisateur en lice, elle risque de le privilégier. Il voit de la corruption et des obstacles partout, devient paranoïaque : le monde est contre lui ; *les autres* guettent son échec. *On* ne l'aime pas. Si le public cannois le hue, si les critiques se montrent trop violentes, il ne fera peut-être plus jamais de film et il ne s'en remettra pas. Son avenir est suspendu à l'accueil que son travail va recevoir. C'est public. Médiatisé. Instantané. La consécration, la tiédeur ou le lynchage en direct. Il essaye de relativiser, de remettre les choses à leur juste place : il a eu un cancer avec récidive il y a quelques années, ça l'a fragilisé, y penser ne fait que renforcer son désir de vivre et celui, moins avouable, de remporter quelque chose, pour laisser une trace.

Par moments il se laisse gagner par l'optimisme, il y croit, et à d'autres il sombre dans le pessimisme le plus total, il se persuade alors qu'il n'aura rien, que son film est trop clivant, qu'il n'a pas *la carte*, il se compare aux autres, se dévalue, ça dure quelques heures avant la réassurance, Anne le convainc qu'il est très au-dessus, cinéaste génial, surdoué, c'est ce qu'on a dit de toi à tes débuts, souviens-toi, il oscille entre plusieurs sentiments, il n'a jamais été aussi instable, aussi inquiet, il est incapable de contrôler cette peur, ces variations émotionnelles, comme si son disque dur mental s'était soudainement détraqué.

Ça va, tu joues pas ta vie.
C'est que du cinéma.

Tais-toi. Tu parles et tu ne sais rien. Il ne supporte pas ces commentaires. Le cinéma *est* toute sa vie. L'existence n'a de sens que lorsqu'il tourne. S'il ne pouvait plus faire de films de cinéma, il se suiciderait.

Dès son arrivée, dans cette période de tension, Romain trouve un appui solide en Mélanie. Pour se calmer, il décide d'aller faire quelques longueurs à la piscine olympique située près de l'hôtel où elle loge et, après avoir nagé deux kilomètres, exténué mais dopé d'endorphines, il l'appelle sur un coup de tête. Elle accepte tout de suite de le voir. Dix minutes plus tard, il est en elle.

Sa disponibilité sexuelle, c'est ce qu'il apprécie le plus chez elle. Elle a le sexe léger, joyeux, libre. Il sent qu'il peut tout oser et ça l'excite. Il peut mettre son sexe dans sa bouche, dans son cul, fantasmer à haute voix des scénarios érotiques (il l'imagine entourée d'une multitude d'hommes qui font la queue aux toilettes pour la prendre à tour de rôle et éjaculer sur elle, il imagine qu'il la pénètre pendant son sommeil sans son consentement) ; elle l'écoute et participe à sa fantasmagorie sans réticence ni jugement, le sexe semble être pour elle une activité aussi naturelle que boire ou manger. À son chef-opérateur auquel il s'était confié un soir de tournage où il avait un peu trop fumé, il avait dit : « Avec elle, il n'y a pas de prise de tête », et l'autre avait ironisé : « Garde-la, ça devient rare ce type de femme. » À chaque fois, elle lui fait le même effet : il plaque son corps contre le sien, devant, derrière, peu importe, il bande. Ça le soulage de constater que ça vient si vite, sans effort, ils font l'amour, elle crie, puis il se retire d'un coup et éjacule sur son ventre. Parfois en elle. Une fois même sur son visage, et il avait eu envie de filmer ce moment.

Après l'amour, il la trouve un peu étrange, comme si elle était écrasée par un chagrin, elle a pourtant joui, mais il ne lui pose aucune question ; allongé près d'elle, il n'a pas envie de savoir ce qu'elle a, il doit déjà gérer ses propres états d'âme, il ne sait pas comment vont réagir les critiques : un film sur les violences conjugales réalisé par un homme, ça peut énerver.

— Il paraît que cette année la compétition est d'un très haut niveau.

Mélanie caresse son visage, le rassure :

— Tu es un géant du cinéma.

— Tu dis ça parce que tu m'aimes bien.

— Non, je suis objective. Tu es un roi, le meilleur d'entre tous, c'est toi qui mérites la Palme.

Et tout ce qu'il trouve à lui répondre en essuyant son sexe avec un mouchoir, c'est :

— Tu es tellement gentille.

38.

Sur la terrasse de la villa où il s'est réfugié, Lehman écoute son opéra préféré : *Norma* de Bellini. Il évolue dans une sorte de monde parallèle : à Cannes, tout lui semble factice. Au moins, en politique, c'est vif, nerveux, les batailles d'ego peuvent servir l'intérêt général ; ici, la charge narcissique est trop forte, le besoin de reconnaissance éclipse tout le reste. Il s'isole dans sa prison dorée avec Anna et son chien, enclenche son dictaphone en fumant et en buvant au bord de la piscine.

La vie politique me manque. Les heures à discuter d'orientations pour le pays. La fièvre des meetings, des campagnes électorales. Les salles pleines de militants survoltés, c'est comme une drogue. Quatre-vingt mille, cent mille personnes qui se sont déplacées pour vous, parfois même en famille, convaincues que vous allez changer leurs vies. L'adrénaline, qu'il faut bien remplacer par autre chose alors oui, l'alcool, ça aide : comment supporte-t-on autrement la terreur que suscite le vide d'un agenda qu'on n'a connu que saturé de rendez-vous censés vous rappeler à quel point vous êtes indispensable à la bonne marche du monde ? Comment affronte-t-on le déclin quand on a été au sommet ? Est-ce que d'autres chefs d'État noient leurs angoisses ou leur ennui dans l'alcool ?

Soudain tout lui semble morne et froid ; il éteint son dictaphone, c'est à Marianne qu'il pense, il atteint une étape de sa vie qu'il voudrait traverser avec elle. Il découvre que le sentiment amoureux n'est pas une émotion fixe, il peut s'éteindre mais aussi renaître.

Il se demande ce qu'il est venu chercher à Cannes : une validation ? Ou un retour aux sources ? Cannes, ce n'est pas seulement le festival du film. Pour Lehman, c'est d'abord l'enfance. Peu de gens le savent mais c'est ici que pendant vingt ans il a passé toutes ses vacances avec sa famille et, plus tard, avec Marianne et leurs enfants. C'était une époque où de très nombreuses familles juives aimaient se retrouver sur les plages de la Côte d'Azur, la grégarité les rassurait, ça éloignait le sentiment brumeux de faire partie d'une minorité. Elles ne se mélangeaient pas : Cannes pour les plus aisées, Juan-les-Pins pour les autres et, à Cannes même, on repérait vite les différentes classes sociales : il y avait ceux qui avaient les moyens de se loger près de la mer et les autres, dissimulés dans les hauteurs ou derrière la voie ferrée, la plage offrant la meilleure représentation de ces distinctions : plage privée pour les plus riches, plage semi-privée où évoluaient les classes moyennes, plage publique pour les jeunes ou les familles les plus modestes. Et sur les plages privées, on distinguait encore ceux qui pouvaient se permettre de déjeuner et de boire sur la plage et ceux qui restaient le ventre vide, la bouteille d'eau cachée dans le sac, le prix du matelas étant déjà élevé.

Les juifs originaires d'Europe de l'Est, les Ashkénazes, ne se mélangeaient pas aux juifs d'Afrique du Nord, les Séfarades. Le père de Lehman appartenait à la catégorie des modestes de Cannes, version ashkénaze ; il louait chaque année un petit deux-pièces dans les hauteurs de la ville pour lui et ses enfants, un lieu simple mais propre avec un balconnet agrémenté de géraniums qui donnait sur une artère bruyante. Lehman regardait son père préparer les sandwichs qu'ils mangeraient en famille sur la plage publique, remplir des glacières de fruits frais et de boissons, porter à bout de bras les chaises longues et le parasol, dérouler avec dextérité les paillasses sur le sable chaud afin que Dan, son fils chéri, le cérébral, l'intellectuel, toujours un livre à la main, puisse s'allonger ; parfois, il achetait pour ses enfants des amandes ou des beignets enrobés de sucre sur la plage, rarement des pans-bagnats à la baraque à frites : trop chers. Avec eux, toujours cachée sous le parasol, la peau laiteuse, la grand-mère, joueuse de bridge, buveuse de vodka, celle qui avait eu un si grand rôle dans la construction intellectuelle de Lehman. Qui lisait de la poésie russe en sirotant des citronnades maison.

Ses premiers rapports de force sociaux, Lehman les a vécus à Cannes, entre juifs. Les puissants et les faibles. Les riches et les pauvres. Ceux qui ont de l'argent mais pas d'instruction. Ceux qui sont lettrés mais modestes. Tous avaient une ambition commune : que leurs enfants étudient – l'émancipation passait par la connaissance. Il se souvient des clans, des humiliations, les petits juifs à gourmette qui se moquaient de lui parce qu'il n'avait pas le bon blouson, ni les baskets à la mode, pas d'argent pour commander un coca aux terrasses des cafés, les filles du XVIᵉ qui lui souriaient avant de se détourner quand il avouait qu'il était scolarisé dans un collège du 93. Plus tard, il intégrerait le lycée Louis-le-Grand et il passerait devant eux, un livre de philo à la main, avec un peu de condescendance et beaucoup de fierté. L'ostracisme social, l'indifférence sélective, il les avait expérimentés là-bas, et non pas dans la banlieue où il avait grandi. À l'époque, ses amis venaient de tous les milieux, ses convictions politiques le définissaient, sa judéité s'affirmait dans l'ombre, comme un élément secondaire, on prônait la différence et le mélange. De là, la certitude qu'il n'y avait pas de liberté, d'égalité et de fraternité possibles sans mixité, sans désir d'unité : le communautarisme ne pouvait mener qu'à la fracture et la fracture à la guerre civile.

L'enfance, ça lui revient d'un coup dans ce lieu clinquant. Sa grand-mère est morte il y a quinze ans ; son père, presque quatre ans, des suites d'une longue maladie, Hilda était alors enceinte de leur fille, il avait eu la sensation d'être déporté brutalement du côté de la vieillesse et de la mort au moment où il s'élançait vers la jeunesse et la vie. Il voit rarement ses frères qui vivent à l'étranger et avec lesquels il n'a plus jamais reparlé de ces années cannoises.

Il est seul, Nabucco à ses pieds, et tout à coup il voit arriver Anna vers lui ; elle réclame un baiser. Il la prend dans ses bras, la serre contre lui. Ils jouent ensemble dans la piscine jusqu'à l'appel de Hilda qui demande si elle peut passer pour voir la petite. Il dit oui, bien sûr, et vingt minutes plus tard elle surgit avec le magnétisme conquérant d'une star hollywoodienne en représentation, vêtue d'une robe blanche, de chaussures à talons hauts, ses cheveux blonds lissés balayant ses épaules, elle a toujours cette beauté froide qui l'a rendu fou quand il l'a rencontrée mais qui ne suscite plus chez lui qu'une indifférence polie. Voyant sa mère arriver, Anna court vers elle, lui saute au cou, se colle contre elle. Hilda explique à sa fille, en langue des signes, qu'elle ne pourra pas la voir souvent les prochains jours mais qu'elle pensera à elle tout le temps. La petite l'embrasse puis s'éloigne en direction de Sophia qui lui fait de grands gestes. Ils sont seuls à présent, au bord de la piscine, Hilda porte d'épaisses lunettes noires, moins pour se protéger du soleil que pour cacher les cernes qu'aucune crème ni chirurgie n'a réussi à effacer, tandis que Lehman, lui, ne semble pas complexé par les poches violacées qui lui donnent un regard tourmenté.

— Tu vas faire quoi aujourd'hui ? demande-t-elle.
— Je vais me reposer.
Se reposer, pense-t-elle, est devenu chez lui le synonyme de boire.
— Et toi, tu as beaucoup de rendez-vous ?
— Oui, je n'ai pas une minute à moi.
Il lui paraît agité.
— Je peux te laisser Anna ?
— Évidemment. Sophia est là.
— Tu sais quand arrive Marianne ?
— Non.
— J'appréhende. Je ne comprends pas pourquoi elle a voulu venir, c'était une mauvaise idée de l'inviter.
— C'est son livre qu'on a adapté…

— Elle s'est désintéressée du film et à présent qu'il est sélectionné, elle veut en être... Compte tenu du contexte, elle aurait pu s'abstenir. C'est un peu... opportuniste.
— Arrête.
Elle n'insiste pas, elle sait que dans ce réflexe de défense il y a sans doute encore de l'amour.
— Bon, je vais y aller.
Leurs regards se croisent une dernière fois et, dans ce bref échange visuel, ils comprennent que tout est mort entre eux. Il y a, chez l'un comme l'autre, beaucoup d'effroi et un peu de surprise : on dirait qu'ils découvrent que les relations amoureuses sont vouées au saccage et à la déception.

M

Le festival de Cannes, dix jours au mois de mai. Vous arrivez dans un pays à part. Ici vous avez une valeur qui détermine les espaces dans lesquels votre corps est autorisé à évoluer. Il y a une géographie sociale. Respectez-la.

Tout en haut de la pyramide cannoise, les acteurs célèbres, les stars internationales, ils représentent un *capital*, ils valent cher, plusieurs centaines de milliers d'euros, de dollars, parfois des millions. Leur corps sera choyé/paré/massé/maquillé/orné/protégé. D'autres corps, moins cotés que le leur, seront mis à leur disposition pour ça.

On les sollicitera pour des événements prestigieux, organisés par les grandes marques du luxe français ou par le festival lui-même. Ils porteront les dernières créations des couturiers, seront rémunérés par les marques en échange d'une exclusivité ou d'une montée des marches avec leurs produits – la valeur marchande est partout. Ils seront scrutés/analysés/jugés. Le succès a un coût exorbitant. Tout le monde, ici, est prêt à le payer.

À Cannes, le pouvoir ou le coefficient de surface médiatique fixe les répartitions hôtelières : 5, 4, 3, 2 étoiles ; chambres d'hôtes, appartements loués pour l'occasion où l'on s'entasse à dix dans trois chambres, restriction budgétaire oblige, les amis ne vous logeront pas, à 4 000 euros les deux semaines, ils préféreront confier leurs biens à Airbnb.

La valeur des personnalités secondaires est moindre : une actrice de télévision ou de seconds rôles, un écrivain, un mannequin âgé de plus de trente-cinq ans seront toujours moins cotés. Les marques accepteront de leur prêter des vêtements, des pièces issues de collections plus anciennes, généralement déjà portées. Elles pourront assister à quelques projections – il faudra néanmoins *lutter* : prouver qu'elles ont des projets en cours, leur crédibilité découlera de leur capacité à être associées à plus puissant qu'elles.

Vous faites vivre le cinéma, vous contribuez à son rayonnement ou à celui du festival, petites mains de l'ombre dont personne ne connaît l'existence : on ne vous conviera pas, on ne vous prêtera rien, votre présence est essentielle mais doit rester discrète. Vous resterez en coulisses, emprunterez les escaliers de service ; vos corps seront utilisés, exploités, manipulés. Sans vous, il n'y aurait rien ; pourtant personne ne vous remarque, vous êtes transparent. Si quelqu'un est satisfait de vous, il vous le fera savoir par un pourboire, l'argent ici – celui qui est dépensé, celui que l'on rapporte – reste le meilleur indice de satisfaction.

Vous êtes journaliste cinéma. Votre influence sera déterminée par la couleur du badge qui vous sera attribué et que vous porterez autour du cou comme un sésame et une médaille. S'il est argenté, sortez-le. Ici, grand est votre pouvoir, vous faites et défaites les carrières, présidez aux destinées des films : vous vous levez tôt pour assister aux projections du matin, vous vous couchez tard pour écrire les critiques qui seront publiées dès le lendemain. Chaque jour, vous avez de nouveaux ennemis – et donc plus de pouvoir. Vous faites votre travail, résistez aux pressions. Vous ne cherchez ni à être aimable ni à être aimé.

Vous êtes cannois ou de la région, touriste, commerçant, vous vivez et travaillez ici, vous êtes permanent, saisonnier, intermittent, vous évoluez dans des espaces balisés, n'en sortez pas.

Vous êtes des amoureux du cinéma. Il est l'astre autour duquel tout le reste gravite. Rappelez-vous que vous êtes venu pour ça : voir des films au milieu de passionnés comme vous.

J'avais voulu me rendre à Cannes par curiosité ; le festival donnait un aperçu de toutes les variations sociales à grande échelle, de manière exacerbée, et tout ça au nom du cinéma, la machine à rêver. J'avais toujours adoré voir des films, et c'est ce que je fais, mon accréditation autour du cou, dès huit heures du matin, je m'enferme avec Léo dans une salle de cinéma au milieu d'inconnus.

Ça ne dure pas. À Cannes, je suis confrontée à une attention inédite : les demandes d'interviews se multiplient, je reçois des cadeaux, des dizaines de messages, je ne suis pas habituée à ça, même le succès de mon livre ne m'a pas exposée de cette façon, ça me déstabilise et la seule personne avec laquelle je parviens à en parler, qui connaît mieux que personne les exigences de la notoriété, c'est Dan. Au téléphone, il me rassure : « Ça déboussole, je le sais, mais ça ne durera que quelques jours et tu retourneras au silence et à la solitude. » Puis il conclut : « Je suis là si tu as besoin de moi. » Léo, qui est dans ma chambre quand son père m'appelle, me regarde avec une sorte de dépit. Après que j'ai raccroché, elle se lâche : « Tu recherches encore la protection et l'approbation d'un homme » ; je ne la contredis pas alors qu'évidemment ce qui se joue dans mon couple est plus complexe, et je l'assume, tandis qu'elle affirme vouloir exister par elle-même et s'imposer sans dépendre de personne : « Il nous appartient de créer de nouveaux modèles féminins, de nous débarrasser des stéréotypes dans lesquels les femmes de ta génération se sont enlisées. » Elle dit cela mais je sais que, dans le même temps, elle rêve de nous voir réunis, son père et moi, elle a très mal supporté notre divorce, l'explosion de notre famille, l'image du couple amoureux que nous leur avions renvoyée depuis leur naissance, elle aussi est pleine de contradictions. C'est ainsi que j'apprends qu'au cours du déjeuner avec Romain Nizan chez son père, elle a été séduite par *cet homme génial* au point qu'elle a cherché à le contacter et à le revoir. Elle le raconte avec le détachement assuré des femmes très jeunes qui découvrent leur pouvoir d'attraction érotique et c'est à mon tour d'être catégorique :

— Je ne veux pas que tu fréquentes des hommes de ma génération.
— Et pourquoi ? La différence d'âge n'est pas un problème.
— Ce n'est pas ce que tu disais quand ton père a rencontré Hilda.
— Elle, c'était autre chose, elle était attirée par le pouvoir.
— Et toi, non ? Un cinéaste est aussi une personnalité de pouvoir.
— J'ai aimé sa façon de parler de son métier, des combats féministes…
— Ce sont des conneries, il a dit ce que tu voulais entendre, je crois que je préfère encore les hommes comme ton père, leur machisme est une posture.
— Papa, c'est l'ancien monde. Regarde-le, tous ses collaborateurs sont des hommes…
— Ne te trompe pas d'adversaire… Et je te le redis, sors avec un garçon de ton âge.
— Les mecs de mon âge sont immatures, ils refusent de s'engager, ils font leur marché sur Instagram ou les sites de rencontres, ils te draguent, te ghostent sans raison puis reviennent, ils ne savent pas ce qu'ils veulent…
— Tu généralises… Ceux qui agissent comme ça, ne les revois pas, c'est tout. Tu dois te faire respecter…
— De toute façon, il ne se passera rien, je m'en fous de ce mec.
Mais moi je voulais mener cette conversation à son terme quitte à me confronter à elle.
— Tu me juges, tu te crois plus féministe que moi, tu ne vois pas que tu es aussi un rouage de ce système.
— Je ne comprends pas ce que tu me reproches.

— Je ne te reproche rien, tu fais ce que tu veux mais tant que les filles de ton âge iront avec des hommes qui ont vingt, voire trente ans de plus qu'elles, elles les laisseront avoir le pouvoir sur les femmes de leur génération. Vous leur donnez la possibilité de les mépriser, de les maltraiter, ils se sentent forts du pouvoir que vous leur accordez en leur donnant vos corps et votre amour.

— Tu as été blessée, c'est ce qui te rend si catégorique, et je veux que tu saches que je te comprends, ça a été très dur pour toi mais c'est plus compliqué, tu le sais... Un homme me plaît, je ne pense pas à son âge... Et puis je ne vois pas en quoi ça leur donne du pouvoir, vous êtes libres de rencontrer d'autres hommes et même des hommes plus jeunes, c'est assez banal aujourd'hui.

— C'est une réalité que les filles de ta génération ne veulent pas entendre parce que ça les confronte à quelque chose qu'elles redoutent aussi inconsciemment, mais à partir de quarante ans les choix amoureux des femmes se restreignent, quand ceux des hommes, pour peu qu'ils aient un certain pouvoir ou de l'argent, s'élargissent. C'est quand même un truc d'hommes de désirer des filles de vingt ans, voire moins, je ne connais pas de femmes qui affirment avoir du désir pour des garçons de cet âge.

— Tu n'as jamais été attirée par un homme de mon âge ?

— Jamais... La différence entre les hommes et nous c'est ce désir d'éternité, peut-être, la vie d'une femme est rythmée par des cycles qui lui rappellent son évolution ; les hommes, non, ils ont donc moins conscience du temps qui passe. Ce qu'ils veulent, c'est durer, et pour cela, ils ont la capacité de se reproduire...

— C'est pathétique, non ? ironisa Léo. Et tu voudrais rester en couple avec des types pareils ?

— Je simplifie, évidemment, mais je pense que vous ne devriez pas sortir avec des hommes qui vous utilisent comme des trophées pour se rassurer sur leur virilité.

— Je trouve que par moments tu tiens un discours misogyne et, à d'autres, au contraire, tu es très dure envers les hommes. Les choses sont plus ambiguës : en tant que femmes on réclame les mêmes droits que les hommes et, dans la sphère privée, on souhaite pouvoir vivre librement et être amoureuse de qui l'on veut, toi tu es encore figée sur le modèle homme-femme, tu as un discours trop genré ; pour nous, c'est plus nuancé.

— De plus en plus de femmes de ma génération ne supportent plus les hommes et se tournent vers les femmes. Pour certaines, c'est même une révélation. Le plus souvent, c'est une question d'opportunité, de rencontre amoureuse, de choix assertif, mais ça arrive aussi parce qu'elles sentent que les hommes se désintéressent d'elles, je l'ai vu autour de moi, elles se disent : peut-être qu'avec une femme je serais mieux aimée, mieux comprise, mieux désirée.

Léo se met à rire :

— Elles n'ont pas tort.

Puis elle demande :

— Et toi, ça t'est arrivé ?

Je suis surprise par sa question.

— Non, mais ça pourrait, qui sait ?

Il y a un silence ; je précise ma pensée :

— Le dilemme de ma vie, c'est que j'ai vraiment aimé ton père. C'est quelque chose dont on parle peu, cette sorte d'attachement amoureux viscéral à quelqu'un... Je l'aimais, c'est comme ça.

— J'avoue que j'ai du mal à comprendre ça, il a mal agi avec toi... Tu ne lui en veux pas pour ce qu'il t'a fait subir ?

— Je suis trop attachée à la liberté pour lui en vouloir, j'ai souffert, oui, mais est-ce que je pouvais le retenir ? Est-ce qu'il devait rester coûte que coûte ? Moi je ne serais pas restée... C'est l'un des avantages de l'âge, on est plus indulgent, plus souple. Les choses sont toujours plus complexes que ce que l'on croit, Léo...

Elle me regarde, je me dis qu'elle me juge, je voudrais savoir ce qu'elle pense profondément.

— Sur mon bureau, j'ai une photo de papa, toi et moi, je dois avoir un an et je suis dans les bras de papa.

— Oui, je m'en souviens, elle a été prise en Toscane, pendant l'été.

— Je n'ai jamais voulu que ce bonheur-là s'arrête.

39.

À la recherche du désastre sera projeté en deuxième semaine du festival, le mardi soir, à la séance de 19 h 30. Nizan est déçu, ce n'est pas la meilleure séance, il est dans un très sale état, il n'a pas réussi à manger depuis deux jours ; deux des films en compétition ont déjà suscité un engouement exceptionnel. Il a appris que Marianne avait finalement fait le déplacement : elle qui a souhaité faire retirer son nom du scénario, qui s'est plainte de l'égocentrisme de ce milieu, qui généralisait tout le temps en disant « le monde du cinéma », comme s'il s'agissait d'une entité monolithique, a manifesté son désir d'aller à Cannes, il a vu ça mille fois, les gens qui crachent sur le système et sont les premiers à vouloir l'intégrer, les auteurs qui assistent à la cérémonie des César quand une adaptation de leur livre – qu'ils clament partout avoir détestée – reçoit un prix ; la lumière les attire, les stars les fascinent, ils veulent leur part de gloire, il ne lui en veut pas, elle n'est ni meilleure ni pire que les autres, il espère qu'elle dira publiquement qu'elle aime le film. Pour la convaincre de lui céder les droits du livre, il avait dû accepter qu'elle écrive le scénario avec lui et ça avait été l'horreur. Il avait subi pendant des mois sa méconnaissance totale de ce qu'était une adaptation, de l'écriture scénaristique, son obsession maladive de la restitution fidèle de son roman, le combat pour imposer ses dialogues plats, au mot près, ses propositions oiseuses qui impliquaient des dépenses énormes, son absence totale de point de vue de mise en scène, son ego d'auteur, ses demandes d'argent à chaque nouvelle version sur laquelle elle avait travaillé, comme si la production était une machine à cash, et le rejet de tout ce qu'il proposait d'original. Quand, au cours de l'écriture, Marianne avait eu un accident de ski qui l'avait laissée immobilisée à l'hôpital pendant trois semaines, il avait même pensé : « Si elle n'est plus là, au moins je vais être tranquille » ; c'était moche, mais elle l'avait bien cherché. Il connaissait pourtant la règle absolue de toute adaptation audiovisuelle : un cinéaste ne doit JAMAIS faire participer l'auteur du livre à l'écriture du scénario. À la rigueur, on peut lui verser une indemnité en tant que consultant puisque les auteurs, c'est connu, cherchent toujours à gratter quelque chose, un peu de fric, de la reconnaissance, un titre vide n'impliquant aucune fonction précise, une sorte de hochet que l'auteur pouvait agiter à sa guise sans gêner personne, il savait qu'il n'aurait JAMAIS dû consulter Marianne sur quoi que ce soit sous peine de recevoir une facture de son agent dans les jours suivants. Il avait cédé et ça avait été une erreur difficile à réparer. Il l'avait tenue à l'écart des discussions sur le casting, elle désapprouvait évidemment le choix de Hilda et ça, il pouvait le comprendre. Il l'avait piégée, elle l'avait traité d'opportuniste, il lui avait dit qu'elle était trop susceptible, qu'elle ne comprenait rien à la façon dont on finançait un film : les conflits d'usage. Il l'avait invitée sur le tournage à trois reprises pour l'amadouer les jours où Hilda ne tournait pas, il avait tenté de rester dans une zone de cordialité, ils avaient même partagé un repas avec la productrice du film et l'acteur principal. Pendant le montage, il l'avait évitée. Elle viendrait à Cannes et ils feraient comme si leur collaboration avait été idyllique, sa présence représentait une indéniable valeur ajoutée, son livre s'était vendu à deux cent mille exemplaires, ça assurait un nombre de spectateurs minimum.

Il a vérifié la qualité de son film avant sa présentation : le son, l'image ; il est terriblement stressé à l'idée que quelque chose lui échappe. Il est là, seul, dans cette salle où des dizaines de personnes vont voir et juger son travail, et il est pris d'une angoisse impossible à juguler, il appelle un ami, réclame quelque chose pour se détendre là, tout de suite, et moins d'une demi-heure plus tard, enfermé dans les toilettes, il prend un rail de coke.

Il avance sur un fil, un rien peut le faire tomber. Il sait ce qu'on dit de lui. Nizan ? Un cinéaste exigeant, caractériel, tyrannique. Mais le cinéma est un art collectif, on ne peut pas diriger une équipe de plusieurs dizaines de personnes et ne pas, par moments, être un peu autoritaire, dirigiste. Il faut prendre des décisions à chaque minute, ne pas montrer ses doutes, gérer les ego, les blessures, les orgueils respectifs, les imprévus. Psychologiquement, il faut être armé : tout, sur un tournage, vous est hostile.

La rumeur enfle : il y aurait une liste noire d'acteurs et de cinéastes contre lesquels des femmes auraient porté plainte.

Romain a pu être séducteur ; ça ne fait pas de lui un abuseur, un harceleur, mais dans cette nouvelle ère post-MeToo il doit faire profil bas. Il se refait le film de ses aventures sexuelles – a-t-il été insistant ? –, il reconstitue le fil du tournage : il s'est souvent emporté, c'est vrai, de la colère, rien de plus, la pression est si forte. Il n'a jamais été autant sous contrôle qu'à Cannes, la veille de la projection de son film : pas de réseau social, pas de crise, pas d'alcool, pas de sexe avec des inconnues –, un joint éventuellement pour se détendre, un rail de coke, rien de plus. Alors il se persuade qu'il ne peut rien lui arriver. Il oublie simplement qu'ici, tout peut arriver.

40.

Après l'amour, Mélanie n'a plus reçu le moindre message de Romain, elle est habituée à ces périodes de silence après une forte intimité : si elle lui écrit, il ne répond pas, et ça fait mal, elle se sent ignorée, sans valeur. Elle s'apaise en se disant qu'elle porte son enfant et qu'il ne le sait pas, elle a un pouvoir sur lui désormais, elle lui en parlera après Cannes. Dans cet entre-deux, elle ne veut pas y penser, c'est trop douloureux.

Elle déambule dans la ville, en quête de bons plans, essaye d'accompagner dans une soirée un célèbre agent qu'elle a rencontré dans un café et auquel, elle l'a remarqué, elle a tapé dans l'œil ; jusqu'à la dernière minute il y a un petit suspense avant qu'il ne lui envoie un sms pour lui dire qu'il ira avec l'un de ses « talents », façon de lui rappeler qu'elle n'en a aucun. Finalement, après avoir échoué à s'incruster dans un dîner donné par France Télévisions au Majestic, elle parvient à obtenir un laissez-passer pour le bateau d'Arte, grâce à l'intervention inopinée d'un scénariste de la chaîne avec lequel elle a eu une brève aventure l'année passée. Elle reste à l'avant du bateau, secouée par la nausée, le cœur au bord des lèvres, cherchant à s'immiscer dans une conversation, mais elle ne connaît personne et personne n'a envie de la connaître. Aux cocktails, elle retrouve souvent les mêmes pique-assiettes qui accourent à la seule fin de siffler un champagne de qualité – les alcooliques mondains se reconnaissent entre eux : la première chose qu'ils font en arrivant quelque part, c'est de repérer le bar. Elle boit discrètement : un homme qui boit, en particulier s'il crée, c'est viril ; une femme, c'est dégradant. Le scénariste la rejoint enfin, accompagné d'un ami qui lui demande quel sera son prochain rôle ; elle n'ose pas parler de la fiction qu'elle doit tourner pour M6, ni avouer qu'elle a été la doublure corps de Hilda Müller, alors elle dit qu'elle a joué une assistante sociale dans la série *Un cœur pour deux* sur TF1. Entendant ces mots, il détourne le regard, il ne veut pas en savoir davantage. Derrière eux, un critique cinéma prononce une longue diatribe contre le film de Nizan : ce réalisme n'est que du racolage, de la merde, du voyeurisme ; un autre n'est visiblement pas d'accord, il faut montrer le réel dans toute sa violence. Mélanie est étonnée, le film ne sera projeté que le lendemain. C'est alors qu'elle comprend qu'ils en parlent sans l'avoir vu.

En fin de soirée, le scénariste qui est revenu vers elle après avoir erré d'un buffet à l'autre à la recherche de poisson cuit lui demande si elle consent à ce qu'il l'embrasse mais elle refuse. En temps normal, il l'aurait forcée et traitée de connasse – il l'a fait rentrer, ce qui lui donne *au minimum le droit de la sauter*, mais les temps ont changé, il a trop peur qu'elle porte plainte contre lui pour agression sexuelle au commissariat de Cannes ou qu'elle associe son nom au hashtag #balancetonporc sur Twitter, le mot « violeur » serait accolé à son nom, sa carrière serait finie, *sans « oui » explicite, mieux vaut ranger sa bite.* Il trouverait un plan B, on trouvait toujours des plans B dans les soirées cannoises. Dans le pire des cas, il finirait par se masturber dans la chambre qu'il avait louée chez l'habitant du côté d'Antibes.

Mélanie part avant le dessert pour ne pas être tentée, elle se connaît, si elle n'en commande jamais, retenue par la terreur de grossir, elle finit toujours par plonger sa cuillère dans le tiramisu de quelqu'un d'autre, ça crée une familiarité gênante ; elle doit se coucher tôt, à Cannes il faut rester *fraîche* et elle a oublié à Paris ses patchs décongestionnants.

Personne ne propose de la raccompagner, elle rentre à pied. Elle vomit en chemin, contre un arbre. Quand elle arrive dans sa chambre, elle retire ses escarpins : la peau de ses pieds est écorchée jusqu'au sang. Elle dîne seule dans sa chambre d'un jus de tomate acheté chez Casino, l'hôtel ne propose pas de boissons dans la chambre et de toute façon elle n'aurait rien consommé, ses parents ne l'ont jamais autorisée à utiliser un minibar, c'était un interdit absolu comme l'inceste, et puis elle devait perdre encore un kilo si elle voulait entrer dans sa robe achetée quatre-vingts euros dans un outlet Maje de La Vallée Village. Elle se connecte à son compte Instagram et poste une photo d'elle à la soirée Arte avec les hashtags #festivaldecannes #arte #passioncinéma #viederêve : elle y apparaît radieuse au milieu des invités. Ensuite seulement, elle s'effondre en larmes. Dix ans plus tôt, elle a été invitée à Cannes, dans une suite du Majestic et, un verre de Ruinart à la main, a bu à la carrière que son agent lui assurait. À présent, elle est seule, sans projets, avec pour seul horizon un avenir incertain, en train d'attendre que le calmant léger qu'elle a trouvé au fond de son sac fasse son effet, coincée dans une chambre à travers la paroi de laquelle elle entend son voisin uriner. Vieillir, c'est revoir ses prétentions à la baisse.

L'appel soudain de sa mère rompt le cycle tragique de ses pensées. Oui, c'est magique, elle va monter les marches, *tu me verras à la télé*. Elle raccroche. Elle passera sa première nuit dans sa chambre vue parking. Tous ses messages ont été lus. Aucun de ses contacts sur place ne lui a répondu. À Cannes, on mesure son influence au temps que les gens mettent à nous répondre.

41.

Léo fait défiler les profils sur un site de rencontres, elle en glisse deux dans son « caddie », Freddy, coach sportif à Saint-Ouen, et Hugo, créateur de jeux vidéo, « cool et facile à vivre », qui vit à Mandelieu-la-Napoule, puis les retire sur un coup de tête. Elle a déjà vécu cinq histoires décevantes, il est préférable d'arrêter les frais, on n'adopte pas un mec comme un chien. Elle se connecte à une autre application. Plusieurs profils qui semblent lui correspondre d'un point de vue algorithmique se trouvent à proximité mais aucun ne lui donne vraiment envie et elle le sait d'avance : aucun ne la fera jouir.

Finalement, elle reste enfermée dans sa chambre d'hôtel à visionner un film de Nizan. Depuis le jour où elle l'a croisé chez son père, elle pense à lui tout le temps ; il la fascine. Sa mère a tort : ça se passe ailleurs que dans de simples enjeux de pouvoir. Des hommes aussi créatifs, c'est rare. Intellectuellement, il en impose. Son aura, sa maturité, cette maîtrise – ça joue. Et cette sensualité qui se dégage de lui. C'est quelque chose qu'elle remarque toujours quand quelqu'un entre dans une pièce, ce magnétisme impossible à dissimuler des gens qui aiment baiser. Peut-être aussi qu'elle trouve sa résistance attirante. Elle n'est pas habituée à ça, ces rapports de force, ce goût pour le contrôle, elle a toujours eu des relations assez équilibrées avec les hommes et elle découvre que cette perte de pouvoir, ça l'excite ; ce rejet, ça attise son désir et elle se retrouve à visionner un porno en imaginant, le regard focalisé sur les sexes en mouvement, que c'est lui qui la prend. Dès son arrivée à Cannes, elle lui a écrit un mot d'une profondeur incroyable – sans doute le plus beau qu'il ait reçu – sur une carte postale représentant une affiche du film *Vie privée* de Louis Malle avec Brigitte Bardot, elle avait lu qu'il l'adorait. Elle l'a déposée à son intention à la réception de son hôtel. Elle est jeune mais elle a de l'éducation, elle connaît les codes et cette attention, alors qu'il a le sentiment de jouer sa vie, pourrait le toucher. Sa stratégie paye, il lui propose de le rejoindre à la terrasse de son hôtel, il a une interview dans une heure ; ils pourraient boire un verre avant. Dix minutes plus tard, elle est là, vêtue d'un simple jean et d'un tee-shirt blanc, des sandales aux pieds, elle a les gestes désordonnés des filles, à la vingtaine, qui ne savent pas quoi faire de leur corps, alors qu'elles n'ont précisément *rien* à faire, leur naturel suffit à éblouir. Nizan la laisse attendre trente minutes et, quand enfin il apparaît, sans même une excuse pour justifier ce retard, elle sent la peau de son visage brûler, le soleil tape trop fort. Il s'assoit près d'elle, sur la banquette. Il la trouve belle, encore plus que la dernière fois, sa peau est fine et sans défaut : « Tu captes la lumière. Sur la pellicule, ça doit donner quelque chose d'intense » et, disant cela, il sort son portable et la filme quelques secondes. Elle paraît mal à l'aise, place ses mains sur la table pour échapper à sa gêne puis il lui montre les images, leurs corps se frôlent, épaule contre épaule : « Regarde, seules les grandes actrices font cet effet à une caméra. » Elle remarque qu'il a dû teindre ses cheveux depuis qu'ils se sont vus car les filaments blanchâtres qui striaient sa chevelure ont disparu. Il les a coupés aussi, ils sont à présent négligemment ébouriffés avec du gel. « Tu as déjà pensé à devenir actrice ? » Il délie sa jambe sous la table, effleure celle de Léo qui – ça commence à se voir – n'a jamais ressenti une tension érotique pareille.

Est-ce qu'il fait ça à toutes les meufs qu'il rencontre ?
Ça se voit qu'il veut coucher avec moi, c'est mignon.
Ça se voit qu'il a peur de vieillir, qu'il passe tout son temps libre à la salle de sport, qu'il veut faire jeune.

Léo doute tout le temps d'elle, ça la valorise de constater l'effet qu'elle a sur Nizan, ça lui donne un certain pouvoir, qu'elle n'a pas vraiment dans la sphère sociale. Il lui plaît. Elle voudrait qu'il tente quelque chose. Qu'il lui dise de monter dans sa chambre. Et des images érotiques se mêlent à la conversation, très maîtrisée, où il est question de tout – sauf de désir. Nizan lui pose quelques questions sur ses activités à la Fondation des femmes puis, très vite, se met à parler de lui, de son travail : « Un tournage est une machine de guerre, tu vois, et moi je suis un peu le général en chef. » Elle l'écoute, elle remarque qu'il ne peut pas s'empêcher de mater ses seins, c'est presque trop facile avec les mecs de cet âge : ils bandent rien qu'en te voyant arriver ; tu les regardes et tu le vois que ça leur fait quelque chose, parce que jeune, tu es une proie de valeur. Elle n'a même pas besoin de le séduire, de ruser : si on montre qu'on est bien consentante, si on est même entreprenante, les mecs s'engouffrent dans la brèche, avec méfiance parfois, mais ils y vont quand même, le désir de baiser est toujours plus fort que la peur. Elles ironisent entre copines : les mecs, ils ont quand même un sexe à la place du cerveau.

Elle n'est pas offensive, elle n'a pas oublié que Nizan a ignoré ses messages, ça l'a fait douter, elle s'est contentée de lui déposer ce mot et d'attendre qu'il réagisse.
— Pourquoi tu n'as pas répondu à mes messages sur Insta ? Tu as eu peur ?
— De quoi tu parles ?
— Des messages que je t'ai envoyés.
— Je n'ai rien reçu.

Elle pense qu'il ment. Il ment, il manipule. Il ne sait pas à qui il a affaire. *Je suis plus forte que lui.* Finalement, quand après lui avoir dit que l'addition était pour lui (c'est-à-dire pour la production) il tend son visage pour l'embrasser sur la joue, elle l'agrippe d'une façon très tendre. Sur le moment, il se laisse faire, surpris, puis il a un mouvement de recul. Elle ne s'attend pas à la suite. Il affirme qu'il l'apprécie, qu'il aime discuter avec elle, ils pourraient être amis. Elle le regarde en cherchant dans sa tête une phrase qui lui éviterait de perdre la face. Trop tard, il a déjà prononcé les mots qu'elle redoutait : « C'est pas contre toi, Léo, mais tu es trop jeune et j'ai quelqu'un dans ma vie. »

42.

Cannes acte la fin : d'un mariage, d'un règne, d'une influence. Lehman voit bien qu'ici il n'est plus rien et que, par un effet de balancier, les femmes qu'il a aimées prennent la lumière : on ne parle que de Hilda, du film, de Marianne, du livre – du sien, il n'est plus question, sa tournée médiatique s'est achevée du jour au lendemain, il se sent prisonnier de ses pensées morbides : l'attaque antisémite a laissé en lui une scarification profonde, il a l'impression de n'être plus que « le juif Lehman », « le clown », « l'escroc ».

Il s'enferme dans sa chambre pour boire seul, lire et écrire. Il aurait voulu être écrivain comme son ex-femme, Marianne. Il l'avait lue avant de la rencontrer, elle avait un univers trouble, tourmenté, traversé par des questions existentielles, et une charge subversive qu'elle ne possédait pas ou qu'elle dissimulait dans sa vie, il n'avait jamais su le déterminer même après tant d'années de vie commune, toute une part d'elle-même lui échappait – qu'il espérait comprendre à travers ses livres. D'elle, il avait particulièrement aimé un livre qu'elle avait écrit à l'âge de vingt-huit ans – *M'arracher* – dans lequel elle racontait l'agression sexuelle qu'un ami de son père lui avait fait subir alors qu'elle avait dix ans, il admirait sa capacité d'introspection. La littérature les avait profondément liés et ça lui manquait.

Il a emporté avec lui le tome 9 des œuvres complètes de Jaurès, *Bloc des gauches*, il relit le « Discours à la jeunesse » prononcé en 1903 devant les élèves du lycée d'Albi, où Jaurès avait lui-même été élève puis professeur : « Le courage, c'est de comprendre sa propre vie, de la préciser, de l'approfondir, de l'établir et de la coordonner cependant à la vie générale. »

Comprendre sa vie, il le fait en se parlant à lui-même puisque, président, il ne s'est jamais autorisé à franchir la porte d'un thérapeute. Il enclenche son dictaphone et écoute l'enregistrement de la veille.

Comment font les autres pour être heureux ? Moi, je n'y parviens pas. J'essaye méthodiquement, je m'accroche, comme on dit, je fais des efforts, sans trop y croire, et en fin de soirée j'avale un anxiolytique – la seule question est celle-ci, écrivait Faulkner : *quand vais-je me désintégrer ?*
Plusieurs hommes politiques ont écrit – à mots voilés car les faiblesses ne se montrent pas – sur le stress parfois insoutenable qu'ils ont ressenti, la solitude de la prise de décision, le sentiment d'impuissance qui a pu les amener jusqu'à la dévastation : Churchill était dépressif et alcoolique. Lincoln, bipolaire. Kennedy prenait trop de médicaments. De Gaulle avait évoqué, au lendemain de son référendum manqué, une « vague » qui avait failli l'« entraîner trop loin ». Pierre Bérégovoy, celui dont je me sentais proche parce qu'il venait comme moi d'un milieu modeste et s'était senti exclu du système,

s'était suicidé. L'action politique me manque, je sais pourtant quel est le prix à payer pour agir.

Il continue à discuter chaque semaine dans son bureau, en face-à-face ou au téléphone, avec quelques personnalités du cénacle politique et médiatique pour évoquer la situation du pays, mais il a l'impression que sa lecture des événements intéresse moins, surtout les plus jeunes, qu'il est devenu, pour certains d'entre eux, un homme du passé. Il se convainc qu'il doit écrire un nouveau livre à partir de ses enregistrements, l'écriture est une façon de contourner le gouffre que la fin du pouvoir ouvre devant lui de façon brutale, sismique : Mémoires, correspondances – en France, rares étaient les hommes politiques qui n'avaient pas un jour ou l'autre manifesté le désir d'écrire, l'attachement à la littérature était presque une tradition, un passage obligé pour toute personnalité désireuse d'obtenir crédibilité et légitimité intellectuelle. Mitterrand, de Gaulle étaient des écrivains, il espérait lui aussi laisser une œuvre.

Il boit deux, trois verres d'affilée, se sent mieux. Il aime cet état second qui dresse un filtre entre le monde et lui, l'alcool déforme le réel, le sublime : le rend supportable. Il rit à des blagues faciles, il rit même tout seul. L'alcool l'aide à se sentir mieux, à affronter ses échecs et ses peurs, il croit aux vertus cathartiques de l'alcool qui élève et sauve.

Il enclenche le dictaphone : À soixante-quatre ans, j'annonce officiellement que j'arrête la politique pour me consacrer à la littérature – l'écriture, on le sait, reste une voie de sortie honorable quand on a tout raté.

43.

Mélanie n'a pas réussi à obtenir une place pour la projection du film, dans la grande salle Louis-Lumière, la curiosité des festivaliers a été tellement attisée que l'attachée de presse s'est retrouvée saturée de demandes. Mélanie tente sa chance : puisque Romain ne lui a pas répondu, elle l'appelle depuis le lobby de son hôtel :

— Je suis en bas.
— Tu aurais pu prévenir.
— S'il te plaît.

Il lui dit de monter, d'une voix froide, métallique. Dans l'ascenseur, elle se remaquille, ajuste la veste de l'ensemble en soie crème qu'elle a emprunté à une amie pour la soirée ; en dessous, elle ne porte qu'un body légèrement transparent couleur chair. Elle frappe doucement à sa porte, elle ressent toujours un mélange d'excitation et de fébrilité quand elle voit Romain ; il l'accueille, en tee-shirt, caleçon, les yeux défoncés : il a trop dormi ? Trop fumé ?

— Qu'est-ce que tu fais là ?
— Je n'ai pas de place pour ce soir.
— Écoute Mél, je ne peux pas gérer ça.

— Je veux juste une place.
— Vois ça avec l'attachée de presse.
— Elle ne me répond pas.
Il soupire d'un air excédé. Elle insiste :
— Je ne partirai pas tant que tu ne m'en auras pas trouvé une, c'est le minimum, sans moi il n'y aurait pas de film.
— Je suis pas en état, là.
— C'est moi qui t'ai apporté ce projet, tu t'es servi de moi...
— Ne sois pas parano, Mél. Personne n'a utilisé personne.
— Tu nous as très mal traités pendant tout le tournage et même maintenant... Ça va finir par se savoir...
Elle a dit ça en haussant le ton.
— Tu me menaces ?
Le ton de sa voix la tétanise, elle se fige et soudain il s'approche, se colle à elle, l'embrasse dans le cou, l'attrape par les épaules, lui murmure qu'il a envie d'elle, *tu me fais bander.* Mélanie se laisse faire, *je me fais avoir à chaque fois, je sais pas te résister.* Il prend sa main et la pose sur son sexe, il est dur : *regarde dans quel état tu me mets. Suce-moi.* Mélanie le caresse, puis s'agenouille pour lui faire une fellation. *Je vais jouir dans ta bouche* mais il ne le fait pas, il sort d'elle et éjacule sur sa veste. Elle regarde le tissu taché avec désolation, et tout ce qu'il trouve à dire, c'est :
— Retire ta veste.
— Pourquoi ?
— Retire-la je te dis.
Il fait une crise de parano, là, tout de suite. Il ne lui déclare pas frontalement « Je ne veux pas que tu te balades avec mon sperme sur ta veste. Je ne veux pas me retrouver dans la même situation que Bill Clinton et Monica Lewinsky avec ce bout

de tissu rangé dans ton tiroir au milieu de tes culottes et que tu vas ressortir un jour pour me faire chier ! », mais elle l'a compris et elle se sent tellement humiliée que, dans un sursaut de dignité, elle resserre contre elle les pans de sa veste afin qu'il ne puisse pas la lui enlever.

— Tu crois quoi ? Que je vais porter plainte et dire que tu m'as violée ?

— Je ne sais pas, tout est possible aujourd'hui.

— Tu te rends compte de ce que tu dis ?

— Quoi ? Qu'est-ce que j'ai dit ?

— Comment peux-tu me croire capable d'une chose pareille ?

— Je ne crois rien, je suis prudent, OK ?

— Tu es en train de me traiter de vicieuse, de manipulatrice...

Une crise, c'est la dernière chose dont il ait besoin à quelques heures de la projection de son film, la voir ainsi est au-dessus de ses forces, il faut *vraiment* qu'elle parte.

— T'es parano !

— Donne-moi cette putain de veste.

Il prononce ces mots en tirant dessus pour la lui arracher. Elle résiste. Il tire et déchire sa veste dont un morceau entier lui reste entre les mains.

— Espèce de taré !

Ils se regardent un moment, elle semble désemparée et c'est le moment qu'elle choisit pour lui annoncer qu'elle est enceinte.

— Quoi ? Qu'est-ce que tu dis ?

— Je suis enceinte, tu crois que je vais porter plainte contre toi ?

Il lâche le tissu, sidéré par ce qu'il vient d'entendre.
— Je ne te crois pas.
— J'ai fait un test, des analyses, une échographie, je suis enceinte de trois semaines.

Disant cela, elle saisit son téléphone pour lui montrer ses résultats.
— C'est impossible, tu prends la pilule, tu me l'as assuré.
— Oui mais je me suis fait vomir pour maigrir, c'est un accident, je ne voulais pas te piéger, je te le promets.

Romain fait défiler les photos : il lit les résultats des analyses de sang, regarde les images de la première échographie, et ça le bouleverse, il ne parvient pas à le cacher, il se laisse tomber sur le lit en lui rendant son téléphone. Mélanie s'assoit près de lui.
— Tu es sûre qu'il est de moi ?
— Pauvre con.

Et alors il a une réaction à laquelle elle ne s'attendait pas. Il l'enlace, la prend dans ses bras, l'embrasse tendrement et lui demande ce qu'elle va faire. Elle répond qu'elle ne sait pas. Elle a compris : il devient tendre pour l'amadouer et la convaincre d'avorter, elle a déjà vécu ça avec un mec. Gentil, prévenant la veille du curetage ; le lendemain il avait disparu. Mais elle se trompe et elle est complètement déstabilisée quand elle l'entend répéter qu'elle ne doit pas se précipiter, ils vont réfléchir *ensemble*.
— Je dois agir rapidement si je veux passer par une IVG médicamenteuse.

Puis, elle ajoute :
— Je ne pense pas le garder, ne t'inquiète pas.
— Qui t'a dit que moi, je ne voulais pas le garder ?

— Tu es sérieux ?
— Très.
Il s'allonge sur le lit, légèrement replié sur lui-même, fragile tout à coup.
— Je ne pensais pas que je pouvais avoir un enfant, j'ai eu un problème de santé il y a quelques années, mais ce n'est pas le bon moment pour en parler...
— Je vais commencer le tournage d'une fiction, là, pour M6, c'est important pour moi, j'ai signé un contrat, si je me désiste, on ne me confiera plus aucun rôle.
— On n'est pas obligés de prendre une décision tout de suite, je vais te trouver une place pour ce soir, mais je t'en prie, ne fais rien sans m'en parler.

M

Le soir de la projection du film, en haut du Palais des festivals, une centaine de manifestants déploient une banderole où est inscrit le nom de leur mouvement en lettres rouges : *Ceux qui Luttent*. Ils crient : « On en a assez ! Assez ! De la précarité ! » ou encore « La précarité, c'est pas un métier ! ». En quelques minutes, ils sont évacués. Devant le palais, sur le tapis rouge, les actrices et les starlettes prennent la pose, maquillées/parées. Les hommes s'avancent, smoking et nœud papillon de rigueur, pas de baskets aux pieds, c'est la règle.

Romain n'a aucune envie d'arriver avec Dan ni de monter les marches à ses côtés. Il a donc été convenu que Dan, officiellement pour des raisons de sécurité, emprunterait une autre entrée, plus discrète.

Toute l'équipe du film se rassemble au bas des marches avant de monter, avec sobriété – compte tenu du sujet du film, la productrice a prôné la discrétion et la retenue : pas de danse sur le tapis rouge ni de mises en scène trop exubérantes devant les photographes. Une fois en haut, Nizan, entouré de ses acteurs, prend la pose, je me mêle à eux, un peu gênée, lui paraît à l'aise : personne ne remarque qu'il est tétanisé par le trac. Il n'avait pas imaginé que ce serait aussi douloureux, Anne me l'a confié dans la voiture : « Il est trop stressé, j'ai peur qu'il pète un câble. »

En haut des marches, Hilda sort son téléphone portable pour prendre un selfie : on lui rappelle aussitôt que c'est interdit, mais elle s'affirme. Son assurance me fascine, cette forme d'arrogance propre aux personnes habituées à être traitées comme des privilégiées.

Des militantes surgissent, brandissant des pancartes à la main :

ON NE NAÎT PAS FEMME
MAIS ON EN MEURT.

ENSEMBLE,
BLOQUONS UNE SOCIÉTÉ QUI EXPLOITE,
OPPRIME ET TUE LES FEMMES.

Nizan rejoint ces femmes et pose à leurs côtés devant les photographes, le poing levé en signe de révolte et de solidarité. Il me fait signe de venir et j'obéis comme un automate.

Le collectif des précaires s'est mêlé à des associations féministes ; ils sont plusieurs dizaines à l'entrée à appeler à un changement de la société.

À l'intérieur de la grande salle Louis-Lumière, le spectacle se joue sur l'écran et dans la pièce. Tout le monde s'observe. La place révèle le rayonnement social. Hilda est assise en bas, Léo sur le côté, Mélanie au balcon ; concrètement, cela signifie qu'elle n'a pas eu le droit de fouler le tapis rouge, de monter les marches qui mènent à l'entrée principale de la salle, en haut desquelles patient le directeur et la présidente du festival, elle a dû arriver plus tôt et se présenter à une autre entrée, elle est très loin du carré d'or où elle aperçoit avec envie les partenaires officiels, producteurs, acteurs, cinéastes les plus en vue et les quelques autres élus qui possèdent le sésame « Accès prioritaire à l'orchestre ».

Ma montre annonce dix-neuf heures et Dan n'est pas là. Je ne remarque que ça, cette absence. Je lui envoie un message mais il ne répond pas. Où est-il ? Je suis assise près d'Anne. Mon regard croise celui de Hilda. Elle semble confiante, c'est son moment. Peut-être qu'elle ne pense pas à Dan. J'envoie un message à Léo : « Tu as vu ton père ? » « Non. » Quelques minutes plus tard, elle écrit : « Il a sûrement reculé pour te protéger, il n'a pas voulu se montrer en présence de Hilda finalement. » Ça me fait du bien de le lire. C'est, à cet instant, la preuve que Dan me préserve. Qu'il tient à moi. Je lui renvoie deux messages. Il ne répond à aucun.

44.

Buñuel disait que lorsqu'on a la première image, on a le film. La première image, Nizan l'a eue tout de suite dans sa tête : ce sont des mains sur un cou, des mains qui serrent, en gros plan. Les premiers cris se font entendre. Les regards se détournent de l'écran. Certains spectateurs cachent leurs yeux avec leurs doigts. Le titre s'affiche.

À LA RECHERCHE DU DÉSASTRE

Au bout de dix minutes, des gens commencent à sortir de la salle. Un spectateur s'évanouit, on appelle les secours ; en attendant leur arrivée, l'homme est allongé au fond de la salle, quelques personnes se retournent pour savoir s'il est encore en vie. Les pompiers finissent par l'embarquer discrètement, mort ou vif, le spectacle doit continuer.

Toutes les vingt minutes, quelqu'un se lève et quitte la salle. Nizan est là, au milieu, recroquevillé sur son fauteuil, il voit tout, entend tout, les commentaires, les gens qui partent, ses sens sont décuplés, c'est un supplice. À la fin du film, une partie de la salle se lève et applaudit. Plusieurs personnes sont en larmes. Les visages de Romain et Hilda sont projetés sur l'écran principal. Tous les téléphones portables braqués sur eux. Ils sont applaudis et hués dans le même temps, mais il y a maintenant une centaine de personnes debout. Romain est tétanisé, la foule le galvanise et le terrorise à la fois, il serre la main de Hilda qui se retient de pleurer. Cannes tient son scandale.

Dehors, des journalistes guettent les réactions des spectateurs : « C'est un film lamentable, insoutenable », s'exclame un spectateur à la sortie, tandis qu'une autre estime qu'il s'agit d'un « chef-d'œuvre de réalisme ». Nizan et son équipe sortent enfin sous les applaudissements et les huées. Un peu plus loin, sur le parvis, deux spectatrices âgées d'une trentaine d'années se précipitent vers Nizan pour l'interpeller : « C'est à vomir, du voyeurisme à l'état pur, vous n'auriez jamais dû faire un film comme ça. Vous n'avez aucun respect pour les femmes qui ont subi des violences. C'est tout sauf du cinéma ! Vous êtes dégueulasse ! »

Instantanément les réseaux sociaux s'enflamment avec le hashtag #àlarecherchedudésastre.

M

« C'est POURRI et affreux et horrible et nous sommes partis », raconte Zelda Fitzgerald dans une lettre à sa fille Scottie, après avoir visionné en compagnie de son mari, Francis Scott Fitzgerald, l'adaptation cinématographique de *Gatsby le Magnifique* en 1926. En voyant le film adapté de mon livre, j'éprouve moi aussi un sentiment de déception : c'est bien mon texte qui a été transposé sur grand écran, mais d'une manière qui dénature tout. Esthétique, visuellement surprenant, mais aussi racoleur, cynique. Je ne reconnais rien de l'histoire que j'ai racontée : tout a été amplifié, déformé, caricaturé. Aux coups que mon héroïne a reçus ont été ajoutées des violences sexuelles, qui ne figuraient pas dans le livre. Surtout, Nizan a ajouté le meurtre de l'héroïne, qu'il a filmé d'une façon atrocement réaliste dans une scène que j'ai eu du mal à regarder jusqu'au bout. Le film baigne dans une ambiance glauque, ambiguë, malsaine. Je comprends à présent pourquoi il n'a pas voulu me le montrer : il redoutait ma réaction.

Je reste debout, entre la productrice et l'acteur qui incarne l'auteur du féminicide – que pourrais-je faire d'autre ? Je regrette d'avoir cédé les droits du livre par intérêt économique, par vanité peut-être aussi, parce que j'étais flattée qu'un réalisateur dont j'avais aimé le travail décide d'adapter le livre sur grand écran, pourquoi se mentir ? Et pourtant, je ne dis rien, je sais qu'ici se joue un impératif artistique, on ne cherche pas la vérité, la sincérité mais l'authenticité artistique, la singularité, je n'ai pas su prendre la distance nécessaire, j'aurais dû me détacher du projet et accepter que Nizan s'approprie cette histoire pour en faire autre chose, j'aurais dû retirer mon nom de l'affiche, du générique. Ce livre était inadaptable, parce que la réalité que j'y décrivais ne pouvait être transposée. Je me retrouve là, au milieu de ces gens qui aiment ou détestent avec la même passion, engoncée dans ma robe prêtée par Celine et dans laquelle j'étouffe littéralement, avec un sentiment de défaite et de trahison personnelle.

Je déteste ce que le cinéma a fait de moi.

Dès la fin du générique, je me précipite vers la sortie, je n'ai pas un mot pour Nizan, Hilda ou Anne. Dans la rue, je m'isole pour envoyer un message à mon éditeur qui est à Paris. Puis j'écris à mon agent, qui est à Cannes, et lui demande de me rejoindre dans un café, je ne veux pas que des journalistes me voient et me posent des questions sur ce que j'ai pensé du film. Quand il arrive, je lui dis que j'ai détesté, je me sens mal, je ne veux pas être associée à ce projet, *retire mon nom, s'il te plaît, fais retirer mon nom.* Il me répond qu'il en parlera à Anne Weber, mon nom n'apparaîtra pas sur les affiches au moment de la sortie du film, dans deux mois, si c'est vraiment ce que je veux, mais il ne comprend pas ma réaction :

je suis trop émotive. Je dois me détacher du livre. C'est du cinéma, il faut analyser les choses avec du recul. Lui a adoré. La violence filmée par Nizan a un sens, un objectif. Ce qu'il a réussi à montrer par une mise en scène asphyxiante mais époustouflante de maîtrise, c'est l'extraordinaire complexité de l'être humain et sa capacité de survie dans une société qui broie et saccage au nom de la rentabilité. « Il a littéralement transcendé et transformé ton livre, je suis impressionné, il va avoir la Palme ou le grand prix du jury, je te le parie. » Il me recommande de ne pas le voir comme ce réalisateur despotique qu'il a parfois été mais comme un artiste à l'acmé de sa créativité, de sa sensibilité et de sa puissance. Mon éditeur partage l'avis de mon agent, bien qu'il n'ait pas vu le film : en retirant mon nom du projet, je risque de priver le livre de l'écho que va recevoir sans aucun doute le film lors de sa sortie en salles. Si l'on met une photo de l'affiche sur la couverture du livre, il connaîtra une nouvelle vie en format poche, surtout si le film obtient un prix et un grand succès à l'étranger.

Je cède à toutes les compromissions.

Dan ne répond pas. Léo ne sait pas où est son père, elle reste évasive au sujet du film, elle m'explique qu'elle est trop bouleversée pour réagir à chaud, comme la plupart des spectateurs. Je lui dis que je la retrouverai à la soirée organisée par le distributeur, sur la terrasse du Marriott.

Je suis seule quand je me rends chez Dan. En chemin, je me demande pourquoi j'y vais, pourquoi je continue de me comporter comme si j'étais encore sa femme.

45.

Quand on sort d'une salle de cinéma, il arrive que l'on soit trop troublé pour parler ; les images ont remué quelque chose en nous et il faut un certain temps pour s'en remettre. C'est ce que Léo a ressenti lors de la projection. Nizan a capturé la mécanique de la violence masculine avec une justesse qui l'a étonnée. Elle n'a que vingt-quatre ans mais déjà une bonne culture cinématographique ; elle l'affirme elle aussi : il aura un grand prix. Elle envoie un message via Instagram à Nizan pour lui dire à quel point elle a aimé son film, un très long message dans lequel elle lui répète qu'il est « brillant » et qu'elle a été « impressionnée », elle a le superlatif facile. Elle commente toutes les publications sur les réseaux sociaux, prend systématiquement la défense de Romain, même si elle a compris qu'il ne se passerait rien entre eux, elle repense à sa phrase : « On pourrait être amis », et à la discussion qu'elle a eue avec sa mère. La projection aura des répercussions sur le livre de sa mère, une folie médiatique va s'emparer d'elle. Toutes les trente secondes, elle vérifie son téléphone pour voir si Romain lui a répondu mais il n'a même pas ouvert son message et soudain, sans pouvoir l'expliquer, elle est envahie par un irrépressible sentiment de défaite. À Cannes, elle se trouve nulle, transparente, inintéressante.

Les premiers articles sur le film commencent à paraître sur Internet et les réseaux sociaux, Léo les lit tous. Les termes « choc » et « malaise » reviennent souvent parmi les critiques. C'est l'amour et la haine : des gens crient au génie, d'autres hurlent que des films pareils devraient être interdits. « Ce sont nos impôts qui financent ces daubes ? » À *Première*, la rédaction a décidé de publier un avis pour et un autre contre. Nizan est ainsi un « virtuose » pour Patrick Lecorne, tandis que Vanessa Varda l'accuse d'être « un pervers polymorphe » et de « filmer des scènes abominables dans l'unique but de paraître subversif et de choquer ».

« Mon but n'est pas que les gens quittent la salle, mais je savais que ça pouvait arriver », déclare Nizan à l'AFP. « Le film provoque des sensations physiques, indique de son côté Hilda sur le site de *Paris-Match*. Et je pense que c'est le but de Romain. Le cinéma est une expérience sensorielle. » Quant à Anne, elle se justifie ainsi : « On est toujours l'otage du metteur en scène. L'essence du film est de manipuler le spectateur. »

Les réseaux continuent de s'enflammer. La violence de certaines scènes, dont celle des coups assénés au personnage interprété par Hilda Müller dans un plan-séquence de sept minutes, est au cœur des débats. « Regarder ce film jusqu'au bout, c'est être complice de l'ignominie. Si on est héroïque, il faut sortir de la salle le plus tôt possible », conclut le critique cinéma de *Télérama*, tandis que le journaliste du *Parisien* écrit : « Dans le grand théâtre Louis-Lumière du Palais des festivals, ce n'est pas à un film que nous avons assisté mais à un crime. »

M

Ce n'est pas pour me préserver que Dan ne s'est pas montré à la projection, mais parce qu'il a bu. Je le retrouve allongé sur le canapé du salon, endormi dans son smoking, avec une bouteille de vin vide posée par terre, Nabucco à ses pieds. C'est un autre homme, un étranger inaccessible. J'essaye de rester stoïque, de faire semblant, comme si c'était normal de le trouver ivre, comme si cela ne m'affectait pas, je voudrais ne pas assister à cette scène, à la dégradation de cet homme aux côtés duquel j'ai passé une grande partie de ma vie. Je crois que, d'une certaine façon, je m'en dissocie pour me protéger. Je m'assois près de lui, sur le bord du canapé. Je caresse son visage, j'ai l'impression qu'il ne me voit pas, son esprit se déploie dans un autre espace, auquel je n'ai pas accès. Il dit quelques mots que je ne comprends pas, son élocution est mauvaise. D'habitude, il parvient à cacher sa consommation, il a une grande résistance à l'alcool ; ce soir-là, non : il est saoul.

*

(Je ne sais pas si l'on peut imaginer le chagrin et le désarroi que provoque la vision d'un être aimé qui s'abîme sous nos yeux sans que l'on puisse rien faire pour l'en empêcher.)

*

Pour le philosophe Gilles Deleuze, écrire c'est voir quelque chose que les autres ne voient pas. Mais moi je n'ai rien vu. Longtemps, j'ai été dans le déni. J'avais remarqué ses changements d'humeur très brusques ; je pensais que c'était l'exercice du pouvoir qui le rendait dur et imprévisible. Je mettais son instabilité émotionnelle et son irritabilité sur le compte d'une dépression passagère : je ne pensais pas à l'alcool, il buvait encore raisonnablement au temps où nous vivions ensemble, j'aimais alors les effets de l'alcool sur lui, ça le rendait détendu, percutant, joyeux.

« Pourquoi papa n'est pas venu ? » me demande Léo par sms. Je mens. Je ne veux pas lui répondre qu'il a bu. Plus tard, j'apprendrai que la terreur de tenir deux heures enfermé dans une salle sans alcool avait suffi à lui déclencher un *craving*, une envie irrépressible de boire qui mène le consommateur à l'ivresse sans possibilité de freiner. Alors j'écris simplement qu'il a fait un malaise, qu'il est fatigué. Rien de grave. *Il se repose*.

Il fallait composer avec ce déni autour de l'alcool, tout le monde constatait qu'il buvait trop mais personne n'osait en parler de crainte de créer un conflit, de paraître moralisateur. On minimisait tous l'impact de l'alcool sur sa vie, sur la nôtre, lui compris. Ça l'arrangeait de dire qu'il gardait la maîtrise de sa consommation, d'évoquer un rapport presque éthique avec l'alcool – comme source de sociabilisation, d'inspiration, il aimait citer Churchill qui avait pris de grandes décisions politiques sous l'emprise de l'alcool, ou des artistes très créatifs, cette vision romantique le plaçant d'emblée en surplomb, dans le contrôle.

Un jour, Léo a découvert des bouteilles vides chez lui, dans une valise qu'elle avait empruntée à Hilda, elle a pensé que c'était elle qui les avait cachées, que c'était elle qui buvait, je me souviens d'avoir été paradoxalement heureuse en écoutant ma fille sans me douter que c'était *lui* l'alcoolique. J'ai commencé à remarquer des détails : il avait constamment sur lui une flasque qu'il sortait de temps en temps de sa poche de façon naturelle ; il choisissait son entourage en fonction de sa capacité à s'alcooliser ; si vous ne buviez pas, il finissait par vous écarter. Ce qu'il désirait, c'était voir des gens qui consommeraient autant que lui. Ne feraient aucun commentaire. L'encourageraient à boire. Le resserviraient sans qu'il ait besoin de le demander.

Je le vois rire, l'alcool le rend euphorique, parfois triste. Soudain, il m'enlace : « Ah, tu es là, mon amour. Je veux t'épouser. » Ça me rend mélancolique de le voir ainsi, de l'entendre ânonner des mots qui n'ont plus aucun sens, qu'il ne se rappellera plus avoir prononcés dans quelques heures.

Je l'aide à s'allonger tandis qu'il délire : « Je t'aime tellement, Marianne », puis, en se tournant vers son chien, il ajoute : « Tu le sais, toi, qu'elle est la seule femme de ma vie. »

46.

« Scabreux », « scandaleux », « obscène », ces qualificatifs ne déplaisent pas à Hilda. Elle a toujours aimé choquer, être au centre, ça l'excite de savoir qu'on parle d'elle dans les soirées cannoises, *t'as vu le Nizan ? Müller est incroyable.* Elle sait que ça peut retomber. Il suffit d'un film, d'un rôle, rien n'est joué, jamais, jusqu'à la fin. Ceux qui lui disent qu'elle est géniale aujourd'hui peuvent affirmer l'exact contraire demain. Il ne faut pas monter trop haut trop vite mais plutôt se placer en embuscade. Rien n'est stable. En sortant, tous les photographes se ruent sur elle. « Fabuleuse. » « Renversante. » « Une immense actrice. » On évoque son nom pour le prix d'interprétation.

Après le film, une fête est donnée par le distributeur chez Albane, la reine des nuits cannoises, au dernier étage de l'hôtel Marriott, sur la Croisette. Gérer l'entre-soi est une activité politique. Entrer ici dit déjà que vous avez de l'influence. Quelques dizaines de personnes triées sur le volet s'y rendent pour voir, être vues et signer des contrats. Les films ont besoin d'être bien notés, les ventes à l'étranger doivent se négocier, un jeune acteur joue son avenir, les marques de mode veulent être visibles sur le plus de montées de marches possible, les assureurs de films cherchent de nouveaux contrats, les agents des talents. Quelques semaines avant Cannes, les invités préparent leur venue, envoient des messages à la maîtresse des lieux qui distribue ses sésames, des bracelets de satin, au compte-gouttes. Chaque client a été scanné et validé. Tous les sens sont exaltés : un parfum ambré flotte dans l'atmosphère, une lumière douce met en valeur le teint des femmes, atténue les rides et les marques de la fatigue. La distance entre chaque chaise est métrée.

Ici, chaque espace détermine votre place dans l'industrie cinématographique. Romain se détend un peu dans un coin VIP aménagé à son intention, séparé du reste de la salle. Une bouteille de champagne à portée de main, il savoure ce moment aux côtés de Hilda et de l'acteur du film.

Toute conversation est une transaction. On ne danse pas. Éventuellement, on se dandine en évoquant un contrat, un rôle, un film. Un distributeur, un verre de vin rouge à la main, se plaint : il n'a pas pu organiser de fête à l'issue de la projection d'un film qu'il a mis cinq ans à financer. La star américaine qui joue le premier rôle, et a accepté de travailler pour une somme inférieure à celle à laquelle elle pouvait prétendre au vu de sa notoriété, a posé comme condition de sa venue à Cannes d'être logée dans une suite de l'hôtel du Cap si bien que tout le budget y est passé : « Pendant que cette conne se prélasse sur sa terrasse, toutes les équipes du film sont parquées dans deux Airbnb que la production a loués dans les hauteurs de Juan-les-Pins et se bourrent la gueule au mousseux. »

Marianne rase les murs de la salle comme en terrain hostile : elle voudrait oublier la séquence avec Dan.

Léo réussit à entrer, grâce à l'intervention de la productrice, mais elle a vu des gens se faire refouler : « Cette sélection, c'est horrible. » Mais Anne la reprend : « Ne sois pas si naïve. Les gens qui ont des privilèges n'en jouissent que si les autres n'en ont aucun. »

Léo rejoint la table de Nizan qui l'accueille gentiment sous le regard distant de Hilda. Ça la contrarie visiblement : Léo est jeune, séduisante, elle tourne autour de Romain, elle le voit, elle voudrait qu'elle s'en aille, mais c'est sa belle-fille, que peut-elle faire à part lui sourire et lui proposer de s'asseoir près d'elle ? Léo pivote vers Romain : « Ton film est un chef-d'œuvre » et il répond « Oui, oui » d'une manière si évasive qu'elle se demande s'il l'a bien entendue ou s'il est sous l'emprise d'une substance. Il se lève aussitôt, sans un regard vers elle, se dirige vers le centre de la salle pour rejoindre une star américaine, dont il a appris au cours de la soirée qu'elle était *folle du film* et serait prête à tourner avec lui.

À l'extrémité de la terrasse, le distributeur discute avec un attaché de presse.

— Incroyable cette façon si réaliste de filmer la violence conjugale, les coups assénés par le compagnon... la scène de sodomie, c'est insoutenable !

— On a l'impression de se faire enculer !
Ils rient.

Marianne est debout, seule, dans un coin de la salle ; Anne vient à sa rencontre, lui propose un shot de vodka qu'elle boit cul sec.
— Ça va, vous êtes moins stressée ? Vous avez vu qu'on a fait du bon boulot finalement !
— Je n'ai pas du tout aimé le film.
— Ça arrive tout le temps... Ne le dites pas publiquement, ce n'est pas votre intérêt, votre livre va cartonner.
Anne lui tend un autre shot.
— Prenez ça... Il faut du temps pour les grandes œuvres, laissez infuser quelques jours, vous allez finir par l'aimer... Vous avez parlé à Romain ?
— C'est à peine s'il m'a dit bonjour depuis qu'on est arrivés à Cannes...
— Les réals peuvent être odieux mais ils ont une excuse : la pression sur eux est insupportable ; s'ils veulent survivre ils doivent se protéger. C'est un métier très dur. Le cinéma, c'est à la fois un art et une industrie. Vous, vous ne voyez que la surface mais il faut comprendre ce que cela représente réellement : les milliers de personnes que cette industrie fait vivre, des gens passionnés, souvent mal payés, des équipes prêtes à travailler jour et nuit pour qu'un film se fasse, qui ne comptent pas les heures de travail pour obtenir la meilleure image, le cinéma est une aventure collective qui repose sur une économie fragile, ça coûte cher un film, et tout peut s'effondrer d'un coup, c'est stressant... Dans l'édition, vous n'avez pas les mêmes enjeux économiques et vous ne

dépendez que de vous-même, je ne dis pas ça pour excuser Romain, mais il est focalisé sur son film. Pour lui tout se joue à Cannes, mettez-vous à sa place.

Hilda a fait en sorte que Mélanie ne puisse pas entrer, de peur qu'elle ne parle et révèle que c'est son corps qui a été filmé dans les scènes les plus violentes. Maintenant que son nom est sur toutes les lèvres pour le prix d'interprétation elle la perçoit comme une menace constante, ça devient obsessionnel, elle tremble à chaque fois qu'elle la voit arriver quelque part, elle la trouve vulgaire et insignifiante, avec ses robes et ses chaussures bon marché, ses brushings qu'elle doit faire elle-même, ce maquillage trop marqué qu'*une de ces esthéticiennes cannoises un peu cheap* a dû réaliser. Elle a un corps qui fait bander les hommes, c'est sa force. Mais ici il n'y a que ça, des femmes bandantes ; à Cannes, il y a trop de concurrence, de beauté, trop de parfums, de sexe, trop de jeunesse, de pouvoir, de talent, trop de désir, d'ambition, comment marquer son propre territoire ? Il y a toujours mieux, elle s'accroche à sa performance d'actrice, à ce qu'on dit d'elle, ça l'apaise quelque temps et puis l'angoisse la reprend dès qu'elle voit toutes ces mannequins, ces actrices, ces filles jeunes, désirables, incroyablement sexy, et intelligentes souvent, des filles diplômées, cultivées, sympathiques, bien élevées, l'injustice est partout à Cannes, on ne peut pas lutter contre la nouveauté, la fraîcheur, les seins plus fermes, la peau lisse, les corps parfaits, elle s'accroche, et à quoi bon, se demande Hilda, c'est une bataille perdue d'avance, les actrices n'ont pas le droit de vieillir, à quoi bon tenir, ce à quoi elle se répond à elle-même : *tu te bats pour continuer à jouer ; sans ça, tu meurs. Tu ne sais faire que ça : jouer.*

Debout, près d'Anne qui a rejoint l'équipe du film, Léo sort son téléphone et commence à filmer ; aussitôt un vigile s'avance vers elle et lui demande de façon très brutale d'arrêter et d'effacer la vidéo qu'elle a faite. C'est la règle : pas de photos, pas de vidéos, pas de selfies, pas de stories Instagram. Elle obéit, vexée.

— Ça va être tout le temps comme ça ? demande Léo.
Et Anne lâche dans un petit sourire :
— Oui. Cannes est une humiliation perpétuelle.

Nizan plane, se laisse griser par les commentaires élogieux, il est *presque* soulagé. Vers deux heures du matin, il annonce qu'il va monter dans sa chambre, il est fatigué.
— Je n'ai qu'un étage à descendre et je suis dans mon lit !
— Pourquoi tu n'es pas au Majestic ? demande un jeune producteur. C'est quand même plus proche du Palais des festivals...
— On compte venir chez Albane tous les soirs, non ?
Le producteur lui lance un regard perplexe quand Nizan conclut, en riant :
— Et alors c'est quand même plus facile de baiser sur place !

Nizan est parti, Marianne discute avec Anne et sa fille quand le distributeur du film, un homme brun et longiligne en smoking Dior, la petite quarantaine conquérante, fend la foule, un verre de champagne à la main, et s'avance vers elles

– ou plutôt vers *elle*, car il n'a pas un regard pour Marianne et Léonie. Aussitôt Anne s'anime : « Ah ! Je ne t'avais pas assuré qu'on allait super bien vendre le film à l'étranger ? » Le distributeur lève son verre puis le porte à ses lèvres : « S'il y a dix ans on m'avait dit qu'un jour la femme de cinquante ans deviendrait bankable je ne l'aurais pas cru. »

47.

Le lendemain matin, Lehman se réveille dans un état nauséeux, une migraine lancinante irradie son cerveau. Il ne pense plus qu'à Marianne. Les contours de la soirée précédente sont flous mais il sait que Marianne est venue et qu'il aurait préféré lui cacher son état. Il lui écrit un mot d'excuses, lui fait livrer des fleurs à son hôtel. Que s'est-il vraiment passé la veille ? À quel niveau d'ébriété était-il ? Depuis quelques mois il a des oublis, des pertes de mémoire immédiate, on le lui fait remarquer, il n'en a pas parlé à son médecin.

L'anxiété monte en lui
 par vagues puissantes et incontrôlables
mais il est trop tôt pour commencer à boire
alors il prend deux cafés noirs et enclenche son dictaphone.

Je l'ai lu dans le *Gorgias* de Platon : la plupart des hommes au pouvoir deviennent des méchants. Ai-je changé ? Et si oui, à quel moment ? Quand ai-je cessé d'être authentique ? Pourquoi ai-je accepté comme un processus inéluctable cette transformation de mon être ? Est-ce l'exercice du pouvoir ? Son usure ? L'hubris ? Le pouvoir, c'est un fluide qu'on libère, qui emplit la pièce où vous entrez et change instantanément les rapports avec les autres. Les gens deviennent soudainement obséquieux, serviles. Humilier les autres, ça devient possible. Ce type que je déteste, je peux l'obliger à faire des choses qu'il ne veut pas faire. Le mettre en difficulté. Voir jusqu'où il est prêt à aller pour rester dans mon entourage. Je peux cesser de lui parler du jour au lendemain après l'avoir traité comme l'un des miens, l'écarter de mon cercle sans justification, ne plus le regarder. L'indifférence, c'est la meilleure façon de tuer ; j'en ai joué comme les autres.

On frappe à la porte, il éteint le dictaphone, Sophia lui annonce que Paul vient d'arriver, c'est Lehman qui, la veille, lui a demandé de le rejoindre et de passer la journée avec lui ; à présent qu'il est là, il n'a plus envie de parler.

Paul franchit le seuil de la villa – le contraste, il ne voit que ça, entre ce décor fastueux, cette blancheur laiteuse inondée de lumière, et le corps du président, agité, tendu, nerveux : la noirceur de Lehman. Il commence à regretter de l'avoir encouragé à venir au festival alors que, dans l'état où il se trouve, une retraite au calme, à la campagne, s'imposait. Il laisse ses affaires à la gouvernante et rejoint Lehman qui s'est installé à l'ombre, au bord de la piscine. Lehman ne quitte pas ses lunettes noires. Paul s'assoit en face de lui.

— J'ai appris que tu n'avais pas assisté à la projection, pourquoi être venu à Cannes alors ?

— Je me le demande, je ne sais pas ce que je fais ici.

— Tu fais bonne figure, tu sors, tu montres que tu n'as pas été démoli par les attaques.

Lehman ne réplique rien.

— Les grands hommes politiques juifs... tous attaqués... tous incompris, continue Paul.

Lehman ne réagit toujours pas. Il sait que Paul lui dit ce qu'il veut entendre.

— Souviens-toi de Blum en 1920 qui reste à garder la vieille maison alors que la majorité du parti va céder aux sirènes du communisme... Trente ans plus tard, il se fait battre dans son propre parti par les pseudo-marxistes de Guy Mollet, des forts en gueule, tous plus à gauche, comme aujourd'hui, tu parles, tous plus opportunistes les uns que les autres. Mendès France en 56, pareil, incompris, grugé, viré. Et Daniel Mayer, qui s'en souvient ?

— Il avait raison sur l'Algérie quand tous les autres se trompaient et se compromettaient. Eh bien, je n'ai pas envie de finir comme lui, injustement oublié par l'histoire...

— Tes intuitions étaient justes, tu le sais...

— Mon propre camp ne m'a pas suivi...

— Ton plan d'aide aux investissements a relancé l'industrie française...

— Et bilan ? On m'a reproché de faire des cadeaux aux grands patrons.

— Schröder a été critiqué de la même façon...

— Si on ne crée pas la croissance, on ne peut pas la redistribuer... Helmut Schmidt s'était entendu avec Giscard... Blair, Clinton ont représenté cette troisième voie sociale-démocrate...

— Jospin a refusé d'y participer...

— Il a eu tort... Ils ont cru me sortir du jeu politique, tout ça parce que j'ai dit qu'il fallait laisser faire le marché pour que l'économie puisse vivre et financer notre modèle social... Ils m'ont reproché d'avoir abandonné les salariés

licenciés par Brégange mais c'est faux... Tu connais l'épitaphe de Willy Brandt ? *J'ai fait ce que j'ai pu.*
Paul l'écoute pour la énième fois ressasser ses échecs.
— Tu as eu raison trop tôt, comme tous les grands hommes d'État, et ce sont tes successeurs qui profiteront de tes réformes. Mais tu auras fait du bien au pays. Pour longtemps.
Lehman est apaisé. Il retire ses lunettes de soleil, saisit son téléphone et fait défiler ses messages. Marianne ne lui a pas écrit.

48.

Le désir de paternité, ça a toujours été là en lui, mais refoulé, tenu à distance, et voilà que ça revient, Romain ne pense plus qu'à ça : Mélanie est enceinte de lui. Il veut qu'elle garde le bébé. Il doit la voir et la convaincre. Il lui envoie un message et, en attendant sa réponse, il prend son téléphone et fait défiler commentaires et messages. De la critique, il ne retient que le pire. Il ne sait pas trouver la distance nécessaire, c'est impossible, lire ou entendre les mauvaises critiques le fait atrocement souffrir. Il envie les artistes qui affirment le contraire, qui disent : je me suis endurci, j'ai l'habitude, je ne les lis pas. Les avis négatifs le dévastent, le renvoient à un sentiment qui vient de loin, de l'enfance peut-être, quand son père lui répétait qu'il était nul. L'avis des autres, ça compte donc autant dans une vie, ça prend cette place centrale ? Il suffit que quelqu'un dise « c'est de la merde » pour qu'aussitôt vous pensiez : la merde, c'est moi ?

Mélanie lui a répondu : s'il veut la voir, il n'a qu'à se déplacer à son hôtel, le pouvoir change de camp, et il dit : « J'arrive. » Vingt minutes plus tard, il est dans sa chambre.

Elle veut savoir pourquoi il est venu alors que la conférence de presse va bientôt commencer et il n'élude pas, il doit être persuasif, il lui annonce qu'il souhaite qu'elle garde cet enfant, il l'élèvera, il sera un père présent, ils ne vivront pas ensemble mais il assumera ses besoins et son éducation, une semaine sur deux et même, si elle préfère, à temps plein. Elle ne comprend pas, elle n'est pas très sûre de pouvoir garder cet enfant, elle penche même plutôt pour l'avortement, un choix *raisonnable*, elle le lui a déjà dit, elle s'apprête à tourner dans une nouvelle série pour M6 et puis il n'a pas l'intention d'être en couple avec elle, il vient de le lui rappeler. Il lui confie qu'il a eu un cancer il y a dix ans, qu'il était persuadé de ne plus pouvoir avoir d'enfant, c'est un miracle, il insiste, il l'accompagnera chez le médecin, il paiera tous les frais, elle accouchera même à l'Hôpital américain si elle le veut, il faut qu'elle le garde, elle se braque, *je ne sais pas*, alors il se cabre à son tour : « Entre un bébé et un rôle bidon dans une série médiocre, y a pas photo. » Il dit ça et aussitôt il le regrette, car elle le regarde avec mépris cette fois, elle recule un peu pour mettre de la distance entre eux et elle déclare qu'elle ne veut pas garder cet enfant de lui, c'est son corps, elle a déjà un fils qu'elle a élevé seule, elle aura un enfant avec un homme qui l'aimera, voudra partager le quotidien avec elle et estimera son travail, il répète qu'il est désolé, qu'elle doit réfléchir, mais *c'est tout réfléchi, j'ai déjà pris rendez-vous, je me ferai avorter dès mon retour à Paris.*

49.

À l'occasion de la conférence de presse qui se tient dans les locaux du Palais des festivals, toute l'équipe du film se réunit autour de Nizan. Léo et sa mère suivent la conférence depuis l'espace aménagé pour l'occasion par France Télévisions, Mélanie est restée dehors, un écran géant diffuse la conférence en direct sur la Croisette, à quelques dizaines de mètres du Palais. Romain paraît fatigué, tendu, la discussion avec Mélanie l'a fragilisé et, pour tenir, dès qu'il est rentré à son hôtel, il a pris un rail de coke.

Des journalistes du monde entier sont présents pour poser des questions à l'équipe du film, l'entretien est filmé. Après avoir présenté Nizan et les acteurs du film, l'animateur fait circuler la parole dans la salle. Un journaliste espagnol pose la première question.

— Votre film a été très applaudi hier soir. Comment réagissez-vous à ce succès ?

— Je suis heureux mais prudent. J'ai tout le temps le sentiment que ça va être fini pour moi, que je ne referai plus jamais de film. Je ne connais pas la sensation que procure le succès.

Une journaliste japonaise lève la main.

— Je voudrais savoir quelle était votre intention en faisant ce film...

— Ce que raconte le film, c'est que la liberté est quelque chose que l'on fabrique à partir d'une réalité que l'on subit. Il y a quelque chose qui ne va pas dans le monde du travail aujourd'hui. Il transforme les hommes et les oblige à devenir des gens qu'ils n'ont pas envie d'être. Il faut penser nos vies et nos relations comme une guerre sociale permanente des dominants contre les dominés. Comment en est-on arrivés à un point où quelques personnes seulement possèdent la moitié des richesses, et où une poignée d'autocrates tente de s'emparer de la planète ? Ça n'est pas arrivé par hasard. Aujourd'hui, le seul grand dessein c'est le marché. On consomme toujours plus ; est-on plus heureux ? Non. Et surtout, mon film pose la question : qu'est-ce que ça dit de nous ?

On applaudit. Un journaliste brésilien lève la main. Il a une question à poser à Nizan : il veut savoir comment a réagi le président Lehman en voyant son épouse interpréter un personnage créé par sa première femme. Nizan a un sourire ironique :

— Il faudrait le lui demander.

— Quelle est votre réaction face à l'hostilité qu'a suscitée votre film ?

— Le cinéma est fait pour questionner, pour donner à penser. On ne fait pas du cinéma pour être aimé ou pour plaire.

— Mais vous comprenez que certains aient pu être choqués ?

— Ce n'est pas mon problème. Le cinéma doit avoir un point de vue sur la vie. Un film qui n'a pas de point de vue de mise en scène, c'est un téléfilm. Si vous voulez voir un téléfilm, restez chez vous. La majorité des gens qui sont venus me parler m'ont dit qu'ils adoraient le film ; les autres, je ne les ai pas croisés. Il est vrai qu'il est rare que quelqu'un vienne dire à un metteur en scène : je hais votre œuvre, il y a les réseaux sociaux pour ça. Jusqu'à présent, j'ai eu suffisamment de réactions positives pour être apaisé. Quant à ceux qui se déclarent choqués, tant mieux, un choc n'est pas forcément négatif. Pour ce qui est des mauvaises critiques, je crois que c'est normal. On ne peut pas créer en se refusant au compromis, montrer la réalité de la violence sociale, et se plaindre en même temps que tout le monde n'aime pas ça. Je n'ai pas fait ce film pour être compris et l'auteur n'a pas écrit ce livre pour en faire un best-seller.

Un journaliste lève la main.

— Bonjour, Dany Wolf de l'*Independent*. Monsieur Nizan, comment avez-vous découvert le livre de Marianne Bassani ?

— Je l'ai découvert tout seul, à sa parution. J'avais lu le portrait de Marianne Bassani dans *Libé*, ça m'a touché, j'ai acheté le livre en librairie dans la matinée ; l'après-midi, je contactais son éditeur pour en acquérir les droits.

Le modérateur donne la parole à une autre journaliste, âgée d'une petite trentaine d'années.

— Bonjour, Maud Bernard des *Inrocks*. Pourquoi avoir ajouté un meurtre alors qu'il ne figure pas dans le livre ?

— En lisant le livre, j'étais révolté ! Rien n'avait changé ! J'ai appris qu'en France tous les trois jours une femme était assassinée, et là je me suis dit : je ne supporte plus ça ! Rien n'est fait, ça existe depuis la nuit des temps, les associations essayent de faire bouger les choses... Du coup, il y a eu ce besoin de me saisir d'un thème fort et qui nous constitue tous sur le rapport entre les hommes et les femmes. Après MeToo, j'ai entendu des hommes qui ironisaient : elles exagèrent, ce n'est pas blanc ou noir, donc voilà, en tant qu'homme ça me met en colère.

— Vous diriez donc que votre film est politique ?

Romain soupire d'un air agacé :

— Mon film n'est pas un tract... S'il milite pour quelque chose, c'est pour le cinéma. Après, oui, c'est vrai, je ne cherche pas à faire des films de marché ou conservateurs, ce qui m'intéresse, c'est d'inventer de nouvelles formes.

On passe à la question suivante, pour Hilda cette fois.

— Qu'est-ce qui vous a plu dans ce projet ?

— Romain a eu le courage de réaliser un film qui dénonce la masculinité toxique. Je trouve important qu'un homme ose faire cela aussi frontalement. *À la recherche du désastre* est un film féministe réalisé par un homme. Il montre que le couple n'est pas seulement une affaire de désir et d'amour mais aussi de domination, de pouvoir et de violence.

— Bonjour, j'ai une question pour monsieur Nizan, demande une journaliste de *Mediapart*. Depuis quelque temps, on parle beaucoup du pouvoir des cinéastes et des dérives qui ont eu lieu sur des tournages... On raconte que des acteurs auraient été maltraités pendant le tournage, que répondez-vous à ces accusations ?

— Je ne sais pas de quoi vous parlez.

— Je précise ma question et je la pose à Mme Müller,

cette fois : avez-vous oui ou non été maltraitée sur le tournage ?

Hilda est décomposée. Elle a chaud.

— Non. Je suis une actrice au service d'une vision artistique. Et puis, vous savez, nous avons eu des coordinateurs d'intimité et des référents anti-harcèlement, rien n'a été fait au hasard, sans contrôle. Tout a été respectueux.

— Avez-vous été témoin de maltraitances ?

— Non.

À l'extérieur, devant le grand écran, Mélanie se retient de pleurer. Nizan aurait au moins pu dire que c'était elle qui lui avait apporté le projet. Elle se lève, s'éloigne de l'écran pour ne plus les entendre, et se dirige vers la boutique de souvenirs. Elle y achète un mug portant le logo du festival ainsi qu'une casquette noire ornée d'une palme dorée sur le devant pour son fils. Quand elle sort du magasin, un homme s'avance vers elle pour lui demander un autographe puis, arrivé à sa hauteur, sourit en s'excusant : il l'a prise pour Virginie Efira.

50.

Hilda se sent lâche. Pourquoi a-t-elle gardé le silence ? Pourquoi n'a-t-elle pas avoué publiquement que Nizan lui avait fait vivre un enfer sur le tournage ? Elle a assisté à des scènes d'une brutalité stupéfiante : il hurlait sur les techniciens, leur répétait qu'ils étaient incompétents, qu'ils travaillaient mal, *c'est une plaie de bosser avec des gens aussi nuls*, ils allaient *planter son film*. La productrice avait calmé le jeu : il fallait faire preuve de sang-froid quand on faisait ce métier. Nizan avait insulté Hilda et elle était restée. Pourquoi ? Parce qu'elle l'aimait. Peut-être aussi qu'elle craignait de détruire le film et, dans le même temps, tout espoir pour elle d'être consacrée par la profession. Elle voulait quitter son mari, et cette séparation impliquait sa capacité à préserver son indépendance.

Elle aime Romain, mais lui ? Elle a remarqué qu'il manifeste de moins en moins souvent le désir de se retrouver seul avec elle, de lui faire l'amour. Au début, elle a redoublé d'efforts pour le séduire, et puis elle a fini par se retirer progressivement, elle ne veut pas paraître en demande ; pourtant elle en souffre.

À Cannes, cette sensation s'est décuplée. Elle sent bien qu'il l'évite. Il ne l'appelle pas, lui parle à peine quand il la croise, ne l'a pas rejointe une seule fois dans sa chambre. Elle se demande s'il ne l'a pas instrumentalisée pour les besoins du film. Elle revisite certaines scènes. La fois où il est entré dans sa loge pour lui faire l'amour alors qu'elle lui avait dit ne pas en avoir envie. La fois où il lui a hurlé dessus pendant le tournage en lui répétant qu'il n'aurait jamais dû l'engager. La fois où il a exigé qu'elle fasse cinquante prises de la même scène, jusqu'à ce qu'elle craque. La fois où il l'a humiliée devant toute l'équipe en disant qu'elle était la plus mauvaise actrice avec laquelle il ait travaillé. La fois où il l'a obligée à lécher le sexe de son partenaire un jour où le coordinateur d'intimité s'était absenté, alors que ce n'était pas inscrit sur le scénario et qu'il finirait par couper la scène au montage. La fois où, après l'avoir rendue jalouse en flirtant ouvertement avec la costumière du film, il l'avait traitée d'hystérique et de cyclothymique.

Elle sait qu'elle ne peut ni ne doit en parler. Car quelque chose est en train de se produire dans sa carrière.

Après la conférence de presse, elle se rend dans la villa où loge Lehman pour voir sa fille. Il est sur la terrasse, au bord de la piscine, en train de lire la presse, il a l'air sobre, détendu. Elle le rejoint, embrasse tendrement sa fille et s'assoit en face de Lehman. Anna joue près d'eux avec Nabucco, elle lance un jouet en plastique que le chien va chercher puis lui rapporte. En attendant la fin des délibérations, Hilda dit qu'elle va rentrer à Paris avec Anna, « par superstition ».

— Et Nizan ?
— À Paris aussi.
Lehman souhaite rester quelques jours à Cannes pour se reposer et écrire. Il lui demande ce qu'elle a prévu pour la suite.
— Si le film a un prix, nous reviendrons samedi. Dans le cas contraire, on se reverra à Paris pour organiser les choses.
« Les choses », l'autre nom de leur séparation.
— Je vais demander une garde partagée, dit Lehman. Je ne peux pas vivre loin d'Anna.
Il y a un silence.
— Tout dépendra de l'endroit où je travaillerai.
— Tu ne peux pas la faire voyager, elle a besoin de stabilité, j'embaucherai une garde à domicile en plus de Sophia, mais n'éloigne pas Anna de moi, promets-le-moi.
— À Paris, tu l'auras la moitié du temps, et quand je serai en tournage, je te la laisserai.
Il apprécie cette atmosphère d'apaisement, dans l'intérêt de leur enfant.
— Je te souhaite bonne chance pour le film. Tu mérites d'avoir le prix d'interprétation.
Mais ça ne dure pas. Hilda le toise et lui répond :
— Comment le sais-tu ? Tu ne l'as même pas vu.

51.

Dès son retour à Paris, Mélanie a de nouveau consulté sa gynécologue. Elle lui confirme son désir d'avorter. Son médecin lui explique comment les choses vont se dérouler, elle va lui prescrire une pilule abortive, qu'elle pourra prendre chez elle. Elle ressentira des douleurs plus ou moins fortes, « comme des crampes de règles mais plus intenses », et saignera abondamment. Elle la reverra en consultation après cela. Puis elle précise : « Une fois le cachet pris, l'avortement est irréversible. Si la grossesse est poursuivie, ce traitement pourrait causer des malformations congénitales chez le fœtus. » Au moment de régler la consultation, la gynécologue lui recommande la présence d'une personne à son domicile le jour où elle prendra le médicament.

À qui pourrait-elle demander d'être à ses côtés ? Depuis qu'elle a annoncé sa décision à Romain, il a cessé de l'appeler.

Elle rentre chez elle, son fils est à l'école, elle reste seule et prend un bain. Dès qu'elle sort de l'eau, elle avale la

pilule. Puis, allongée sur son lit, dans la pénombre de
sa chambre, le corps replié en position fœtale, une main
posée sur son bas-ventre, elle attend que le cachet fasse
son effet.

M

L'amour peut-il revenir ? En 1841, le philosophe Søren Kierkegaard met fin à ses fiançailles avec une jeune femme dont il est fou amoureux parce qu'il pense que le mariage l'empêcherait de composer avec sa double nature, celle qu'il présente à la sphère sociale et l'autre, plus sombre, tortueuse, qu'il réserve à lui-même. La rupture est brutale, le philosophe part pour Berlin, où il écrit un texte issu d'une longue réflexion sur cette décision qui marque un tournant intellectuel, personnel, moral très profond : *La reprise.* Il y explique son ambition : ce qu'il souhaite, c'est répéter cette relation avec cette femme, tenter de regagner son amour. Il n'a provoqué cette rupture que pour créer le terreau d'une reprise possible, faire renaître un nouvel amour, intensifié cette fois. Répéter oui, mais autrement. C'est sans doute ce que souhaite Dan lorsqu'il débarque sans prévenir en Ligurie, à l'hôtel où j'ai pris une chambre, pour fuir l'agitation cannoise et écrire.

À cet instant, je ne suis pas certaine de ce que je désire vraiment, à part être avec lui. Je ne sais pas si cela durera ou si c'est juste un moment éphémère, mais j'ai envie de me laisser aller et de prendre ce risque. Peut-être que, inconsciemment, il y a aussi en moi un esprit de revanche – après une rupture qu'il m'a imposée, il y a une certaine jouissance à le voir revenir, regretter et tout faire pour me récupérer. C'est un jeu de pouvoir, d'accord, mais après tout l'amour n'est rien d'autre. Pourquoi certains couples parviennent-ils à rester ensemble ? Pourquoi se sépare-t-on ? Et existe-t-il une possibilité de réparation quand quelque chose a été abîmé dans la relation ? À un moment ou à un autre, nous sommes tous confrontés à cette question : vaut-il mieux privilégier sa sécurité matérielle et affective, sa stabilité morale ou familiale, surtout lorsqu'on a des enfants, ou bien choisir sa liberté ? Le désir sexuel finit par décliner et il faut alors explorer d'autres sources d'intimité pour sauvegarder la relation. Mais la réalité, c'est qu'on a besoin de désirer pour se sentir vivant : ça nécessite des ajustements parfois difficiles avec sa conscience. Rien n'est jamais constant dans un couple ; personne ne peut garantir qu'il ne sera pas capable, du jour au lendemain, de balayer tout ce qu'il a construit sous l'influence de l'amour ou du désir sexuel. Nous avons cru que vivre l'un sans l'autre serait possible, mais ça n'a pas marché, ni pour Dan, ni pour moi. Et maintenant je m'entends lui donner le numéro de ma chambre alors que deux semaines plus tôt je n'imaginais pas me remettre avec lui. On a des certitudes, des principes, des valeurs, tout semble propre et stable, mais la vie arrive pour tout pulvériser.

*

Nous avons fait l'amour. J'avais le sentiment que nos corps se reconnaissaient, se magnétisaient, c'était une alchimie extraordinaire, qui nous surprenait à chaque fois et je me demandais sur quoi elle reposait. Lui qui était un homme complexe, fracturé, erratique, retrouvait une forme d'intégrité dans l'acte sexuel, comme s'il redevenait entier en se fondant dans l'autre et pouvait enfin être lui-même. Avec lui, le sexe devenait addictif, il y mettait une énergie non pas performative mais vitale, on eût dit qu'il jouait son existence. Il amplifiait mon imaginaire sexuel, la part de fantasmagorie que je ne révélais qu'avec lui, nous atteignions alors une intensité particulière, un très haut niveau d'abandon. Qu'est-ce qui, à un moment donné de notre vie, avait été perdu ?

*

Allongés dans le lit après l'amour, nous nous répétons à quel point nous sommes heureux ensemble, heureux comme nous ne l'avons jamais été.

Après quelques minutes, il se lève, va chercher de l'eau pour moi, une cigarette pour lui – il fume de plus en plus –, il ouvre les rideaux, la mer s'étend à perte de vue, je me glisse sous les draps, je le regarde, il se tient debout, nu, adossé au radiateur, en train de fumer. Puis il revient près de moi, me prend dans ses bras, ma tête repose contre son torse, il me parle de son sentiment de solitude, des mécanismes de défense qu'il a dû mettre en œuvre pour supporter le départ brutal de sa mère ; il finit par s'endormir pendant quelques minutes, je l'observe en pensant que je devrais cristalliser ce moment dans ma mémoire car je ne suis pas certaine qu'il se reproduira : entre nous, les sentiments sont mouvants, et l'avenir incertain.

(Je cherche, à travers l'écriture, à retrouver l'intensité et la beauté de ces instants. Je cherche à retrouver l'homme qu'il était quand il était sobre.)

    Cet état de grâce ne dure pas. (Ne pouvait pas durer.)

Car il se lève brusquement, pris d'une agitation
                                                     incontrôlable.
Son regard semble vide, hanté. Il doit répondre
    à l'appel du manque, il faut
                          qu'il **boive**.
Il exige que l'on sorte, prétexte un appel à passer,
c'est une requête impérieuse, il doit quitter la chambre.
    Je me rhabille à la hâte et nous sortons.
Dans les escaliers, il ne me touche plus, tout entier
    tendu vers le besoin de rejoindre au plus vite une pièce
où on lui servira de l'alcool, je ne dis rien, je
    le suis, je l'observe et je suis déchirée mais fascinée
aussi car en quelques minutes il se métamorphose.
Il commande de l'alcool au bar où personne ne le reconnaît,
    boit son verre rapidement, quelque chose
        se dénoue en lui. Au bout de quelques secondes,
il me demande : « Tu ne finis pas le tien ? »
    Je bois lentement, je réponds « si »
                            mais il a dû entendre « non »
car il prend mon verre et en avale le contenu

et chaque verre en appelle un autre jusqu'au moment
où il décide qu'il est temps pour lui de se retirer,
il semble posséder une horloge interne
qui lui indique le moment où il risque
de basculer dans la perte de contrôle,
il a encore le réflexe de préserver son image.
Il dit : « J'ai pris une autre chambre
pour ne pas te déranger » ;
il ne veut pas que je le voie ivre
il ne veut pas

52.

Cette parenthèse s'étend sur deux jours. Il y a des moments de sobriété et de lucidité, des instants fugaces, intenses et très brefs, dont il faut profiter comme d'une éclaircie soudaine par temps sombre. Les accalmies sont de courte durée. Pour Lehman, c'est une lutte, il savait que ce serait une épreuve, un défi à relever, il se maîtrise autant qu'il le peut, il donne le change mais ça exige de lui une énergie considérable.

Ils sont assis dans un café, face à la mer, juste après avoir déjeuné. À table, Lehman n'a rien bu. Il demande à Marianne où elle en est dans l'écriture de son prochain livre.
— Au milieu.
— Comment va-t-il s'appeler ?
— Je ne sais pas encore.
— Ça parle de quoi ?
— Du pouvoir.
— Ça parle de moi alors ?
— Peut-être, mais une version romancée de toi. Ça te dérange ? Tu vas empêcher la publication du livre ?

— Je suis contre la censure, tu me connais. Et puis je savais qu'en aimant une écrivaine elle finirait par écrire sur moi.
— Ça te gêne un peu quand même ?
— Si ça me gênait je ne serais pas ici avec toi pendant que tu écris dans ta tête un livre sur moi. J'ai découvert des choses de moi dans tes livres, j'ai compris ce qui, dans mon comportement, avait pu te blesser.
— Mais tu n'as pas cherché à les changer.
— J'ai essayé.
— Je ne cherche pas à écrire sur quelque chose, ça surgit sans que je le décide vraiment, tu comprends ?
— Oui, c'est la différence entre toi et moi. Je ne suis pas un écrivain. Je pense à un sujet, je fais un plan, et puis je me mets à écrire, chaque jour j'ai un nombre de mots à produire.
— Du capitalisme littéraire.
— Quand me donneras-tu ce texte à lire ?
— Je ne sais pas car j'ai peur.
— Peur que je n'aime pas ? Tu sais que je vais aimer.
— Pourquoi ?
— Parce que je t'aime.
— C'est la pire des raisons.
— De quoi as-tu peur ? Que l'on me reconnaisse ? Que l'on croie que c'est vrai ? Tu sais que je place la littérature au-dessus de ça.
— J'ai peur d'autre chose…
— Dis-moi.
— Tu connais cette superstition ? Quand on les écrit, les choses que l'on redoute le plus finissent par arriver.

M

J'aimerais pouvoir raconter une histoire de rédemption. Dire que j'ai sauvé Dan de l'alcool. C'est l'inverse qui s'est produit. Pendant ces deux jours passés ensemble, j'ai bu avec lui. Dans un roman, un scénario, on privilégie les fins ouvertes, les schémas porteurs d'espérance, les personnages sont sauvés, il y a une ligne d'évolution, ils traversent des phases tourmentées puis s'en sortent. Mais dans la vie, ça ne se passe pas comme ça, la force de saccage l'emporte.

*

J'atteins sans doute le moment le plus difficile de mon récit, car je ne sais pas si l'on comprendra ce que j'ai recherché en basculant avec Dan dans un monde où l'alcool devient le planificateur de votre vie. Je sais que je vais être mal comprise mais c'est ainsi que les choses se sont passées, ainsi que je dois les raconter : une part de moi avait admis qu'il n'y aurait pas de reconnexion possible avec Dan en Italie sans partage de l'alcool. Toute personne qui évolue aux côtés d'un alcoolique se reconnaîtra en moi, a expérimenté, parfois pour le pire, les risques, les pièges de la codépendance : on boit pour rester proche de celui qu'on aime, partager encore quelque chose puisque le reste se raréfie : les sorties, le sexe, l'amour. On boit pour faire partie du problème, ne plus avoir à surveiller l'autre. J'ai bu pour être aimée de lui. C'est une option toujours décevante car l'autre nous préférera l'alcool quoi qu'on fasse.

Il y avait une autre raison, moins avouable, plus opportuniste. C'est connu, beaucoup d'écrivains boivent ou prennent des drogues, de manière fixe ou épisodique, les occasions ne manquent pas. Parfois ils le font ouvertement voire le revendiquent comme une marque de liberté, Charles Bukowski, Jim Harrison ou Marguerite Duras n'ont jamais caché qu'ils buvaient. Le poète Henri Michaux, qui ne buvait pas, pas même du café, et ne fumait pas, s'était mis à prendre des drogues sous contrôle médical afin de tester leurs effets sur son écriture. J'ai consommé de l'alcool dans l'idée de transformer mon état en expérience littéraire. J'avais été très marquée dans le livre de Philip Roth *Ma vie d'homme* par le chapitre « À la recherche du désastre » qui m'avait inspiré le titre de mon roman. Alors jeune auteur prometteur, le double de Roth avait choisi de se mettre en couple avec une femme qui le dégoûtait physiquement, dont il avait même un peu honte, parce que sa personnalité, sa vie paraissaient extrêmement romanesques au petit aspirant écrivain issu d'une famille juive trop traditionnelle, trop conventionnelle de Newark qu'il était à cette époque. Rechercher un combustible pour l'écriture pouvait passer par l'autosabotage. Je l'avais dit un jour à Dan : « Je suis prête à tout pour écrire un livre. »

J'ai voulu boire pour avoir les mêmes sensations que Dan. Voir les effets de l'alcool sur mon travail.

Quand je buvais un verre, je devenais une autre, plus affirmée, plus légère, comme une meilleure version de moi-même. Je savais, pour l'avoir lu, que ça se passait comme ça au début, on vivait en quelque sorte une lune de miel, l'enfer serait pour après. Mais je n'avais pas la capacité d'absorption de Dan, j'avais une migraine atroce, j'étais saoule après trois verres, je n'aimais pas celle que je devenais sous l'emprise de l'alcool.

« Globalement les écrivains ne sont pas satisfaits de la vie en tant que telle, ni des gens etc., a écrit Bukowski. L'écriture est un moyen pour eux de se l'expliquer, de s'en échapper et de modifier les forces outrageuses qui nous rendent plus que malheureux. L'alcool est une chimie qui réarrange aussi nos horizons. Ça nous procure deux façons de vivre au lieu d'une. » C'était sans doute ce qui nous rassemblait, Dan et moi, en dépit des épreuves, de nos déroutes et de nos trahisons, depuis notre rencontre : cette nécessité de chercher hors de soi un remède à la difficulté de vivre. Je savais que ce bonheur ne serait que de courte durée, nous étions comme deux joueurs tirant chacun le bout d'une corde pour ramener l'autre vers soi. Tôt ou tard, l'un de nous deux finirait par lâcher prise.

53.

Hilda est à Paris depuis trois jours quand Anne reçoit, à onze heures du matin, le jour même de la cérémonie, un appel émanant du délégué général du festival. Elles l'attendaient depuis leur réveil.

— Il faut que l'équipe du film revienne à Cannes.
— Soyez plus précis, c'est un gros ou un petit prix ?
— C'est important que l'actrice et le réalisateur soient là.

Cela laisse présager un grand prix ; chacun émet son pronostic.

— Tu crois que Romain aura la Palme ? demande Hilda à Anne.
— Tu as entendu comme moi les rumeurs : le président du jury serait fou du film. Mais il y aurait des résistances au sein de son jury.
— Lesquelles ?
— Esthétisation et fascination pour la violence. Surtout il y aurait des rumeurs autour de l'attitude de Nizan sur le tournage.

Toute l'équipe du film s'apprête à repartir pour Cannes en jet dans une ambiance électrique. La production a prévu des places pour Anna et Sophia. À la dernière minute, Lehman demande à Hilda si Léonie peut voyager avec eux, il souhaiterait réunir ses filles à Cannes avant son retour et Hilda accepte, elle veut apaiser ses relations avec Léo et Lehman, et prendre ses distances affectives avec Romain.

L'agent de Hilda lui dit qu'elle aura accès aux meilleurs projets. Chanel et Vuitton l'ont contactée pour se positionner, ils espèrent signer un contrat si elle remporte le prix d'interprétation féminine, ils ont évoqué plusieurs millions d'euros. Ils lui ont également proposé de l'habiller pour la cérémonie de clôture. À mesure que la rumeur sur l'attribution d'un prix à Hilda enfle, l'agent fait monter les enchères.

C'est, pour Hilda, un moment d'une grande intensité : ce prix, elle en rêve absolument. Tandis qu'elle prépare ses valises, Anna s'amuse à se déguiser avec ses affaires. Hilda rit. Elle s'avance vers Anna dont le cou est orné d'un long sautoir en perles, la prend dans ses bras et la soulève : *mein liebes kleines Mädchen, ma petite fille chérie.* Puis elle la serre contre elle, l'embrasse, et lui promet, à haute voix – mais sa fille ne peut pas l'entendre – de toujours la protéger.

M

Nous devons retourner à Cannes pour la remise des prix, les demandes d'interviews affluent, je me sens un peu déstabilisée par ce regain d'attention médiatique et je pense que Dan, pourtant habitué à prendre la lumière, l'est aussi. Il a été le président de la République et, à présent, il n'occupe plus qu'une place secondaire, je devine qu'il en souffre, que l'alcool comble aussi le vide que le retrait de la vie politique a créé, mais il n'en montre rien, il est habitué à ne pas dévoiler ses failles, il me dit que l'on va fêter la nouvelle avant de prendre la route, il réserve une table face à la mer pour le dîner. Mais je ne parviens plus, avec lui, à être totalement sereine.

La journée commence bien, il n'a jamais été aussi amoureux, aussi intense pendant l'amour, comme s'il tentait de faire oublier ses écarts incontrôlables par un surinvestissement de tout son être, mais à mesure que le temps passe je vois qu'il est de plus en plus agité, tendu, il fume, son visage se fige dans un masque de souffrance. Dans l'après-midi, nous partons marcher, mais après à peine un kilomètre, il veut brusquement faire demi-tour, il est impatient, agressif, anormalement anxieux ; ses traits se crispent davantage, il me dit qu'il a du mal à respirer et désigne un point sur son thorax. Dès notre retour à l'hôtel, il se dirige vers le bar, il me fixe – c'est un regard plein d'effroi et de détresse – et murmure : « Je te rejoins. » Mais je sais qu'il ne me rejoindra plus.

Deux heures après, je l'appelle dans sa chambre, il répond mais articule mal et c'est moi qui finis par aller le voir, moins pour vérifier qu'il ne se met pas en danger que pour me confronter à ce réel-là. Je le retrouve allongé sur le canapé, son téléphone à la main, il rit, tient des propos un peu incohérents. Il a l'air heureux. Mais moi je ne le suis plus. Il a deux personnalités : tantôt tendre, présent, tantôt absent, indifférent, incontrôlable – dans ces moments-là, il me terrifie, j'ai peur qu'il m'insulte, qu'il ait un geste brutal.

(Avec lui, la vie prenait des accents fantastiques et dangereux, comme si nous nous baladions dans un champ de blé sec, les vêtements imprégnés d'essence, tandis qu'entre ses doigts il tenait un briquet.)

J'attends qu'il s'endorme. Et dans mon carnet, j'écris :
Je veux que tu vives
Que tu vives
Je n'arrive pas à te parler de l'alcool
J'ai peur pour toi
J'ai peur de te perdre
Quand je l'imagine, je ne peux plus respirer.

J'ai besoin de toi pour vivre
Et je te vois te tuer sans pouvoir rien faire.

Je quitte l'Italie pour rejoindre Cannes.

Pendant le trajet, je reçois de lui une chanson de l'Italienne Mina, *Io sono quel che sono,* dont les paroles sonnent comme une déclaration :

> *Je suis ce que je suis et je vaux ce que je vaux*
> *Mais je t'aime*
> *Comme personne ne t'a jamais aimé*
> *Tout comme personne ne t'aimera jamais*
> *Ne t'aimera plus jamais.*

Je ne réponds pas.

J'ai peur de l'alcool. Peur de ce que deviendrait ma vie aux côtés d'un homme qui boit autant. Je me rends soudain compte que je suis déconcertée par mon inertie, mon refus d'affronter la réalité, mon déni : Dan est malade et je ne peux pas le sauver.

54.

Enregistrement 23.

Marianne est partie ce matin... J'ai tout gâché. Ce que j'ai à lui offrir, elle l'a vu. Il arrive un moment où l'alcool devient trop dangereux : quand vous perdez la liberté de choisir et que vous devez boire, peu importe l'heure, le lieu, les obligations ; ce n'est pas une affaire de volonté, vous ne pensez plus qu'à ça, dès le réveil. La réalité, c'est que je savais, dès le premier verre, que je dériverais. Je me sens à la fois bien et mal : bien quand je plaque le goulot ou le verre contre mes lèvres parce que je ressens un soulagement immédiat ; mal parce que je suis dépendant, je me sens coupable, je *me* vois boire, c'est une souffrance constante, je ne contrôle plus rien. Je n'ai plus le pouvoir sur moi-même, je ne me sens pas capable d'arrêter de boire ni de vivre sans l'alcool. Je n'envisage pas le sevrage comme une voie possible. Je suis un homme enchaîné, en sursis, soumis à une force supérieure à lui. J'observe les autres et je les envie, ils pensent à leur travail, leurs amis, leurs amours ; moi je ne pense qu'à l'alcool, dès le matin, toute mon attention se concentre sur ma consommation, et j'emploie toute mon énergie à la cacher. Je ne sais pas pourquoi je bois, je ne veux pas le savoir, j'aime sentir la chaleur irradier mon corps à la première gorgée, mes pensées s'engourdissent, mes angoisses sont neutralisées : j'ai besoin de l'alcool pour vivre.

M

Dès mon arrivée à Cannes, en train, je me rends directement dans la chambre d'hôtel que la production m'a réservée et je reste étendue sur le lit, les yeux fixés au plafond, écrasée par la mélancolie, je m'en veux de m'être laissé entraîner, d'avoir cru à un retour possible mais je ne m'apitoie pas longtemps car lorsque Léo, qui elle a voyagé en avion avec Hilda et Nizan, arrive, je vois tout de suite qu'elle n'est pas dans son état normal. Elle paraît soucieuse, le haut de son corps est légèrement courbé, elle prétexte une douleur au ventre sans toutefois réclamer aucun antalgique. Elle se roule en boule à l'extrémité du lit : elle ne veut pas être dérangée. J'essaye de savoir ce qu'elle a, elle répond : « Rien », je lui pose des questions, il y a un mur entre nous et je n'ose pas insister de peur de la braquer. À ce moment-là, je suis moi-même dans un sale état, j'ai enfin pris conscience de la dépendance de Dan à l'alcool mais cette révélation, au lieu de m'aider à aller de l'avant, me paralyse. Je ne sais plus du tout où j'en suis.

Je propose à Léo de demander à Hilda de nous confier Anna pour une heure, je voudrais l'emmener à la plage, elle me manque et ça me permettra d'évacuer le stress de la cérémonie, je n'ai pas l'intention de me faire maquiller ni coiffer, Léo va m'apporter l'une de mes robes, je n'aurai pas besoin de temps pour me préparer. En entendant le prénom « Anna », Léo s'anime un peu, elle est d'accord, elle a envie de se baigner et de passer un moment avec sa *sœur* – c'est la première fois qu'elle emploie ce terme. J'appelle Hilda, elle dit oui tout de suite et, vingt minutes plus tard, elle est là, dans le hall de son hôtel, lunettes fumées sur les yeux, je sens sa fébrilité avant la remise des prix. Anna court vers Léo dès qu'elle la voit, elle tient un petit sac de plage orange dans sa main, elle me montre les lunettes de soleil jaunes que sa mère lui a achetées. Je discute brièvement avec Hilda, elle se montre un peu froide, je suppose que c'est lié à son stress, puis je lui dis que Léo est revenue en pleurs de ce voyage en jet, est-ce qu'elle est au courant de quelque chose ? Elle a l'air gênée, elle prétend que le voyage s'est bien passé, mais tout, dans sa gestuelle, laisse penser le contraire. Elle me demande si j'ai des nouvelles de Dan. Je ne lui parle pas des deux jours passés en Ligurie avec lui, nos rôles se sont inversés : elle est l'épouse officielle et moi, la compagne cachée. Elle me révèle qu'il ne lui répond qu'une fois sur deux et qu'il est distant, évasif.

À aucun moment nous ne prononçons le mot « alcool ».

En sortant de l'hôtel pour retrouver Léo et Anna, assises sur un muret, je remarque que ma fille est pâle. Elle prend la main d'Anna et nous partons pour la plage publique la plus proche, près du Palais des festivals.

En chemin, Anna porte son pouce à sa bouche, poing levé pour dire qu'elle a faim et soif. Nous achetons des sandwichs à la cabane au bord de la plage, nous nous baignons puis, pendant que Léo somnole sur sa serviette, je joue avec Anna, nous faisons un château de sable, jusqu'à ce que tout à coup la petite se lève et démolisse notre construction. Je ne dis rien, je la prends dans mes bras, me baigne encore avec elle ; en sortant, je l'installe sur la serviette, à l'ombre d'un parasol, je lui donne les jouets qu'elle a apportés dans son sac. Je m'assois à côté d'elle, corps ruisselant d'eau de mer, visage tendu vers le soleil avec un sentiment de calme inédit. Dan m'a envoyé deux messages auxquels je n'ai pas répondu : « Je suis désolé » et « Je voudrais te parler » – mais je n'ai rien à lui dire. Je sens la chaleur brûler ma peau, je tourne la tête vers Anna et je la vois saisir brusquement l'une de ses poupées et la frapper avec une autre. Je lui montre que je ne comprends pas son geste, elle désigne la forme d'un avion, d'une caméra qui filme, mime l'action de taper avec sa main puis finit par le mot « maman » en faisant un geste près de sa bouche, comme une caresse, mais je ne comprends pas alors je saisis mon téléphone, je la filme et j'envoie la vidéo à Dan ; je lui demande ce que sa fille essaye de communiquer et il me rappelle immédiatement. « Anna te dit que quelqu'un dans l'avion a tapé sa mère, mais je ne sais pas ce que la caméra signifie. » Je réveille Léo ; elle, elle le sait : la caméra, c'est Romain.

Après avoir ramené Anna à son hôtel, je demande à Hilda si nous pouvons parler en privé. Elle m'accueille dans le salon de sa suite, dans un peignoir de bain, les cheveux soigneusement tirés vers l'arrière, elle me dit qu'elle est pressée, elle doit se préparer pour la cérémonie, je perçois clairement qu'elle cherche à éviter cette confrontation, elle semble très tendue, presque sur la défensive, je lui répète ce qu'Anna m'a confié à la plage, en précisant que Dan est au courant et cette fois, elle n'élude pas, elle me confirme qu'il y a eu un « incident » dans le jet, et je n'ai même pas besoin d'insister, elle se met à pleurer. Ça me déstabilise car je n'ai pas, avec elle, de liens d'amitié, je l'ai même longtemps détestée, mais j'oublie notre passif, je l'aide à s'asseoir, je pose ma main sur son épaule, je lui dis qu'elle peut me parler et c'est à ce moment-là qu'elle me donne sa version des faits, je dis « sa » version car je comprendrai un peu plus tard qu'elle l'a volontairement transformée. Nizan a eu une réaction violente, c'est ce que je perçois, et elle cherche à en minimiser l'importance :

— Il était tellement stressé, il avait pris de la coke, il n'était pas dans son état normal. Nous nous sommes disputés, on en est venus aux mains, Léo s'en est mêlée, Anne nous a séparés.

— Vous allez porter plainte ?

Son téléphone sonne et le nom de Dan s'affiche.

— Je ne peux pas lui parler.

Je lui redemande si elle va porter plainte. Elle hésite à répondre, puis précise qu'elle ne peut pas, elle ne peut pas parce qu'elle a une liaison avec Romain, une liaison qu'elle a réussi à cacher à force de ruses et de subterfuges pour échapper aux journalistes, Dan n'est pas au courant, si elle porte plainte, ce sera médiatisé, Dan sera une nouvelle fois exposé dans les médias, sur les réseaux, il sera ridiculisé, aucun des deux ne pourra le supporter.

Est-ce que c'est vraiment le sort de Dan qui l'inquiète ? Je sais bien qu'elle ne l'aime plus, et quand elle précise qu'elle ne peut pas porter plainte car alors elle condamnerait le film je comprends qu'elle est déchirée entre des intérêts contradictoires.

Nous répétons presque des dialogues de mon roman que Nizan a repris dans le film, quand l'héroïne protège son compagnon qui l'a pourtant battue.

— Je ne vais pas porter plainte pour une gifle.

— Vous devriez, cela éviterait qu'il recommence.

— Non, on peut résoudre ça entre nous, si je porte plainte, ça prendra des proportions terribles ; si je parle maintenant, le film est mort.

— Vous ne devez pas penser au film.

Elle me demande de ne pas en parler pour le moment, elle veut réfléchir à la suite à donner à cet « incident » et moi je n'insiste pas, j'affirme que je respecte sa décision alors que, disant cela, je ne respecte rien, je trahis mon livre, je trahis les femmes victimes de violences, je me trahis.

55.

En rentrant dans ma chambre d'hôtel, je trouve Léo debout, près de la fenêtre, son téléphone à la main, dans un état de grande agitation. Elle n'est plus renfermée et apathique mais en colère, je la reconnais à peine. Elle me raconte qu'elle a appelé Mélanie et que la comédienne lui a confirmé la violence de Nizan sur le tournage. Je lui dis que j'ai discuté avec Hilda et qu'elle doit m'expliquer ce qui s'est passé dans le jet. Cette fois je n'ai pas besoin d'insister, elle se met à parler.

— Il écrivait un texte avec sa productrice au cas où il aurait un prix. Il a commencé à s'entraîner à le lire à haute voix, il était stressé, je crois qu'il avait pris de la coke. Anna pleurait, elle avait mal aux oreilles à cause de l'altitude je pense, elle était agitée, tu vois, et l'avion était minuscule, on ne pouvait pas trop bouger. Hilda et Sophia essayaient de la calmer, elles faisaient ce qu'elles pouvaient. Hilda était mal elle aussi, elle avait un peu bu, pas grand-chose, genre une coupe de champagne. J'ai essayé de l'aider, j'ai sorti des jouets, Romain était super énervé, il disait que ça le dérangeait, qu'il avait besoin de calme pour écrire son discours, il hurlait à Hilda qu'elle ne savait pas élever sa fille, qu'elle était trop gâtée, qu'elle n'aurait jamais dû l'emmener. La productrice a voulu calmer le jeu, mais là, c'est monté trop haut d'un coup, Hilda n'a pas supporté qu'il dise des trucs sur son éducation, qu'il s'en prenne à la petite comme ça, elle l'a insulté, il l'a prise par le bras et là, ils ont commencé à se battre dans le jet, il l'a secouée, elle s'est débattue en le frappant, Sophia et moi on a écarté la petite, elle répétait qu'elle avait peur, tu sais comment elle fait avec ses mains dans ces cas-là, la productrice s'est interposée, elle leur a dit qu'il fallait qu'ils arrêtent, il lui a répondu de ne pas se mêler de ça, j'ai menacé Romain de tout raconter en arrivant, qu'il fallait vraiment être un taré pour agir comme ça et gifler une femme et là, la productrice a dit : « Calmez-vous, vous êtes en train de tout gâcher, si vous parlez le film est mort. »

— Qu'est-ce qui s'est passé après ?

— Vers la fin du voyage, il s'est excusé, il a dit qu'il était stressé, Anna s'était endormie dans les bras de Hilda. La productrice nous a fait comprendre que ce qui s'était passé dans le jet devait rester dans le jet. Elle a insisté pour qu'on n'en parle pas car personne n'était vraiment dans son état normal, et qu'on risquait de foutre en l'air le film. Du coup, on n'a plus parlé jusqu'à l'arrivée à Cannes.

Pendant qu'on discutait, Hilda a dû expliquer la situation à Dan car il m'a envoyé un message avec ces mots : « Il faut porter plainte contre Nizan. »

56.

C'est une *folle*, oui, elle l'a rendu fou. Jusqu'au bout, elle l'aura rendu fou. Il aurait pu rencontrer une femme *normale*, et au lieu de ça, il avait eu cette liaison destructrice avec Hilda, une *actrice*, on ne peut pas attendre d'une actrice de la *stabilité*, de la *fiabilité*, elle était devenue *hystérique*. Et Léo, pareil, radicale comme toutes les filles de sa génération : il n'avait pas l'intention de devenir leur fusible. Il craignait qu'elles ne parlent, qu'elles ne portent plainte, ce n'était pas si grave, il avait simplement réclamé de la solitude pour travailler et Hilda s'était excitée *comme une dingue*. Maintenant, elles avaient le pouvoir de l'anéantir. Chasse en meute : je suis mort. Anne le rassurait : elles ne feront rien, elle leur a longuement parlé, ce n'est pas dans leur intérêt. Il devait se calmer et se reposer.

Mais Romain a mal au ventre, à la tête, il a envie de vomir, il se sent *cassé* depuis qu'il a appris que Mélanie avait interrompu sa grossesse sans tenir compte de ce qu'il voulait, en prenant sa décision seule ; il s'accroche à l'idée d'une récompense future mais rien ne l'apaise. Il n'aurait jamais cru que cette attente serait aussi éprouvante, il a beau se raisonner, il n'arrive pas à gérer son angoisse ; il se joue quelque chose, tout à coup, qui dépasse le cadre du festival, qui vient de loin, de l'enfance peut-être, il veut ce prix pour venger ses débuts contrariés, les revers et les petites humiliations que ce milieu lui a infligés. En quelques minutes, il devient superstitieux. C'est comme si on lui avait jeté un sort, la dispute dans le jet ne peut pas s'expliquer autrement, il n'a jamais été un homme violent, il a toujours été solidaire des femmes, il a consacré tout ce travail à un film qui dénonçait les violences faites aux femmes, comment en est-il arrivé là ? C'est un cauchemar. Il demande à Anne s'il ne devrait pas en parler à un avocat mais elle l'en dissuade.

Dans l'attente des résultats, l'équipe très restreinte du film se réunit dans la suite du distributeur ; plus l'heure de la cérémonie de clôture approche, plus Romain devient nerveux. Anne lui conseille quelques techniques de respiration ; rien ne le calme, elle le regarde boire, en cachette, un verre de whisky, puis un autre ; il va monter sur scène et proférer des conneries, voilà ce qui va se passer, elle lui rappelle la polémique créée par Lars von Trier à Cannes sur les nazis, *tiens-toi tranquille, ça dérape vite.*

Il dit qu'il va se reposer un peu, cette attente en groupe, c'est insupportable, il se lève, se rend dans sa chambre. Ses affaires sont éparpillées sur le sol. Il se déshabille et s'assoit sur le bord de son lit, en caleçon, sa main sur son cœur qui s'emballe. Il passe un coup de fil à un dealer, qui arrive en quinze minutes. Il prend un rail de coke. Apaisé, enfin. Cette fois, il se concentre, se lève, se met devant le miroir, les mains posées sur le rebord de la commode comme s'il s'agissait d'un pupitre. Son texte imprimé est devant lui et il s'entraîne à lire le discours qu'il prononcera en cas de victoire.

« Ce soir je ressens une grande émotion... Recevoir ce prix est un honneur incroyable, et ce qui rend ce moment encore plus fort pour moi, c'est la reconnaissance de l'importance capitale du sujet que le film traite : les violences faites aux femmes.

« En tant que cinéaste, j'ai toujours cru au pouvoir du cinéma pour changer les mentalités, faire évoluer la société. Nous vivons dans un monde dangereux où encore beaucoup trop de femmes sont maltraitées, où les gouvernements négligent les plus vulnérables au nom du néolibéralisme. Le cinéma doit dénoncer ce genre d'abus. Ce film n'est pas seulement un reflet de la réalité, mais aussi une invitation à l'action. Il nous pousse à remettre en question les normes toxiques et à défier les comportements qui perpétuent les violences faites aux femmes. Il nous rappelle que nous avons tous un rôle à jouer dans la création d'un monde plus sûr et plus juste, où chaque femme et chaque fille puissent vivre sans crainte ni violence.

« Cette Palme, je voudrais la dédier à toutes les femmes courageuses qui ont survécu à la violence des hommes, à celles qui ont trouvé la force de se relever et à celles qui continuent de se battre pour leurs droits.

« Ce film parle de liberté, et je pense que cette liberté, on doit la respecter, pour les femmes, pour les artistes, pour tout le monde.

« Je souhaite remercier Hilda, tu es une actrice extraordinaire. Je remercie de tout cœur mon incroyable équipe, des acteurs aux techniciens, qui ont consacré leur talent et leur énergie à la réalisation de cette œuvre. Leur dévouement et leur passion ont été une source d'inspiration constante. »

Il marque une pause. Remercier Hilda, après ce qui s'est passé dans le jet, est un vrai supplice. A-t-il vraiment le choix ? Il finit par remercier les organisateurs du festival et les coproducteurs.

« Enfin, je voudrais dire à toutes les personnes présentes ici aujourd'hui et à celles qui verront ce film à l'avenir : nous avons la capacité de changer les choses ! Ensemble, nous pouvons combattre les violences faites aux femmes, soutenir les survivantes et éduquer les générations futures. Que ce prix serve de rappel de l'importance de notre mission et de notre responsabilité collective !

« Merci du fond du cœur pour cette reconnaissance extraordinaire. Continuons à faire du cinéma un puissant vecteur de changement, un catalyseur de justice pour toutes ces voix réduites au silence. Je dédie ce prix aux femmes, à leur courage ! »

Il saisit la bouteille de Coca devant lui et la soulève comme s'il tenait la Palme, en criant : « Battons-nous pour un monde plus juste, plus égalitaire et plus sûr pour... » Mais il est interrompu par la sonnerie de son téléphone : c'est Anne. Elle lui demande s'il se sent mieux, lui rappelle qu'il doit se préparer. Ils sont attendus au Palais des festivals dans moins de deux heures.

57.

Au même moment, le site de *Mediapart* met en ligne une enquête regroupant les témoignages de plusieurs femmes qui affirment que Nizan aurait eu des comportements violents pendant le tournage du film. Lehman lit l'article en entier. Mélanie Valognes témoigne à visage découvert, en ouverture du site. Sur les réseaux sociaux, l'information tourne en boucle, les témoignages sont repris avec le hashtag #boycottnizan, #stopharcèlement #nonauxviolences, #metoocinéma.

Lehman appelle Hilda, elle cache mal son trouble, elle ne sait plus ce qu'elle doit faire : continuer à soutenir Romain ou le lâcher et rejoindre le mouvement des plaignantes. Lehman, sans hésitation, lui conseille de porter plainte, lui n'aurait pas sorti l'affaire dans *Mediapart*, il dit qu'il faut laisser la justice faire son travail, que le tribunal médiatique ne peut pas se substituer aux juges ; Marianne est de cet avis.

Lehman comprend assez vite que Hilda n'en a pas vraiment envie, elle ne donne pas de justification mais il devine qu'il y a quelque chose entre elle et Nizan. Il appelle le préfet de la région, organise le dépôt de plainte en toute discrétion au commissariat de Cannes. Hilda accable Nizan et Marianne la soutient, c'est une coalition improbable, car elles ne s'aiment pas, mais elles savent qu'elles doivent s'unir cette fois. C'est Lehman encore qui appelle Thierry Frémaux pour lui annoncer que sa femme a porté plainte contre Romain Nizan pour coups et blessures. Ce qu'il vient de révéler, à quelques heures du début de la cérémonie de clôture, est une véritable bombe. Le jour où il est venu déjeuner avec lui, Nizan a cru qu'il pouvait lui donner une leçon de féminisme, convaincu qu'il était un homme fini. Mais c'est lui qui, aujourd'hui, est mort. Mort et enterré.

M

Sur son compte Instagram, Hilda a apporté son soutien à Mélanie et à tous ceux qui avaient témoigné sur *Mediapart*. Elle a décrit ensuite brièvement la dispute dans l'avion et la gifle qu'elle avait reçue de Romain. Immédiatement, des centaines de messages ont commencé à affluer. À partir de ce moment, Hilda a choisi de se taire. Dan a pris à son tour la parole sur son compte X, en publiant dans un *thread* une suite de textes courts pour dénoncer « les actes de violence et de brutalité envers les femmes, notamment dans le cadre professionnel, où elles devraient se sentir respectées et en sécurité ». Il y a fait référence à « sa » femme, « une actrice talentueuse, victime d'un acte inqualifiable ». Il a continué : « Ce geste, si choquant qu'il soit, est malheureusement symptomatique d'un problème plus profond et ancré dans notre société : l'abus de pouvoir, l'impunité des comportements violents et sexistes, et le manque de respect envers les femmes. » Il a exprimé sa solidarité avec toutes les femmes qui ont travaillé sur le tournage, a salué leur courage, rappelé que « les violences faites aux femmes, qu'elles soient physiques, verbales ou psychologiques, ne doivent plus être tolérées. Aucune justification, aucune explication ne peut excuser un tel comportement. Ces actes doivent être fermement condamnés, et ceux qui en sont responsables doivent répondre de leurs actes ». Il a rappelé qu'il était « de notre responsabilité collective de créer un environnement où chaque femme, qu'elle soit actrice, technicienne, réalisatrice ou tout simplement une citoyenne, puisse exercer son métier et vivre sa vie sans craindre d'être violentée ou humiliée ». Puis, toujours sur le même ton : « À toutes les femmes qui subissent ou ont subi des violences, je veux dire que vous n'êtes pas seules. Votre douleur est entendue, votre lutte est la nôtre. Ensemble, nous devons continuer à nous battre pour un monde où ces violences n'auront plus de place, un monde où le respect, la bienveillance et la solidarité triomphent. Ce combat pour la dignité et le respect de toutes les femmes doit être mené avec une détermination sans faille. Il y va de notre humanité, de notre responsabilité, et de notre devoir envers les générations futures. Que la justice soit rendue, et que plus jamais une femme n'ait à subir ce que ma femme et tant d'autres ont enduré. »

Je n'ai pas aimé cette initiative, contrairement à Léo et à ses frères. Elle m'a semblé, comme à certaines féministes qui se sont immédiatement manifestées sur les réseaux sociaux et que mes fils ont qualifiées de « radicales », opportuniste, paternaliste et infantilisante. Je considérais que nous n'avions pas besoin qu'un homme nous défende. Je me rendais à nouveau compte de la manière dont un homme politique pouvait tirer profit de chaque situation sociale à des fins personnelles. À travers son fil de discussion sur X, il espérait retrouver sa position d'acteur dans cette guerre qu'est le jeu politique, ce qui semblait être sa véritable motivation, plus que la colère qu'il prétendait ressentir envers Romain. Mais peut-être que je lui en voulais de dire « ma femme » en évoquant Hilda dans l'unique but de servir ses propres intérêts. Redoutant peut-être ma réaction, il m'avait écrit pour me dire qu'il s'était senti « obligé » de s'exprimer publiquement, que ça ne changeait rien à « nous deux ». Il ne comprenait pas : « nous deux » était mort, il n'y aurait pas de reprise.

J'ai eu un sursaut. J'ai compris que c'était une question de survie : je devais aller de l'avant. Je sentais que quelque chose se jouait, il y avait un élan collectif, un désir d'action, de transformation auquel je souhaitais participer. J'avais vu de plus en plus de femmes se regrouper pour aborder des sujets que la société avait rendus tabous dans le seul but de les invisibiliser, certaines même renonçaient au sexe, à l'amour et aux hommes, revendiquaient une liberté et une solitude assumées, des femmes qui s'affranchissaient des injonctions sociales avec une vigueur qui pouvait déplaire mais qui, moi, au point où j'en étais de ma vie, me régénérait. Je les trouvais authentiques : elles en avaient marre. Les petites histoires minables : marre. Les compromis : marre. Les efforts pour rester *baisable* : marre. Le sexe, c'était non. Parfois, celles qui renonçaient n'avaient même pas trente ans. Si jeunes et déjà écœurées du couple hétérosexuel. Je savais que je n'atteindrais pas cette extrémité-là, que je ne renoncerais pas à la sexualité, à l'amour d'un homme, j'étais consciente des risques mais je ne voulais pas me détacher de tout ce qui donnait du sens à ma vie. Le désir échappait à tous les schémas de pensée et à toutes les normes et théories ; quelque chose se diluait dans la sexualité, c'était précisément l'endroit où l'on perdait le contrôle, où le pouvoir changeait de main, où les rapports de domination se renversaient.

Peu à peu, j'ai compris que la liberté n'était pas donnée ; cela impliquait de réorganiser mon propre système de pensée mais aussi de déconstruire mon schéma éducatif, une part même de mon identité. Dans ce parcours intérieur, la littérature, par sa puissance subversive, m'avait aidée. Je lisais des auteures qui avaient vécu des expériences comparables, qui avaient abordé les thèmes de la séparation et des désillusions, du rapport à l'âge – et de l'écriture comme moyen de déconstruction et source d'émancipation –, plus de cinquante ans après que Simone de Beauvoir l'avait fait dans *La force de l'âge* ou *La vieillesse*.

Après cinquante ans, beaucoup de femmes avouaient se sentir invisibles, fragilisées par les bouleversements hormonaux provoqués par la ménopause auxquels elles n'étaient pas bien préparées. Même si elles affirmaient affronter cette nouvelle réalité avec une distance lucide, alternant entre un fatalisme et une combativité qui les protégeaient en surface, elles en souffraient ; pour les plus belles d'entre elles, habituées à être au centre de toutes les attentions, c'était même un retournement inattendu et brutal. Je me rappelai alors cette phrase qu'un grand éditeur avait prononcée en ma présence lorsque j'avais trente ans, à propos d'une actrice magnifique qui, à soixante ans, conservait le corps d'une nymphette : « Avec l'épreuve de la vieillesse, les femmes meurent vivantes. » C'était faux, elles ne mouraient pas, elles ne s'étaient même jamais senties aussi vivantes – c'étaient des hommes qui avaient décidé qu'elles devaient disparaître, qui avaient programmé leur extinction, c'étaient des hommes qui les tuaient. Ce jour-là, j'étais restée silencieuse, bien au chaud dans le placard exigu de la jeunesse, sidérée par la violence du coup. Dans mon âme, j'en ai gardé un bleu.

58.

Ils veulent ma peau. En quelques minutes la vie de Romain s'embrase ; il devient paranoïaque. Il est convaincu d'avoir été victime d'une cabale. Dans sa chambre, Anne vient de le lui annoncer : elle a reçu un appel des organisateurs du festival, sa présence à la cérémonie n'est plus souhaitée. En plein MeToo cinéma, il n'est pas envisageable de récompenser un réalisateur accusé de violences. Dès la parution de l'enquête de *Mediapart*, le délégué général du festival a réuni le jury, qui a sans doute modifié son palmarès.

On exfiltre Nizan. Le soir même, il part se réfugier dans une abbaye sur les îles de Lérins, à vingt minutes de la baie de Cannes. C'est une adresse d'initiés, plusieurs personnalités du monde politico-médiatique aiment s'y retirer pour fuir l'agitation parisienne. Ici, pas de connexion Internet, pas de télévision.

Les moines l'accueillent avec bienveillance. Dans ce lieu dépouillé, isolé, à l'écart de l'agitation cannoise, il n'est qu'un homme parmi d'autres, on ne lui demande rien. Il s'enferme dans la petite chambre qu'on lui a attribuée pour quelques jours, ça ressemble à une cellule, il veut disparaître. C'est écrit : il participera aux tâches, « dans la simplicité et la joie », il fera la vaisselle, mettra le couvert, nettoiera sa chambre et, si nécessaire, les parties communes. Les repas se prendront au réfectoire, en silence.

C'est ce qu'il est venu chercher ici : le silence.

59.

La cérémonie de clôture du festival de Cannes va commencer. Le téléphone de Lehman n'arrête pas de vibrer : il a reçu des centaines de messages le félicitant pour ses prises de position sur X ; les médias contactent son service de presse dans l'espoir d'obtenir des interviews, les appels se succèdent. Mais aucun de Marianne. Il lui envoie une nouvelle chanson de Mina, *Un anno d'amore*.

> *Est-ce que ça peut s'arrêter là ?*
> *Mais tu peux vraiment*
> *Jeter comme ça*
> *Une année d'amour ?*
> *Et tu me quitteras*
> *Mais dis-moi, tu sais*
> *Qu'est-ce qu'on perd ?*

Marianne a vu son message mais elle ne répond pas. Elle est dans la salle du Palais des festivals avec Léo. Mélanie les a rejointes, à la dernière minute, à l'invitation de la productrice du film qui a insisté pour qu'elle soit là et lui a réservé une chambre au Majestic.

De retour dans la villa cannoise de son ami, Lehman est allongé sur le canapé devant la télé, un verre de whisky à portée de main, la cérémonie va être diffusée en direct à la télévision. Il éprouve brusquement un sentiment de malaise et de vertige. Il se demande ce qu'il fait là dans cette villa au luxe tapageur, où l'argent s'étale partout, les messages qu'il a publiés sur X lui ont redonné l'envie de l'engagement et du combat. Cela fait partie de lui, il reste un militant, il ne peut pas renoncer à ses idées, à son identité, ses idéaux de jeunesse. Demain, il rentrera à Paris, prêt à renouer avec la vie politique.

Sophia entre dans la pièce suivie d'Anna, dans son petit pyjama décoré de lapins qu'elle montre fièrement à son père. Hilda lui a déposé la petite dans l'après-midi afin de pouvoir se préparer pour la cérémonie. Entre ses doigts potelés, Anna serre son doudou pieuvre. « Elle ne veut pas dormir, dit Sophia, gênée, elle pleure, elle vous réclame, monsieur. » Lehman sourit, les bras ouverts, et Anna se jette vers son père. « Allez-y Sophia, je la mettrai au lit moi-même. » Après avoir embrassé Anna, Sophia s'éloigne vers sa chambre. Anna se blottit contre Lehman devant l'écran. Elle ne voit pas ses lèvres, elle ne l'entend pas quand il lui dit : « Je t'aime, Anna, je t'aime tellement. »

La cérémonie commence, Anna s'est endormie dans les bras de son père. Il caresse doucement ses cheveux roux qui dégagent un léger parfum de camomille. Sur l'écran, Lehman remarque que Hilda et Marianne sont assises au troisième rang, c'est bon signe, mais le temps s'étire, les discours traînent en longueur, alors il enchaîne les verres. Quand on annonce que le prix d'interprétation va être attribué, il dort déjà.

60.

Ce moment, Hilda l'attend depuis des années. Une comédienne coréenne est invitée à annoncer les noms des actrices sélectionnées, elle a une trentaine d'années, une coupe courte, un corps frêle cintré dans un costume d'homme trop grand, elle récite un petit texte avec grâce et, selon un rythme bien rodé, elle est applaudie, le réalisateur belge choisi pour annoncer le nom de la lauréate la rejoint sur scène. Il ouvre l'enveloppe. La caméra scanne le visage des actrices nommées pour le prix d'interprétation féminine.

Hilda se liquéfie sur son fauteuil. Elle ne doit pas montrer sa déception si elle n'obtient rien, elle sait qu'elle est filmée, que cette image sera diffusée en direct et dans le monde entier, l'image de la perdante, pense-t-elle, de la ratée.

Elle a envie de disparaître.

Elle a envie de pleurer.

Elle anticipe déjà le moment où les personnes s'avanceront vers elle pour l'étreindre : tu le méritais, pas trop déçue ? C'est injuste, ça s'est joué à rien, tu t'en remettras, si près du but, c'est con, tout est trafiqué, mais qu'est-ce qui s'est passé ? T'étais la favorite, non ?

Hilda n'ose pas bouger.
Elle étouffe.
Elle voudrait voler et s'enfuir loin.
Elle rêve de rentrer dans sa chambre, de prendre une barrette de Lexomil et de dormir.
Au bord du gouffre, elle s'agrippe.
Elle ne peut pas déglutir. Elle a la gorge nouée.
Elle sourit à la caméra qui balaye la foule.
Elle n'a pas une pensée pour Nizan.
Le metteur en scène belge se redresse et annonce : « Le prix d'interprétation féminine est attribué à Hilda Müller pour *À la recherche du désastre*. »

61.

Quand Lehman se réveille, Anna n'est plus dans ses bras. Il n'a aucun souvenir de l'avoir couchée, Sophia l'a sans doute mise au lit pendant qu'il dormait, il ne sait plus, et dans l'abîme du doute la panique afflue en lui comme un liquide toxique, il n'arrive plus à respirer, se redresse en vacillant, ses jambes se dérobent sous son poids, il a trop bu, il se dirige vers la chambre d'Anna, au fond du couloir ; au mur, il y a ces photos terrifiantes de Cindy Sherman qui effraient sa fille, il ouvre la porte, tout est calme, il manque de tomber sur un jouet, s'approche du lit : Anna n'y est pas.

62.

A l'énoncé de son nom, Hilda ressent une décharge d'adrénaline, ça pulse/l'enserre/la porte, ça s'infiltre en elle, cette lave incandescente : la jouissance d'être consacrée/reconnue/acclamée. Elle se lève, éblouie par l'éclat des projecteurs, par sa propre aura, elle irradie, boule à facettes, (embrasser ton partenaire, étreindre ta productrice) puis se dirige vers la scène, en mode automatique, portée par les applaudissements. Elle est perchée sur des talons aiguilles de dix centimètres et tient la traîne de sa robe en soie noire pour ne pas tomber, elle contrôle sa marche, un pas après l'autre, sourit en montant sur scène, salue la comédienne et le metteur en scène qui lui remettent son prix. Elle remercie le jury, l'émotion déborde, *faire vite*, elle commence son discours : « Il y a environ vingt ans, Ingrid Bergman déclarait, à Cannes, au micro de Jacques Chancel, qu'après trente-neuf ans une femme cessait d'être intéressante pour les auteurs ; il est enfin évident aujourd'hui que les choses sont en train de changer mais, avouons-le, cela n'est pas suffisant. Cette année, seuls 9 % des rôles ont été attribués à des comédiennes de plus de cinquante ans. Ce prix, je voudrais le partager avec toutes les femmes qui sont invisibilisées ou ignorées. Je remercie profondément le festival de Cannes et le jury pour cet honneur. J'ai eu la chance de jouer ce rôle marquant d'une ouvrière victime de la violence d'un homme. Je suis fière d'avoir pu incarner ce personnage que Marianne Bassani a créé. Ce film est plus qu'un projet artistique : il est un acte politique. Chaque jour, des femmes sont victimes de la violence patriarcale. Nous ne devons plus rester silencieuses. Car la réalité dépasse parfois la fiction. Cet après-midi, j'ai déposé une plainte contre le réalisateur du film pour des faits de violence. Nous ne voulons plus avoir peur. Nous refusons de subir la violence des hommes qui n'ont pas compris qu'ils n'ont aucun pouvoir sur nous. Que ce soit dans la vie quotidienne ou à travers nos créations, nous devons faire entendre nos voix contre ces violences et soutenir les femmes dans leur combat pour la dignité et la sécurité. Ce prix est un symbole fort. Je le dédie à toutes les femmes engagées dans la lutte ! »

Disant ces mots, elle lève son poing droit en signe de rébellion tout en serrant, de sa main gauche, la traîne de sa robe Vuitton. Elle est applaudie.

« Je tiens à remercier toutes les femmes qui ont témoigné sur *Mediapart* des violences que nous avons subies et notamment Mélanie Valognes. Je voudrais leur demander de me rejoindre sur scène. »

Elles se lèvent toutes et s'avancent vers la scène sous les applaudissements. Au milieu d'elles, Hilda, le coffret contenant la minipalme à la main, conclut : « Pour finir je voudrais citer l'écrivaine Virginia Woolf qui a écrit ces mots en 1938 : *Le patriarcat est dans la maison ce que le fascisme est dans le monde.* Merci. »

La standing ovation a duré sept minutes.

63.

Lehman appelle Anna machinalement – il a, dans cet instant de panique, oublié qu'elle ne pouvait pas l'entendre –, Sophia sort de sa chambre en chemise de nuit, les cheveux en désordre, elle n'a pas revu la petite depuis qu'elle la lui a laissée, comme il le lui avait demandé, ils réveillent le personnel, l'escorte, il cherche sa fille aux toilettes, dans la salle de bains, ils cherchent tous, partout, l'espace où une enfant de trois ans pourrait se cacher : Anna a disparu.

Lehman sort dans le jardin, il crie encore le nom de sa fille comme si par miracle elle pouvait l'entendre et apparaître, ses gardes du corps descendent dans le sous-sol de la maison, Sophia et lui arpentent les extérieurs, chaque arbre, chaque broussaille, sous la tension et la peur qui pulse, ses jambes sont secouées de tremblements qu'il n'arrive pas à contrôler.

Il entend alors les aboiements de Nabucco. Puis aperçoit au loin la surface bleutée de la piscine, où son chien s'agite près du bord, le pelage trempé et, à un mètre de lui, sur le sol, le petit corps d'Anna qui ne bouge plus.

111

À LA RECHERCHE DU DÉSASTRE

M

C'est une épreuve que j'ai redoutée toute ma vie, que chaque être redoute, ce moment où la vie bascule dans une zone que l'on ne peut pas franchir sans être détruit.

Je suis aux côtés d'Anne, de Hilda et de Léo au milieu de la foule dans une ambiance festive et électrique quand nous apprenons, par un bref appel d'un médecin, qu'Anna a été hospitalisée après avoir chuté dans la piscine : nous ne savons rien de plus. Les téléphones de Dan et de Sophia sont sur messagerie. Le moment qui suit nous saisit dans sa terreur : la peur a englouti la joie jusqu'à l'effacer totalement, Hilda s'efforce de maîtriser ses émotions, de ne rien montrer de sa panique, mais elle n'est déjà plus en état de parler, de marcher, tout s'accélère, Anne prend les choses en main, elle nous évacue de la salle et coordonne notre transfert vers le centre hospitalier de Cannes où Anna a été admise. Dans la voiture, Hilda pose des questions auxquelles nous n'avons aucune réponse alors nous finissons par nous taire. À cet instant, je ne maîtrise plus ma peur, je tremble et Léo serre ma main.

À notre arrivée, Dan est là, assis sur une chaise, le visage marqué par l'angoisse. Hilda veut savoir ce qui s'est passé. Il ne mentionne pas l'alcool, mais parle simplement de la petite qu'il a trouvée au bord de la piscine avec le chien, et de l'arrivée des pompiers, elle aurait échappé à leur vigilance et se serait dirigée vers la piscine, elle ne pouvait pas crier, c'est Nabucco qui l'a sortie de l'eau. « Est-ce qu'elle va s'en sortir ? Aura-t-elle des séquelles ? » C'est tout ce que demande Hilda mais, pour l'instant, elle ne reçoit aucune réponse. On apprend qu'il y a quatre stades de complications après une noyade : Le stade 1, c'est l'aquastress, la victime est choquée par la chute et l'immersion dans l'eau, sans pouvoir respirer, mais elle va bien. Au stade 2, elle a des nausées, des vomissements, une accélération de la respiration et du rythme cardiaque, la peau prend une teinte bleutée : elle s'en sortira ; au stade 3, c'est la grande hypoxie, l'eau est présente dans l'estomac, la victime perd connaissance, ce qui peut entraîner somnolence ou coma : l'évolution reste incertaine. Au quatrième stade, il n'y a plus d'activité cardiaque, c'est la mort.

Personne n'ose dire un mot, Léo est sortie pour téléphoner, et moi j'observe Dan. Lorsque nos regards se croisent, j'ai du mal à retenir mes larmes. Soudain, je vois Hilda se lever et s'approcher de lui et, pour la première fois, elle s'adresse à lui en langue des signes, pour que je ne comprenne pas. Cet échange semble irréel, il dure quelques minutes sans qu'aucun des deux parle autrement que par gestes. Plus tard, Dan me révélera qu'elle lui a dit qu'il ne reverrait jamais sa fille et qu'il payerait pour le mal qu'il leur avait fait.

64.

Anna est placée en coma artificiel.

Le médecin explique qu'elle a subi un arrêt cardiaque bref et qu'il a pris cette mesure pour éviter qu'elle ne souffre pendant les soins de réanimation – une défibrillation et des traitements de ventilation ont été pratiqués.

Hilda et Lehman restent au chevet de leur fille, indifférents au bruit du dehors et à la pression des journalistes qui, à travers tous les médias, évoquent le drame. L'alcoolisme du président reste un sujet tabou, dont on ne parle qu'en privé.

65.

Nizan est placé en garde à vue pour une durée de vingt-quatre heures renouvelables pour violences volontaires commises sous l'emprise de stupéfiants. Léo, Anne, Sophia et un membre du personnel navigant sont auditionnés au commissariat.

« On attend bien sûr d'avoir des éléments supplémentaires mais on ne peut pas fermer les yeux sur ce sujet, a réagi Anne Weber auprès de l'AFP, encore moins dans le contexte d'un film qui met en lumière les violences conjugales et des prises de parole récentes dénonçant le silence de l'industrie cinématographique face aux violences sexistes et sexuelles. Par devoir d'exemplarité, nous pensons que Romain Nizan ne peut plus assurer la promotion de son film. »

M

Dan et Hilda sont au chevet d'Anna quand le médecin réanimateur réduit les doses de sédation, après les avoir rassurés : elle est restée très peu de temps sous l'eau, elle ne devrait pas garder de séquelles.

Ils ne se parlent quasiment pas. Anna commence à se réveiller progressivement, elle recouvre toutes ses capacités. Après une semaine d'hospitalisation, elle rentre chez elle à Paris avec sa mère.

Hilda m'autorise à venir la voir avec mes enfants. Anna s'anime dès notre arrivée, elle passe des bras de Léo à ceux de Luca ; Julien, sa femme et leur fils, Raphaël, ont apporté des cadeaux. Je m'isole un moment dans la cuisine avec Hilda, elle me dit que je peux rendre visite à la petite quand je le souhaite : « Je sais que vous aimez Anna », j'acquiesce sans dire un mot, oui j'aime cette enfant dont la naissance m'a fait souffrir, je l'adore même, mais je ne me sens pas à ma place entre Dan et elle, des parents abîmés par le drame et en guerre, elle l'a deviné puisqu'elle finit par me dire : « Dan et moi, nous sommes séparés, vous le savez ? » et, sans attendre ma réponse, elle poursuit sur un ton où se mêlent la compréhension et l'amertume : « Il fera tout pour revenir avec vous mais votre rivale, ce ne sera jamais plus une femme, votre seule rivale, ce sera la bouteille. » Je la regarde sans réagir, je l'écoute comme si elle était mon alliée désormais : « C'est trop difficile de vivre avec quelqu'un qui est à la merci d'une puissance plus forte que tout et qui l'entraîne dans des abîmes terribles. On ne peut pas demander de l'attention pour soi, ni même pour un enfant à quelqu'un qui va mal. J'ai tout essayé et c'est sans issue. »

66.

Lehman n'a plus le droit de se retrouver seul avec sa fille. Il ne la verra plus que dans des espaces médiatisés. Des lieux structurés, professionnalisés où l'enfant rencontre son père dans des conditions de *sécurité* sous la surveillance de travailleurs sociaux et de psychologues. Il est un danger pour elle, c'est ce qu'ont sans doute pensé le juge aux affaires familiales, qui a pris cette mesure, et Hilda, qui l'a demandée. Le juge a prononcé un droit de visite deux samedis par mois pendant trois heures pour une durée de six mois renouvelables une fois. La décision est sans appel et inédite pour un ancien président de la République.

Lehman arrive toujours en avance dans le centre social où ont lieu ces rencontres ; il attend dans une petite pièce que quelqu'un vienne le chercher comme n'importe quel père. À ce moment précis, les effets de l'alcool lui manquent : la jouissance d'être déconnecté de ce qui fait mal, ce qui est lourd, la distance qui s'étend entre vous et le monde, vous et la gravité du monde, vous et vos angoisses. Ici, le rapport de force change, il est soumis aux règles que d'autres lui imposent. Il n'a plus le pouvoir. Il ne décide de rien. L'assistante sociale vient le chercher quand elle le souhaite, il ne peut pas s'en plaindre. Après un laps de temps qui lui semble toujours trop long, elle le fait entrer dans une cour aménagée où Anna joue. Dès qu'elle voit son père, elle s'élance vers lui ; il la prend dans ses bras, embrasse ses cheveux : son odeur, sa peau, tout en elle lui manque.

Chaque minute compte double ici, le temps passe trop vite. Ils jouent ensemble, ils communiquent mais la présence des travailleurs sociaux, bien que discrète, lui rappelle qu'il est sous surveillance. Il a l'impression de se trouver dans le parloir d'une prison. Qu'il passe un examen d'évaluation. Il dit : j'en ai pris pour six mois. Comment a-t-il pu en arriver là ? Il a un sentiment de défaite et de gâchis, puis il se ravise : il a cette enfant qu'il adore.

Quand il est l'heure de se dire au revoir car le temps imparti par le juge s'est écoulé, Anna pleure et s'accroche à son père. Lehman tente de l'apaiser en la serrant contre lui une dernière fois et, tout en embrassant ses cheveux, demande s'il peut prolonger ce temps avec elle mais l'assistante refuse, c'est impossible, elle doit recevoir de nouveaux parents. Anna tend ses bras vers son père, mime le geste de griffer son visage pour exprimer sa tristesse, elle pleure, s'agrippe à lui.

Il faut l'intervention d'un tiers pour les séparer.

M

Dan l'a compris : s'il veut retrouver sa fille, il doit renoncer à l'alcool. Il entame une cure de désintoxication à l'hôpital militaire de Percy, aucune information ne filtre, officiellement il est hospitalisé pour un problème cardiaque.

Dans *M. D.*, Yann Andréa, le dernier compagnon de Marguerite Duras, raconte la cure de désintoxication qu'elle a suivie pendant trois semaines à la fin de l'année 1982 à l'Hôpital américain, « trois semaines d'hallucinations, de délires, de hurlements ». J'avais ce texte en mémoire quand Dan m'a demandé de rester près de lui pendant le temps où il serait hospitalisé. C'était une décision difficile et j'ai finalement accepté de l'accompagner mais au bout d'une semaine à ses côtés, mon carnet raturé de notes, dans cette position d'aidante qu'il m'accordait après huit années de séparation, je lui ai annoncé que je ne resterais pas, sans lui avouer que je ne supportais plus sa déchéance physique et mentale. J'avais cru que je pourrais reprendre le cours de notre histoire comme si rien ne s'était passé mais nous avions changé, quelque chose s'était fracturé – qui ne pouvait pas être réparé dans une chambre d'hôpital entre un homme assommé par les anxiolytiques et une femme qui voulait donner un nouvel élan à sa vie.

Je me sentais coupable de l'abandonner, je lui ai dit que je l'aimais mais je suis partie pour Milan. Là-bas, j'ai loué un petit studio et j'ai écrit. Je ne venais à Paris qu'une fois de temps en temps pour voir ma famille. Hilda assurait la promotion du film à l'étranger avec Anne et les autres acteurs, elle envoyait des photos et des vidéos d'Anna, c'était à peu près tout. Nos enfants rendaient visite à leur père chaque semaine, à tour de rôle. Aucun de ses collaborateurs, à part Paul, n'était autorisé à venir. Il essayait de lire – sans y parvenir –, se tenait informé de la vie politique sans plus en être un acteur, les traitements médicamenteux éteignaient en lui toute vitalité : c'était un zombie. J'obtenais ces informations par l'intermédiaire de mes enfants : je ne l'appelais plus, je voulais me protéger. Peut-être aussi que je refusais d'assister au déclin d'un homme que j'avais aimé, je ne l'ai pas reconnu sur une photo que Julien m'a envoyée : les yeux hagards, les cheveux blanchis, une barbe longue, les traits creusés.

Il avait complètement arrêté de boire mais il était dopé aux antidépresseurs et aux anxiolytiques, affaibli par la cure.

L'écrivain américain William Styron, dans son livre *Face aux ténèbres*, évoque son addiction à l'alcool et son arrêt brutal comme source d'une dépression qui l'a conduit aux portes de la folie. J'en avais parlé à un addictologue qui m'avait expliqué que l'alcoolisme était une maladie chronique, l'abstinence ne pouvait jamais être considérée comme définitive, Dan resterait toujours vulnérable, ce serait un processus long, compliqué, qui occuperait son esprit et accaparerait une partie de ses forces jusqu'à la fin de sa vie : « Même un chocolat fourré à l'alcool pourrait le faire replonger. »

À Paul il avait confié que ce n'était pas la mort qui l'effrayait, ni même la maladie, mais la crainte de ne plus jamais pouvoir rester seul avec sa fille sans la présence d'un tiers.

67.

À partir du jour où Hilda a obtenu le prix d'interprétation à Cannes, les projets les plus ambitieux lui ont été proposés, des films écrits pour elle par des cinéastes de notoriété internationale dans lesquels elle apparaissait sur chaque plan, toutes les portes qui s'étaient refermées après l'accession de Lehman à l'Élysée s'étaient rouvertes, elle aurait aimé vivre pleinement cet investissement professionnel mais les soins et l'attention qu'elle devait porter à sa fille rendaient chaque décision plus difficile. Après l'accident et la séparation d'avec son père, Anna était dans un état de stress post-traumatique, les voyages incessants l'insécurisaient, elle avait développé des troubles obsessionnels compulsifs, Hilda lui consacrait tout son temps libre, elle n'avait plus la disponibilité mentale que nécessitait un rôle. Elle venait de recevoir une proposition d'un cinéaste oscarisé mais le rôle exigeait une immersion totale : le tournage devait durer plusieurs mois entre Londres et l'Amérique latine.

Le juge avait accordé à Lehman un droit de garde un week-end sur deux. Hilda et lui ne se parlaient plus que par avocats interposés.

Un soir, à la fin d'un week-end au cours duquel Lehman s'était occupé de sa fille, Hilda s'était présentée à la place de la jeune fille qui, habituellement, allait chercher Anna. Il ne parut pas surpris de la voir, comme s'il savait que ce moment arriverait. Anna semblait joyeuse, épanouie.

Hilda lui dit qu'elle avait longuement réfléchi. Dans l'intérêt de leur fille, elle avait décidé qu'il serait bon qu'Anna reste chez son père quelque temps. Il comprit que Hilda agissait surtout dans l'intérêt de sa carrière mais il ne fit aucune remarque, se contentant de la remercier.

— La petite t'aime trop, elle est malheureuse quand elle est séparée de toi.
— Elle a besoin de stabilité.
— Mais peux-tu la lui offrir ? Tu vas revenir en politique, non ?
— Non, la politique pour moi, c'est terminé. Tout ce que je veux à présent, c'est m'occuper d'Anna.

Le lendemain matin, elle téléphona à son avocat pour lui demander d'arrêter les procédures contre le père de sa fille.

M

Un matin, j'ai reçu un appel de Dan : il m'annonçait que Hilda lui avait confié la garde totale de leur fille pendant toute la durée de son tournage, et qu'il souhaitait fêter cette nouvelle avec moi. Il revenait encore dans ma vie de manière imprévisible alors que j'avais pris mes distances, il considérait que les gens lui étaient acquis, qu'il faisait ce qu'il voulait d'eux, dernière prérogative que lui avait donnée l'exercice du pouvoir. Je lui avais dit que je le contacterais à mon retour, tout en étant consciente que je ne le ferais pas. Quelque chose en moi résistait, s'acharnait à se protéger : l'amour équivalait à donner une arme à quelqu'un et à l'autoriser à nous tirer dessus. Mais j'étais à peine arrivée à Paris qu'il m'a appelée, il désirait me revoir, *je dois te parler*, je montrais mon hésitation, il insistait. J'ai cédé et nous nous sommes retrouvés dans un restaurant discret où il avait ses habitudes, il m'attendait, une bouteille d'eau gazeuse posée devant lui, comme la preuve de son abstinence et de sa résurrection. J'aurais dû me réjouir pour lui, mais cela m'a plongée dans un malaise car cette bouteille nous rappelait qu'il lui avait fallu passer d'un extrême à l'autre, qu'un verre appellerait toujours le suivant et que l'abstinence totale deviendrait désormais son mode de vie – ce qu'il avait toujours redouté.

Il allait mieux : il avait rasé sa barbe, repris un peu de poids. Seul son regard avait conservé une forme de gravité qu'éclairaient par moments des fulgurances de joie. Il me raconta la façon dont s'était déroulée sa cure : trois semaines d'hospitalisation dans un service de psychiatrie suivies de six semaines post-cure dans une clinique privée. Chaque jour, il devait évaluer son état émotionnel avec un médecin : triste, joyeux, déprimé, au bord des larmes, il était le plus souvent anxieux – la perspective d'échapper à la dépendance le faisait tenir, il ne voulait plus revenir en arrière, au temps où sa seule question, dès le réveil, était : vais-je pouvoir me procurer de l'alcool aujourd'hui ? Je n'éprouvais plus pour lui qu'une forme de tendresse débarrassée de tout désir et, tandis que je l'écoutais me parler de ses problèmes de santé, de ses efforts pour maintenir une relation *correcte* avec Hilda grâce à l'intervention d'une médiatrice, des progrès de sa fille dont il faisait défiler les photos sur son téléphone, je commençais à comprendre que j'étais loin, très loin de lui – sur une autre rive. Ce n'était pas que ce qu'il traversait ne me concernât plus mais j'avais atteint un moment de ma vie où je désirais autre chose que ce qui constituait désormais le centre de son existence. J'avais mis pendant si longtemps mes aspirations et mon travail au second plan pour correspondre à un schéma dont les inégalités me paraissaient si évidentes à présent que j'avais retrouvé ma lucidité et ma liberté, puis je me raisonnais : il ne servait à rien de s'apitoyer sur ce que l'on ne pouvait pas changer.

— Et toi ? finit-il par me demander.
— Je reviens de Milan où j'ai écrit, je pars pour un festival littéraire, au Brésil, avec Léo et Luca.
Mais il n'écoutait pas.
— J'aimerais être aussi libre que toi.
— Tu as fait des choix.
— Ce n'est pas facile, tu sais. La plupart de mes amis ont des enfants de trente ans, je suis le plus souvent seul avec Anna, j'adore être avec elle mais je me sens fatigué parfois, j'ai compris que je ne connaîtrais pas la forme de sérénité à laquelle on est en droit d'aspirer à ce moment d'une vie d'homme, après une carrière très intense, entièrement dédiée aux autres, à la collectivité.

Puis, il conclut :
— Tu m'as tellement manqué. Je ne veux plus être séparé de toi, Marianne. Réfléchis.

Je ne m'imaginais plus du tout vivre avec lui et, même si j'étais très attachée à Anna, encore moins élever à nouveau un enfant, une enfant si jeune, qui demandait une attention constante, j'avais un petit-fils que j'aimais et dont je m'occupais une fois par semaine, ça me semblait dans l'ordre des choses : il y avait un temps pour tout dans la vie, celui de la maternité était passé et je regrettais que les hommes ne comprennent pas que ce qui était imposé aux femmes par la nature devait l'être, pour eux, par la raison. Ils vieillissaient malgré les exercices physiques, le déni, et imposaient à leurs enfants, au mitan de leur jeunesse, l'implacable confrontation avec le déclin et la perte. Dan l'avait vécu avec son propre père, cinq ans plus tôt, à un âge où il pouvait raisonnablement s'y attendre, et ça avait été une charge et une épreuve dont il n'avait pas imaginé la dureté. Mes enfants étaient des adultes, je me sentais en pleine possession de mes moyens intellectuels, physiques, personne ne dépendait plus de moi, je jouissais d'une liberté totale. Il se jouait quelque chose de salvateur pour les femmes, nous avions enfin un pouvoir d'affirmation, la capacité de dire non, de refuser les injonctions sociales les plus arbitraires – qui avaient pesé sur les femmes, et uniquement sur elles, pendant des siècles.

J'avais vécu durant huit ans dans l'illusion d'une réconciliation, idéalisant notre vie commune, nourrissant le souvenir d'un amour très profond, j'avais cru que je pourrais reprendre notre histoire où elle s'était interrompue, mais j'avais fini par admettre que je ne reviendrais pas avec Dan, que je me contenterais d'écrire sur cet impossible retour.

Je n'avais pas été brisée par ce que j'avais enduré mais il y avait des fêlures en moi, des fêlures profondes, et je pensais à ce que m'avait dit mon fils Luca, pour me rassurer : dans la kabbale, seul celui qui est brisé peut, à travers ses failles, laisser passer la lumière.

*

Tout écrivain le sait et le redoute : on écrit sur ce qui nous fait souffrir. J'écrirais sur ce que nous avions traversé, sur la manière dont je m'étais relevée et le pouvoir que j'avais regagné, ça me semblait inévitable, sur l'alcool qui avait pris le contrôle de Dan, sur la guerre qu'il avait livrée contre une force plus grande que sa volonté, il m'en voudrait, réclamerait que certains passages de mon livre soient retirés, il se sentirait peut-être trahi – avais-je le droit d'utiliser le matériau qu'avait été notre vie ? Je savais que ce serait difficile, que ce texte me mettrait mal à l'aise, que je pleurerais ou serais profondément déprimée pendant l'écriture et sans doute encore après, à chaque lecture, à la parution, au moment d'en parler publiquement et de répondre à chaque question qui viserait à comprendre, à expliquer, voire à faire mal, mais je me demandais si ce n'était pas ce que j'attendais de chaque livre : qu'il m'ôte tout contrôle sur moi-même et me place dans une situation moralement épuisante.

68.

Le pouvoir est dangereux, impur ; plus on l'exerce, plus on occulte la violence et la domination qu'il suppose : il isole, altère les relations et jusqu'à la perception que l'on a de soi. C'est une jouissance peut-être, mais une jouissance qui abîme.

Lehman appuie sur la touche stop de son dictaphone, allume une cigarette et en tire quelques bouffées avant de reprendre : Pompidou avait avoué qu'il s'était senti prisonnier à l'Élysée, en marge du bonheur, expliquant avec une certaine mélancolie qu'on n'est pas pour les autres n'importe qui. Il y a une distance. Comme lui, je n'ai pas supporté cette distance. J'avais même réfléchi à la manière dont je devrais désormais me comporter avec mes proches, mon personnel et mes collaborateurs : il fallait maîtriser ses émotions, réprimer ses instincts. Mon prédécesseur me l'avait confié : à la tête de l'État, si vous ne détruisez pas ça en vous, vous mourrez. C'est l'inverse qui s'est produit : en gardant les autres à distance, en leur refusant tout accès à ma vie, je me suis autodétruit, car vivre sans les autres est impossible. Je ne veux pas vivre sans Marianne.

Il arrête l'enregistreur, se sert un verre d'eau qu'il ne touche pas, puis le rallume : J'ai cherché à rendre la vie supportable – la politique, la littérature et l'alcool ne sont que des moyens de répondre à une seule question : comment vivre ?

Il éteint son dictaphone, saisit un petit sac, en sort son châle rituel à franges et s'en drape. Il reste un long moment, bercé par les sons du dehors – bribes de conversations volées, diffuses, qui s'élèvent ; sous son talith, il se sent protégé, lèvres et yeux clos

      il croit échapper à la dépendance au manque
          à cette angoisse cette peur
   il échappe à lui-même
   voudrait en finir avec
   cette souffrance cette souffrance le besoin

            obsédant
            obsédant
            obsédant

  d'alcool

     serre les franges de son châle
   quand Anna surgit brutalement dans la pièce
               balle lancée vers lui
    se glisse sous le talith avec lui
              bondissant
   et son sourire emplit l'espace
       ceinturé par le tissu blanc
           d'un coup sec tire sur le châle

pour s'en couvrir entièrement jouer au fantôme
jouer à disparaître
il la regarde s'éloigner poings levés sous le tissu
et se diriger vers le salon
porte grande ouverte

le manque le manque

la chaleur de l'alcool

qui brûle la gorge
qui brûle

puis rallume son dictaphone : Tout homme politique sait que son destin est de disparaître. Parfois, avec un peu de chance, il laisse une trace dans l'histoire. Le plus souvent, il est oublié.

Remerciements

Un immense merci à tous ceux qui m'ont aidée et que, pour des raisons de confidentialité, je ne peux pas citer.

Merci à Pierre-Yves Bocquet pour nos longues conversations, sa lecture précise et tous ses témoignages d'amitié. Merci à Florence Viney pour la confiance qu'elle m'a témoignée.

Enfin, je voudrais remercier Antoine Gallimard, Karina Hocine, Cédric Malécot, François Samuelson, Michèle Tuil, Ariel Toledano, Jérémy, Taly et Raphaël Toledano.

Composition : Nord Compo
Achevé d'imprimer
par CPI Firmin-Didot
à Mesnil-sur-l'Estrée, en février 2025
Dépôt légal : février 2025
Numéro d'imprimeur : 182996

ISBN : 978-2-07-307276-4/Imprimé en France

634631